아들러 학파의

집단상담 및 치료

· 단계별 접근 ·

Manford A. Sonstegard · James Robert Bitter · Peggy Pelonis 공저

전종국 · 정대겸 · 최선남 공역

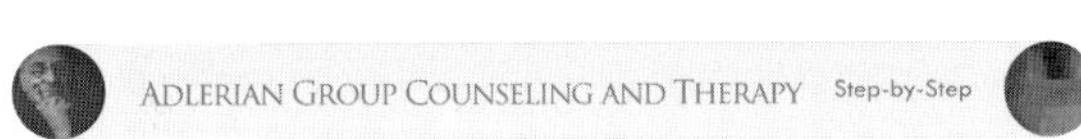

학지사

Adlerian Group Counseling and Therapy: Step-by-Step
by Manford A. Sonstegard, James Robert Bitter, and Peggy Pelonis

역자 서문

상담자로서의 삶을 살아가도록 만들어 준 여러 가지 경험 가운데 집단상담 공부와 체험은 나에게 특별한 것이었다. "나는 누구인가"라는 질문으로 시작해서 지금까지 살아온 나이, 지위와 역할을 벗어 놓고 하나의 인간으로 '나와 너 만남'을 경험하고 가식을 벗어나 나 자신의 진짜 모습, 즉 나의 생각과 감정을 나누는 참만남의 경험은 신선한 충격이었다. 적어도 내가 자라 온 사회에서는 상하의 위계적 관계, 부모와 자녀의 수직적 관계 속에서 내 삶의 스타일을 발달시켜 왔다.

그러나 집단에서 집단지도자와 집단원과의 참만남은 평등과 상호 존중, 민주적 가치가 뿌리 내리고 있었으며, 인간에 대한 진정한 관심과 배려, 한 사람에 대한 공감적 이해를 통한 사회적 관심의 체험, 집단의 참여적이고 민주적인 의사결정의 참여, 다른 집단원에 대한 진정한 존중의 가치를 느끼게 해 주었다. 이러한 경험은 나의 경험만이 아니라 국내에서 상담자나 치료자가 되기를 원하는 사람이나 자기 성장을 통해 삶의 변화를 모색하는 많은 사람들이 집단상담의 절차를 활용하고 있으며, 집단상담 및 치료는 상담 전문가가 되려고 하는 사람에게 요구되는 필수과정이 되었다.

알프레트 아들러(Alfred Adler)에 대해 관심을 가지게 된 시기는

1980년 후반으로, 영남대학교 심리학과 홍성화 교수님께서 『The individual psychology of Alfred Adler: A systematic presentation in selections from his writings』란 책을 주시면서 아들러 심리학에 대해서 공부를 해 보면 좋을 것 같다고 추천해 주신 것이 계기가 되었다.

그 후 대학원 과정에서 이 책을 가지고 동학들과 몇 개월간의 공부모임을 했지만, 아들러의 사상과 철학을 깊이 공부하지는 못하였다. 그 후 상담현장에서 학교부적응 학생과 비행학생을 만나면서(배운 대로 상담이 잘되지 않은 좌절감으로) 어려움을 겪게 되었고, 부적응이나 비행학생의 상담을 아들러 관점이나 접근으로 적용해 보고 싶은 마음이 좀 더 절실하게 들었다. 그래서 2007년부터 벤쿠버에 있는 알프레트 아들러연구소(The Alfred Adler Institute)의 짐 스키너(Jim Skinner)에게 학교상담을 중심으로 배우기 시작하면서 아들러의 개인심리학(Individual Psychology)에 대한 공부를 본격적으로 시작했다. 지금은 아들러 철학에 의한 '아들러의 행복한 부모되기(Happy Discipline of Adlerian Psychology: HDAP)'[1] 과정을 개발하여 전국적으로 부모교육 강사를 양성하고 있다.

알프레트 아들러는 현대 심리치료 실제에 중요한 기여를 했으며, 인간의 사회적 본질을 믿고 집단 상황에서 내담자와 작업하는데 많은 관심을 가졌다. 아들러의 사상은 현대 심리치료 이론인 인

---

1) 역자 주: 한국아들러심리협회(Korean Society of Adlerian Psychology: KSAP)에서 개발된 8회기 부모교육 프로그램(Happy Discipline of Adlerian Psychology: HDAP)으로서 부모의 생활양식 아래 아이와의 관계 맺기 중심으로 구성되어 있다.

간 중심, 실존치료, 합리적 정서적 치료, 인지행동치료, 현실치료, 긍정심리학 접근에 스며들어 있으며, 구성주의적 관점인 단기해결 중심치료와 이야기치료 접근에도 영향을 주었다. 아들러는 1920년대부터 아동상담센터에 체계적인 방식으로 집단상담 방법을 사용한 첫 번째 정신과 의사라고 볼 수 있다. 그리고 루돌프 드레이커스(Rodolf Dreikurs)는 아들러의 원리를 개인상담센터와 공공기관에서 집단상담의 실제를 적용하고 다양한 내담자에게 적용하여 많은 발달을 이루어 내었다. 아들러의 집단 과정은 집단원의 신념, 감정, 행동에 기초를 두면서 태도, 가치, 목적을 고려하여 집단 내에서 만들어 가는 대인관계를 통해 인지 및 정서적 반응, 실존적 의미를 발견하고 역기능적이고 잘못된 신념과 행동을 인식하고 이를 변화시키고 격려한다.

이 책은 Manford A. Sonstegard, James R. Bitter, Peggy Pelonis가 쓴 『Adlerain Group Counseling & Therapy: Step-by-Step』(2004)을 번역한 것이다. 아들러의 개인심리학적 관점에서 집단상담의 실제를 다룬 저서를 발견하기는 쉽지 않지만, 집단상담의 전 과정을 실제 사례를 통해 아들러 학파의 상담 과정에 따라 어떻게 진행되고 있는지를 잘 설명하고 있다. 손스테가드(Sondtegard)는 드레이커스(Dreikurs)의 제자였으며, 그는 아들러의 목적론적 관점을 집단상담에 도입하였다. 그리고 짐 비터(James Bitter)는 손스테가드의 제자로서 미국의 아들러 학파 심리학자 중에서 집단상담 분야의 권위자로 알려져 있다. 『집단상담의 이론과 실제』와 『집단상담: 과정과 실제』의 저자이고, 국내에 두 번씩 집단상담 시연을 해 온 제럴드 코리(Jerald Corey)도 짐 비터를 집단상담 전문가로 추천해 주었다. 짐 비터는 한 상담연구원의 초청으로 한국에서 집단상담 시연과 워크숍을 성공리에 진행하여 국내 상담자로부터 좋은 호응을 얻었다.

이 책은 집단상담에서 가장 중요한 집단관계 형성과 민주적이고 수용적인 분위기 창출, 집단원의 자각과 통찰, 재정향(reorientation)과 재교육(reeducation)의 방법을 구체적으로 논의하고 있다. 아들러의 개념(전체주의, 목적론 공동체 느낌, 사회적 관심, 생활양식, 격려)을 간명하게 기술하고 있으며, 집단에서 자주 활용되는 질문기법과 생활양식 평가, 초기 기억, 신념에 도전하기 등의 기술을 실례를 들어 설명하고 있다. 또한 저자인 손스테가드가 직접 집단상담을 운영한 사례들이 제시되어 있어 아들러 학파의 집단상담 과정을 이해하는 데 도움이 될 것으로 본다.

이 책을 통해 아들러 접근에 의한 집단상담에 대한 지식과 실제를 확장하고 집단상담자로서 집단의 역동을 파악하는 데 도움이 될 수 있길 바라는 마음에서 번역서를 출간하지만, 저자의 본의를 잘못 전달하지 않을까 하는 걱정도 된다.

마지막으로, 심리학자보다 더 심리학을 사랑하시는 학지사 김진환 사장님에게 감사드리며, 학지사의 편집부 이세희 선생님에게도 고마움을 전합니다. 초역된 원고를 읽어 봐 준 아들러 공부 모임의 '아들러의 행복한 부모 되기(HDAP)' 강사와 제자들에게도 고마움을 전한다.

2020년 1월 20일

역자 대표 전종국

추천사

여러분이 집단상담의 이론과 실제에 관심을 가지고 있다면, 이 책은 여러분이 읽고 싶어 하는 바로 그 책이다. 이 책에서 손스테가드와 비터는 아들러 관점에서 집단상담에 생명력을 불어넣어 주었다. 이들은 집단 과정의 상호작용이나 대화를 통해서 아들러 집단치료의 과정과 실제를 명확하게 기술하고 있다. 이 책은 아들러 집단에 적용될 뿐만 아니라 다른 이론적 지향성을 가진 많은 집단에도 적용될 수 있는 아들러 이론의 핵심 개념을 정확하게 기술하고 있다.

알프레트 아들러(Alfred Adler)는 현대 시대의 개인과 집단, 심리치료의 치료적인 실제에 많은 기여를 했다. 아들러는 비엔나에서 1920년대에 아동상담센터에 체계적인 방식으로 집단 방법을 사용했던 최초의 정신과 의사였다. 루돌프 드레이커스(Rodolf Dreikurs)는 아들러의 원리를 개인상담소와 공공기관에 집단상담과 집단치료의 실제에 적용하고 발달시키는 데 상당한 기여를 했다. 아들러의 개입은 모든 연령, 다른 환경, 특히 학교 장면에서 다양한 내담자에게 폭넓게 적용될 수 있다.

집단상담의 발달에 대한 아들러의 기여는 다양한 치료적 모델의 개발에 많은 함의를 제공한다. 아들러는 여러 가지 면에서 집단상담 분야의 중요한 개척자이며, 역동, 인지, 정서적 반응 그리고 실존적 의미에 기초한 집단 모델의 발달에 영향을 주었다. 합리적 정서적 치료와 인지치료와 같은 인지행동치료 학파의 많은 이론은 아들러의 원리와 공헌에 뿌리를 두고 있다. 나아가 아들러의 사상은 롤로 메이(Rollo May), 빅터 프랭클(Victor Frankl), 에이브러햄 매슬로(Abraham Maslow)와 같은 이론가에 스며들어가 있다. 프랭클과 메이는 아들러가 실존주의 운동의 선구자라고 했다. 왜냐하면 아들러는 인간 존재가 선택할 수 있는 자유가 있고 자신이 만든 것에 대해 전적으로 책임을 진다는 것을 믿었기 때문이다. 이것은 심리학에서의 주관적 접근의 중심에 아들러를 두고 있다는 것이다. 이 접근은 행동의 내부적인 결정 요인, 즉 가치, 신념, 태도, 목표, 관심, 개인적 의미, 실제에 대한 지각, 자기실현을 향한 노력 등에 초점을 두고 있다. 이러한 개념은 집단상담과 집단치료 실제에 중요한 함의를 제공한다.

이 책은 집단작업에 적용할 수 있는 아들러(Adler)와 드레이커스(Dreikurs)의 가장 중요한 사상의 핵심을 제시한다. 손스테가드

(Sonstegard)와 비터(Bitter) 박사는 집단작업의 실제에 대한 강력한 근거를 제공한다. 이들은 집단 형성에서부터 마지막 단계에 이르는 전체 발달 과정을 제시하고, 독자에게 집단의 각 단계별 성취해야 할 중요한 과제에 대한 명백한 그림을 제공하고 있다. 이 책은 집단관계 형성의 중요성, 집단에서 민주적이고 수용적인 분위기 창출방법, 집단상담자가 집단원 각각에 대해 심리진단을 하는 방법, 집단원의 자각과 통찰을 증진시키는 방법, 통찰을 행동으로 옮기도록 도와주는 기법, 격려를 통해 재정향(reorientation)과 재교육(reeducation)의 방법, 집단경험으로 발견되는 개인적 강점을 구축하는 것 등을 제시하고 있다. 저자들은 집단원이 상담집단으로부터 최대한 많은 것을 얻도록 도와주는 적극적인 지도자 스타일을 기술하고 있다. 지시적인 접근이 사용되더라도 아들러 학파는 집단원과 이들의 능력을 최대한 존중하고 집단 과정에 내재된 성장경험을 위해 적극적인 역할을 한다. 아들러 집단상담은 집단원이 권한을 갖도록 하는 협력적인 접근이다.

나는 각 장에서 특히 구체적인 집단 기법과 핵심 개념을 검토하는 데 매우 가치 있는 아들러 학파의 집단상담 이론과 실제를 발견하였다. 간결하게 기술된 개념들은 전체주의, 목적론적 관점, 공동체 느낌, 사회적 관심, 생활양식과 생활양식의 평가, 격려 과정 등을 다루고 있다. 손스테가드와 비터는 다양한 내담자들과 다양한 집단에 유용하게 적용될 수 있는 많은 개입방법을 조명하고 있다. 내가 특히 유용한 것으로 발견한 몇 가지 기법은 해석, '질문'의 사용, 생활양식 평가, 초기 기억, 기본 신념에 도전하기 등이다. 이 책은 많은 독자들에게 기법이 흥미를 주기도 하지만, 집단상담에 깔린 아들러 학파의 철학이 더욱 가치 있다는 것을 제시하고 있다. 개인적으로 나는 아들러 학파의 철학의 많은 부분이 나의 집단작업의 실제에 반영되어 있고, 이 접근은 나에게 견고한 기초와 많은 자유를 주고 있음을 발견한다. 이 책의 독자들은 집단경험의 촉진 수준에 관계없이 이 책이 의미 있다는 것을 알게 될 것이다.

Gerald Corey
Professor Emeritus, Human Services
California State University at Fullerton

맨퍼드 손스테가드: 인물과 치료

James Robert Bitter의 소개

나는 1974년 맨퍼드 손스테가드(Manford A. Sonstegard)를 처음 만났다. 그는 63세였으며, 교사, 상담자, 교장, 컨설턴트, 상담자, 교육자로 일해 왔다. 그의 큰 스승인 루돌프 드레이커스(Rudolf Dreikurs)를 따라, 그는 5개국, 즉 카리브해, 유럽, 아프리카 등지에서 가족교육센터를 설립하는 데 도움을 주었다. 그는 에티오피아 정부의 교육자문가로 활동하였다. 나아가 그는 드레이커스의 목적분석론 접근(teleo-analytic approach, 1960)을 집단상담에 도입하였고, 집단의 완전한 발달과정과 실제에 대한 광범위한 작업을 했다(Dreikurs & Sonstegard, 1967, 1968a, 1968b; Sonstegard & Dreikurs, 1973). 이 책으로 말미암아 손스테가드는 드레이커스와 함께 쓴 집단에 대한 글을 두 번 개정한 셈이 되었다(Sonstegard & Dreikurs, 1975; Sonstegard, Dreikurs, & Bitter, 1982).

1974년 나는 아이다호(Idaho) 대학교에서 박사논문을 준비하고 있었으며, 이 대학에서 아들러 심리학 콘퍼런스를 처음으로 개최하는데, 간사로 일하였다. 스티븐 페이트 교수(Steven Feit)가 손스테가드를 추천해 주었는데, 페이트 박사는 웨스트버지니아(West Virginia) 대학교의 졸업생이었고, 아이다호 대학교의 상담교육학과에서 교수로 재직하기 전에 손스테가드로부터 한두 개의 과목을 수강하였다. 손스테가드는 많은 다른 분야를 다룰 수 있었지만, 나의 주된 관심사는 그가 집단으로 하는 작업이었다. 나는 그에게 집단상담을 시연하고, 아들러 학파의 집단상담과 치료의 과정에 대해 논의해 보면 좋겠다는 제안을 했다. 그의 확고한 대답은 집단 시연을 하려면 'A'급 학생이 아닌 청소년 집단으로 해야 한다는 것이었다.

그는 "진정으로 좋은 학생은 스스로 자원한 사람이지만, 이들을 위한 집단을 시연으로 보여 주는 데에는 흥미롭지가 않아요. 하지만 문제가 있는 청소년들은 얻어갈 그 무엇인가를 갖고 있어서 더 많은 것을 내어 놓을 수 있어요."라고 말했다.

나는 "네! 좋습니다. 선생님께서 지금까지 만난 아이들 중 가장 나쁜 아이들을 발견하게 될 거예요."라고 말했다. 그리고 나는 이 말대로 정확히 집단을 구성했다. 나는 지역에 있는 모든 학교를 방문하였는데 선생님들은 낙제하고 학교에서 문제를 일으키고 법정에 있는 학생들을 추천해 주었다. 여덟 명의 학생은 예술작품을 훼손한 학생들이다. 학생들 모두가 집단에 참여하지는 않았지만, 다섯 명의 학생은 1시간 30분 분량의 2회기를 참석하였고 1명은 400여 명의 사람들이 참석한 가운데 회기가 진행되었다. '아들러 집단상담 및 치료: 단계별 접근에서' 한 단계가 우리의 해설 하에서 잘 설명되어 있다(제2장).

모임은 4일간 진행되었고, 집단회기는 다섯 명의 청년들의 삶을 변화시켰다. 그들은 모임 내내 손스테가드 박사의 곁에서 같이 음식을 먹으면서 박사의 말을 잘 따랐고 박사를 위한 선물도 주었다.

손스테가드는 경청했고, 자신이 생각하고 있는 것이 무엇이든 간에 그들을 도와주었다. 6개월과 1년 후의 추수 모임에서 교사와 부모는 다섯 명의 학생들에게서 변화가 유지되었다고 말했다.

나는 1974년에 박사학위를 받았다. 이해 가을에 나는 지금의 웨스트버지니아의 찰스턴(Charleston)에 있는 마셜 대학교 대학원(Marshall University Graduate College)에서 손스테가드 박사가 소장으로 있는 상담센터의 교수로 재직하는 행운을 얻게 되었다. 내가 일을 시작하는 첫날 오전에 그가 나에게 왔다. 나는 아직 짐도 풀지 않는 상태였는데, 그는 "이리 와 봐요. 우리는 지금 상담을 하러 학교에 갈 거예요."라고 말했다.

우리가 찰스턴에서 30마일 떨어진 조그만 시골 마을로 향했을 때, 상담 교육자로서 나의 훈련은 시작되었다. 그는 상담 과정에 일어나는 모든 것을 다루었고, 실제 장면에 대한 슈퍼비전에서 협력적인 방식이 어떤 것인지에 대한 자문을 해 주었다(Dreikurs & Sonstegard, 1966). 그는 아침식사 시간에 다음과 같은 코멘트를 시작으로 슈퍼비전을 했다. 감자칩과 콜라를 먹으면서 운동장으로 걸어가고 있는 저 젊은 청년을 보세요. 나는 저 아이를 고용하지 않을 거예요. 그는 단백질을 더 많이 섭취해야 하거나 아니면 오후까지 일할 에너지가 충분하지 않을 거예요." 나는 그의 이야기에 당혹감을 느꼈다. 왜냐하면 그것은 내가 1시간 전에 먹었던 것과 정확히 일치했기 때문이다.

우리는 학교에 도착해서 손스테가드가 이미 알고 있던 교장선생님과 부부교사에게 인사를 했다. 카페테리아 밖에 있는 작은 방에는 우리를 만나기 위해 기다리고 있는 다섯 명의 청소년과 두 명의 대학원생이 있었다. 손스테가드는 대학원생 중 한 명을 10대들의 집단에 소개했고, 이 대학원생이 그들과 잠시 대화를 해도 좋은지를 물었다. 이때 손스테가드는 대화를 시작하는 한 여자 대학원생을 손으로 가리켰다.

그녀가 처음에 이 청소년으로부터 정보를 수집했다 하더라도 그녀가 나보다 더 많은 확신감을 갖고 있었다고 기억한다. 약 20분 후에 집단회기에 들어와서 그녀는 손스테가드에게 자신이 다음에 해야 할 일이 무엇인지를 질문했다. 손스테가드는 그녀에게 간단히 다음과 같이 답했다. "사람들이 항상 톰(Tom)을 선택하여 그를 매우 화나게 만드는 것에 대한 당신의 생각은 어떠한가요?" 대학원생들은 아마도 톰이 상처를 받았을 것이라고 느꼈다. 손스테가드는 다른 대학원생과 집단원 각각에게 차례로 질문했다. 나에게 질문했을 때, 나는 모두의 대답에서 좋은 느낌을 받았고, 새롭게 제안할 것이 없다고 했다.

손스테가드는 다음과 같이 말했다. "나는 다른 생각이 들어요. 이것에 대해 듣고 싶나요? 나는 톰이 괴롭힘을 당하고 있다고 생각해요. 왜냐하면 모든 사람이 그를 너무 쉽게 괴롭힐 수 있는 대상이라는 것을 알고 있기 때문이죠. 그는 마치 독립기념일에 발사되는 폭죽과 같이 조그만 자극만으로도 괴롭힘을 당하고 있어요."

이것은 내가 집단 재인반사(group recognition reflex)를 관찰했던 첫 번째 시간이었다. 톰의 친구들은 톰을 약 올리기 위해 어떻게 떠밀어서 비웃음거리로 만들지를 즉각적으로 알아차렸다. 심지어 톰 자신도 쉽게 말려든다는 것을 알고 있었다. 그러나 손스테가드는 희생자인 톰이 집단 토론의 대상이 되도록 하지 않았다. 손스테가드는 모든 학생들이 집단 괴롭힘의 목적과 목표에 대한 논의에 참여하도록 했다. 손스테가드는 뒤에 앉아 있으면서도, 주변인으로 느껴지거나 우호적인 위치에 있지 못한 집단원을 보호하려는 노력을 했다. 이것이 오늘날까지 그가 집단작업에서 추구해 왔던 노력이다(Sonstegard, Bitter, & Pelonis-Peneros, 2001).

집으로 오는 길에 손스테가드는 오늘 아침에 어떤 생각을 했는지 물었다. 나는 많은 것을 배웠지만, 내가 크게 기여한 바는 없다고 했다.

"그렇지 않아요."라고 그는 말했다. 그는 "당신은 그곳에 있었으며 분명 기여를 했어요. 집단을 시작했던 여자 대학원생은 내가 이끈 집단을 관찰하면서 지난 두 학기를 보냈어요. 이번이 그녀가 자신의 집단을 시작한 첫 번째였는데, 그녀는 이번 학기에 나와 공동으로 집단을 이끌 거예요. 다음 학기에도 그녀는 자신의 집단으로 매주 슈퍼비전을 받고 우리가 제시한 개입을 정기적으로 실천할 거예요."라고 말했다. 미소를 지으면서 "좋은 집단지도자를 준비시키고 훈련하는 데 시간이 필요해요."라고 했다. 나는 "추측하건대, 우리 모두는 멋진 아침식사를 하며 시작했어요."라고 했다.

이로써 나(Jim)는 25년 이상 지속된 우정과 관계를 쌓기 시작했고, 초기 몇 년 동안에 나는 모든 대학원생과 함께 내가 할 수 있는 한 많은 배움의 기회를 가졌다. 나는 책을 많이 읽었지만 경험과 적절한 슈퍼비전이 부족했다. 손스테가드는 내가 좋은 대학에서 공부하는 것 이상으로 부족함을 느낄 수 없을 정도로 나를 훈련시켰다. 손스테가드는 자신이 가는 곳이 어디든 나를 데리고 갔다. 학교, 지역사회기관, 다른 도시로의 자문, 새로운 자료를 발표하거나 시연하는 모임 등 많은 곳에 함께 데리고 갔다. 처음에 나는 치료과정을 보면서 많은 질문을 했다. 그러나 얼마 지나지 않아 그는 내가 연구하도록 허용하고 필요할 때 개입하였다. 그러면서도 그는 나에게 실험해 보고 나의 스타일을 개발하는 데 많은 자유를 주었다.

손스테가드는 그때도 함께했고 지금도 함께하고 있으며 내가 만난 가장 위대한 스승이다. 그는 연구를 많이 하지는 않았다. 하지만, 그는 자신이 가르쳤던 모든 것에 대한 하나의 모델이었다. 많은 사람들처럼, 나는 아들러 심리학의 원리를 배워야만 했고, 사회적 관심과 공동체 느낌을 발달시켜야만 했다. 손스테가드에게는 이러한 특성이 그의 자연스러운 부분이었다. 그가 드레이커스를 만났을 때, 그가 믿고 있었던 것, 즉 그가 이미 '삶을 살고 있음'을 확실하게 알았다는 것이다.

아들러 학파는 모든 행동은 사회적 맥락에서 일어나며, 대인관계를 향한 동기이며, 체계적으로 이해될 수 있다고 믿는다. 이러한 의미에서 아들러 상담자와 치료자는 개인을 전체적으로 이해하려고 시도한다. 우리는 인간이라는 존재를 부분으로 연구하는 데 흥미를 갖지 않고 그 자신이 삶을 살아가고 있는 전체로서의 인간을 알려고 한다. 정상적인 열등감을 경험하고 있는 어린아이는 유능성과 숙달감을 향한 더 나은 위치를 차지하려고 노력한다. 이러한 초기의 노력은 즉각적인 목표를 향한 움직임, 즉 의식적이거나 무의식적인 움직임으로 이해될 수 있다. (아들러는 이 용어를 마음의 구체화된 상태를 나타내는 명사보다는 형용사로 사용한다.) 결국 개인은 완결, 실현, 완성이라는 장기적인 목표를 발달시킨다. 이러한 삶의 목표는 모든 사고, 감정, 행동, 신념, 확신, 가치 등이 우리의 가공적 목표를 향해 움직이는 부분으로 이해될 수 있도록 성격을 통합하고 있다.

삶의 목표(life goal)를 향한 이러한 개인의 움직임은 아들러가 삶의 스타일(style of living), 또는 생활양식(life style)이라고 말한 것이다. 우리는 사회적 존재이기 때문에 삶의 향한 우리의 움직임은 유전과 환경에 매우 많은 영향을 받는다. 그러나 유전과 환경 둘 다 이러한 영향에 대한 개인의 해석보다는 덜 중요하다. 예컨대, 가족은 우리에게 많은 영향을 미치는 우리를 둘러싼 거대한 환경이지만, 부모가 만든 모델이나, 가족에서 차지한 출생순위는 이러한 경험에 대해 개인이 부여한 의미만큼 중요하지 않다. 우리는 삶을 해석하고 그 안에서 위치를 차지한다. 삶에서 자신의 위치를 어떻게 주장하느냐에 따라 다른 사람에게 우리의 가치와 진가를 규정하는 정도가 다르다. 우리는 선택의 자유를 가지고 있다.

우리가 어떤 사람이 되고 어떻게 행동하느냐를 선택하기 때문에 아들러(Adler, 1931, 1958)는 사람들이 삶의 무용한 측면 또는 유용한 측면을 개발하는 것은 가능하다고 했다. 전자는 자신, 타인, 세상에 대한 잘못된 개념을 가지고 있다. 이러한 무용한 측면은 염세주의, 자기 소진, 다른 사람에 대한 열등의 목표를 포함한다. 한편, 유용한 측면은 아들러가 공동체 감정(community feeling)이라고 했던, 즉 인간으로서 과거, 현재, 미래에도 공동체에 소속되어 있다는 느낌 등으로 특징지어진다. 이러한 감정은 타고난 것이기도 하지만, 어린 시절에 개발되어야만 한다. 이것은 아들러 학파가 사회적 관심(social interest)이라고 부르는 것으로 다른 사람의 안녕에 대한 관심이 자기 자신의 안녕만큼 중요하다는 것을 통해 구체화된다.

이러한 사회적 관심을 가진 사람들은 다른 사람과 연결되어 있다고 느낀다. 그들은 용기, 자신감(낙관주의), 유머감을 가지고 일반적인 삶의 과제에 대처한다. 그들은 삶이 의미 있다는 것을 발견하고 자신뿐만 아니라 다른 사람에게도 중요성을 부여한다. 이것은 그들로 하여금 다른 사람의 성장을 촉진하도록 한다. 왜냐하면 그들은 자신들과 잘 지내는 것을 스스로 학습했기 때문이다(Mosak, 2000).

시간이 지나면서 아들러 모델과 손스테가드의 완전한 합치는 그로 하여금 미국, 캐나다, 아프리카, 유럽 그리고 남아메리카에서 상담자와 치료자를 훈련하는 데 도움을 주었다. 그는 다양한 연령대와 문화를 지닌 사람과 개인, 부부, 가족상담에서 전문가와 준전문가를 훈련하고 슈퍼비전을 하였다. 그러나 그의 일관적인 관심사는 아들러학파의 집단상담과 치료의 실제와 슈퍼비전이었다.

1996년에 '집단작업 전문가 논문집(Journal for Specialists in Group Work)'에서 손스테가드의 삶과 연구를 조명하였다(Bitter, 1996). 이 책은 손스테가드의 그러한 초기의 노력에서 출발했지만 손스테가드의 연구에서 사람들이 목격했던 천재성과 치료적 재능을 독자들에게 전달하기 위한 시도이다. 그의 훈련 스타일과 유사하게 이 책은 두 부분으로 나누어진다. 제1부는 여러분이 손스테가드가 이끈 집단을 관찰하고 있는 것처럼 독자들에게 실험적으로 관여하고자 했던 의도에서 제시되었다. 이것은 집단 과정에 대한 간략한 근거로 시작한다(제1장). 그다음에 손스테가드가 아이다호에서 행했던 청소년들과 집단경험을 실제로 기록한 사례를 제시하였다(제2장). 이 사례는 여러분이 읽은 집단경험에 대한 우리의 코멘트를 볼 수 있도록 되어 있다. 우리는 먼저 주석을 보지 않고 집단상담 사례기

록을 읽어 볼 것을 추천한다. 그리고 우리가 개입한 목적을 염두에 두고 생각하면서 주석을 다시 읽어 본다. 책의 제2부는 우리의 접근과 모델에 깔려 있는 이론적 기반을 제시한다. 제3장에서 우리는 기본 이론, 구조, 아들러 집단상담 및 치료의 흐름을 제시한다. 우리는 청소년들이 세상과 자신들의 발달적 문제에서 경험을 덜하였지만, 어른과 유사한 방식으로 심리적으로 기능하고 있다는 것을 믿는다. 제4장에서 우리는 아들러 학파의 집단상담 및 치료의 필수 실천 지침을 제공한다. 그다음 제5장에서 아이들과의 집단상담을 실시할 때 특별히 고려할 사항을 제시한다.

제6장에서는 집단상담자와 치료자를 위한 훈련, 교육, 슈퍼비전에 대한 우리의 견해를 다루었다.

92세인 손스테가드는 영국에서 상담자로서, 부모와 교사의 훈련, 청소년 집단상담을 하고 있다. 그는 1997년부터 영국의 시골 마을로 이사를 해서 부인인 리타(Rita)와 살고 있다. 그는 미국을 떠나기 전에 나에게 "이건 하나의 모험이야."라고 했다. "가끔 우리가 가지고 있는 모든 것, 아는 모든 것, 안전하고 친숙했던 모든 것, 지금과 미래에 일어난 삶 등 모든 것을 떠나가도록 해야 한다. 그리고 우리는 그것에 대처하기 위해 흘러가도록 해야 한다."라고 말했다.

차례

PART 1

아들러 학파의 집단상담 및 치료의 과정과 실제

CHAPTER 01

아들러 학파의 집단작업의 근거[1]

이 장에서 다룰 주요 내용

1. 인간의 삶을 꾸려 나가는 데 집단의 중요성
2. 민주적인 상호 관계와 집단작업
3. 집단상담과 치료를 다음의 관점에서 설명
   - 경험학습
   - 이론 발달의 기초
   - 사회적 지지와 행위
   - 개인적이고 상호작용적 의미의 맥락
   - 가치 명료화 및 가치 형성의 과정
   - 민주적 과정의 실행의 구조

1. 이 장은 손스테가드(1988)의 집단상담의 근거(*Journal of Individual Psychology, 54*(2), 164-175)에서 약간 수정하여 제시하였다.

모든 아이는 태어나서 집단에 속한다. 대부분의 경우, 이 집단은 가족이지만, 다른 상황에서도 아이의 생존을 위해서는 집단이 필요하다. 아이의 초기 무력감은 유아의 개인적 열등감에 기인한다. 아들러(Adler, 1957)는 다윈(Darwin, 1976)의 종족 생존의 절박함은 인간 조건에 수반되는 심리적 자세를 가지고 있다는 점을 처음으로 제시했다. 다른 동물과 비교하여 유아는 낮은 시력, 예리하지 못한 발톱, 민감하지 못한 청력, 느린 운동력을 가졌다. 개인적인 약점을 가진 다른 종들처럼 인간은 무리를 짓고 노동을 분업하고 공동체를 건설하면서 생존해 왔다. 이러한 군집 형성을 지지했던 심리적 자세는 소속의 느낌과 상호 의존성, 양육, 우정, 지지, 상호 존중, 협력과 충성 등이다. 이것은 아이가 살면서 성장하는 데에도 필요하다. 가족이 새로 탄생한 아이를 적응시켜야만 하는 것처럼, 아이는 자신의 독특한 위치를 개발하고 집단 내에 통합되도록 접근해야만 한다. 각자가 선택한 방법은 개인의 자아개념 및 삶의 해석과 일치한다. 가족은 대부분의 사람들이 자신의 위치를 발견해야 하는 첫 집단이다. 아이가 자신을 새로운 영역(가족과 지역사회)으로 확장할 때 소속하려고 투쟁하는 데 가장 강력한 힘을 쓰게 되는 곳은 또래집단이다.

인간 조건 내에서 가장 큰 역설 중 하나는 한 집단 내 협력이 다른 집단과의 협력을 반드시 필요로 하지 않는다는 것이다. 즉, 협력과 경쟁이 동시에 있을 수 있다. 이것은 두 개의 스포츠팀이 운동장에 있을 때 각 팀은 다른 팀과는 경쟁하면서도 팀 내에서는 협력하는 것과 같다. 예컨대, 전쟁에서는 도시 내부에 두 집단의 갱단이 부정적인 의미로 존재할 수 있다. 한 집단이 차별의 연대를 구축하고 다른 집단을 차별하기도 한다.

드레이커스(Dreikurs, 1971)가 말한 '성별 간의 전쟁'과 '세대 간의 전쟁'이란 용어는 인간이 집단 내부에서는 협력하지만 집단 외부에서는 서로 경쟁하는 조건처럼 인간의 기본적 경향성을 반영하고 있다. 진정 집단을 형성하고 유지하는 동기부여는 집단에 의해 규정된 '외부의 힘 또는 위협'이다.

이전 세기에서 두 조건은 아이들이 자신의 위치를 더 쉽게 발견하고 적응하도록 했다. 이러한 두 가지 조건은 산업화, 기술의 발달, 도시화로 침식되기 시작했다. 20세기 중반에 그 효과가 나타나기 시작했다.[2]

인간의 오랜 역사 동안 독재 및 전제주의로부터 첫 번째 조건이 확산되었다. 여기에서는 귀족주의 또는 남성 우월 체제, 통제를 가장 우선시하는 규제 체제가 우세하였다. 우월과 열등의 이분법에 의한 엄격한 위계는 통제를 제도화하고 유지하기 위해 권위주의적 과정을 사용하였다. 이러한 체계에서 태어난 아이들은 자신이 개발하고자 하는 것, 소속되고자 하는 것, 어떤 집단에 정체감을 가질지에 대한 선택권이 없다. 아이든 어른이든 '스스로의 한계'를 넘어서려는 시도를 하면 위에 있는 모든 계층에서 작동하는 기제는 그 사람이 처한 위치에만 있도록 한다.

두 번째 조건은 근본적으로 농경사회와 관련된다. 이러한 사회에서는 보다 큰 가족이 필요하다. 가족이 구성되는 외부의 힘은 사

---

2. 1900년 초에서 1960년 후반까지 미국 인구의 70%가 농촌과 작은 마을에서 도시로 이사를 하였다.

람과 동물, 곡물에 영향을 주는 날씨, 계절, 전염병과 질병, 상해 등이다. 아이들도 어린 시기에 세상살이에 필수적인 과업을 배웠다. 아이들은 시스템 안으로 어떻게 들어가는지 알게 되었고, 현재 우리가 '청년기'라고 하는 것에 도달하기 전에 자신의 위치를 확보해야 했다.[3]

정치적인 자유와 사회 민주주의는 항상 선택을 증가시키고, 사회경제적인 계층 간에 개인적인 이동의 융통성을 증가시킨다. 교육과 기술은 개인과 집단의 선택이 가장 잘 실현되는 수단이다. 그러나 개인적 자유와 사회적 평등의 증가가 자신의 이익이나 효과를 처리하도록 준비되어 있다는 것을 의미하지는 않는다. 즉, 이것은 특히 모든 아이들에게 해당된다. 질서와 위치가 미리 결정되어 있지 않은 경우 각 개인은 자신의 위치를 차지하기 위해 여러 가능성을 가지고 투쟁해야만 한다.

여전히 아이는 집단에서 출발하여 집단에 영향을 주고 영향을 받는다. 그리고 아이가 다시 영향을 주고받을 수 있는 다른 집단으로 이동한다. 사람은 생애 동안에 여러 번 집단을 바꾼다. 그럴 때마다 아이는 자신의 발자취를 남기고 또 바꾸어 나간다. 집단이 아이에게 미치는 영향은 아이가 집단에 참여할 때 쉽게 관찰된다. 아이에게 영향을 주기 위해 집단을 활용하는 것은 교육의 효과적인 수단

---

3. 청소년의 개념은 1940년대에 발달심리학의 도래로 탄생하였다. 성장하는 인간 유기체로서 어린이에 대한 우리의 생각은 2/3세기가 지나지 않았다. 발달이란 개념은 성장할 시간이 있는 삶과 세상을 필요로 하고, 인간의 대부분의 노력은 단순히 생존하는 것에 목표를 두지는 않는다. 미국은 20세기 후반기에 이르러서야 대다수의 국민을 위한 세상을 만들 수 있었다.

일 뿐만 아니라 교정적인 영향을 주는 효과적인 방법이기도 하다(Dreikurs, 1957; Sonstegard, 1968).

20세기 말 민주주의 정치 풍토는 급속히 확산되어 갔다. 집단기법은 이전 시대보다 더 필요하게 되었다. 이러한 정치적 민주화로 특권을 가진 개인의 권위는 집단의 권위로 대체되었다. 궁극적으로 집단은 우리 모두에게 작용하는 실제 세계가 된 것이다.

민주주의가 일어나는 각 시대에 따라 집단 방법은 하나의 형태로 또는 다른 형태로 유행처럼 나타났다. 소크라테스는 집단상담의 형식을 활용하여 젊은이에게 잘 만들어진 질문의 방향을 재설정하였다. 아리스토텔레스 역시 집단의 참여자와 관중에게 미치는 극장에서의 정화 효과를 알고 있었다(Copleston, 1959).

20세기에 집단상담과 치료는 심리학적 전문성의 발달과 함께 개발되었다. 이것은 20세기로 전환되는 시점에 유럽에서 시작해 제2차 세계 대전 이후 25년 만에 정점에 도달했다. 같은 시기에 민주주의가 후퇴하고 전체주의 사회가 되었으며, 집단절차가 완전히 버려졌다. 이것은 제2차 세계 대전 중에 유럽에서 많이 있어 났고, 모든 지역이 공산주의 연맹이 된 동유럽에서 일어났다. 집단 과정과 실제가 미국에서 가장 급속하게 발전했다는 것은 놀라운 일이 아니다. 집단 과정은 민주적인 분위기를 필요로 할 뿐 아니라 그것을 만들어 내기도 한다.

아들러는 비엔나의 아동상담센터에서 집단방법을 세심하고 체계적으로 사용한 최초의 정신과 의사였다(Hoffman, 1994).[4] 이 상담

4. 아들러의 모든 아동상담센터는 나치 정권의 시작과 함께 문을 닫았다.

센터는 우리가 생각하는 관리 의료 체계의 병원이 아니었다. 아들러는 교사와 교사가 가르치는 아이의 부모를 집단으로 만났다. 그의 가장 일반적인 절차는 부모와 아이를 면담하기 전에 교육자가 제공한 자료를 주의 깊게 살펴보는 것이다. 아들러가 학교에서 공개 포럼 과정을 시작했기 때문에 그의 집단상담 접근은 항상 교육에 적용할 수 있다.

개인치료를 선호하는 사람은 집단 접근에 대해 자연스럽게 반대와 비판을 했다. 집단치료는 정신적 질병과 부적응이 개인의 내적 심적 갈등의 결과라는 프로이트 학파의 강한 주장에 의해 사라져 버렸다(Freud, 1964). 이러한 주장이 진실이었다면, 집단상담은 당연히 필요 없었을 것이고, 효과가 없어야 하며, 심지어 해가 될 수도 있다.

아들러(Adler, 1935/1996a, 1935/1996b)는 신경증과 다른 심리적 혼란이 사회적 삶의 요구로부터의 후퇴, 개인적 실패의 회피 그리고 동료집단에서의 자신의 불안정한 위치로 이해되는 사회심리학을 발전시켰다. 아들러는 신경증과 달리 인간의 안녕을 공동체 감정에 뿌리를 두고 사회적 관심과 자기 결정을 행하는 존재로 보았다. 드레이커스(Dreikurs, 1971)는 아들러의 '사회적 삶의 철갑함(ironclad) 논리'[1]를 확장하여 협력과 사회 조화의 기초로서 사회적

1) 역자 주: "우리는 많이 배운 사람이고, 너희는 많이 배우지 못한 사람이다."라는 식의 높고 낮음이 생길 경우, 밑에 있는 사람들은 열등감을 갖게 된다. 이들은 경쟁을 하고 위에 있는 사람을 끌어내리려고 한다. 이러한 삶을 살아가는 양식을 '껍질 속에 갇혀 있는 삶'이라고 한다. 이것은 가족, 학교, 종교에서 발생하며 이들은 마음의 평화를 얻을 수 없다.

평등을 강조했다. 아들러와 드레이커스는 성격의 통일성과 인간 행동의 사회목적론적 결정을 신봉하였다. 이러한 아들러의 전제는 집단에 초점을 둔 내재적 힘과 개인의 강점을 정의했다.

아동, 청소년, 심지어 성인도 격려받지 못하고 자기 확신을 잃을 때 결함이나 약점이 된다. 목적론적 관점에서 보면 이러한 사람들은 유용하지 않은 방법을 사용하여 위치를 차지하려고 한다. 한 사람이 '좋은' 또는 '나쁜', '옳은' 또는 '그른', '강한' 또는 '약한'으로 기술되면 그 사람은 자기가 선택한 목표 또는 일련의 목표에 도달하려는 시도를 한다.

집단상담에서 개인의 문제가 기본적으로 사회적이라고 인식하는 것은 진단이나 치료 측면에서 특별한 중요성을 갖는다. 개인들은 집단 내에서의 행동과 상호작용으로 자신의 목표, 소속감, 의도, 사회적 유대를 표현한다.

아들러의 체계적 관점은 지난 25년간 신뢰를 받아 왔다. 그러나 아들러는 자신의 삶에서 기계론적 접근과 지속적인 갈등을 겪어 왔다. 기계론적 관점에서는 행동이 유전과 생물학적 능력, 또는 환경 자극에 근거한 인과론적 관계에 의해 일어나는 것으로 보고 있다. 이러한 근대적 입장은 인간의 본질을 탐구하는 것, 즉 인간을 기능적으로나 또는 역기능적으로, 좋게 또는 나쁘게 그리고 우월하게 또는 열등하게 만드는 요인과 비슷하다. 민주화의 발전으로 환경적 영향은 잠시 동안 '본질' 전쟁에서 발판을 마련하였지만, 유전도 환경도 인간의 발달을 완전히 설명하지는 못했다. 20세기 종반에 해석학(hermeneutics)에 대한 재강조와 아들러의 심리 목적론의 가치의 타당화가 대두되었다. 인간은 개인의 목표를 형성하고 그 목적에 따라 유전이나 환경에서 '부여받은 것'과 그것을 지지하는 사적 논리를 사용한다.

최근 후기 구성주의 출현은 열등과 우월, 지배와 복종에 대한 자각을 재강조했다(Foucault, 1994; Gergen, 1991; McNamee & Gergen, 1992). 화이트와 엡턴(White & Epton, 1990)의 이야기치료는 문제 중심의 해석학과 지배적인 문화로부터 온 명령에 반대 입장을 취한다. 어떤 후기 구성주의 접근도 민주적인 사회가 아닌 곳, 즉 자유와 사회적 평등이 없는 곳에서는 실현될 수 없다. 진정한 사회구성주의는 사람이나 체계로 하여금 수행하고 행동하고 따르도록 하는 힘이 이미 감소하고 있다는 인식에 기반한다. 그렇게 하는 힘이 작용하기에는 점점 더 어렵고 불가능하게 되었다.

각 개인이 사회적으로 평등한 지위를 갖게 될 때 내적 동기는 압력보다 더 중요하게 된다. 심지어 내부의 동기는 사회적으로 구성된다. 지배적인 문화의 권위(여자보다는 남자, 흑인보다는 백인, 아이보다는 어른)가 줄어들면 동료로 구성된 집단은 매우 중요한 것을 얻게 된다. 민주주의에서 지배적인 문화에 대한 개인적인 관계는 항상 상호작용적이다. 개인에게 지배적인 문화가 미치는 영향을 관찰하기 쉬울지라도 지배적인 문화를 나타내는 사람들에게 개인이 영향을 미치는 경우는 발견하기 어렵다. 그러나 지배적인 위치를 대표하는 사람(교사, 부모, 백인 남성 지도자)이 굴복시키고자 하는 의도에 따라 반응하는 것은 일반적인 것이다(Dreikurs, 1971). 효과적인 상담 접근은 상호작용의 성질을 명료하게 하는 데 기여해야만 하고, 필요하다면 그것을 개선시키는 데 기여해야만 한다.

집단치료와 집단상담은 관계를 알려 주는 자연스런 도구이다.

집단에서 구성원들은 상호작용을 실험하면서 개인이 추구해 온 잘못된 목표와 의도를 변화시킨다. 비밀 보장은 상담과 심리치료의 역사에서 없어서는 안 될 가정이다. 그러나 사생활 보호의 욕구는 문제가 있는 개인이 전문가에게 부끄러워하면서도 구원의 희망을 가지고 그에게 접근하던 시절인 권위주의 시대에 더 잘 맞았다. 개인의 사생활 보장은 사람들에게 '조용한 절망의 삶'을 살도록 했고 (Thoreau, 1968, p. 8), 자신의 결점이 발각될 것이라는 두려움으로 인해 정서적 고립의 분위기에 머물도록 했다. 진정 상호 신뢰와 소속감이 부족하여 사적인 비밀을 필요로 하고 안전한 거리가 부족하다는 내적 두려움은 항상 일어났다. 집단상담 및 치료는 프라이버시가 무너지고 고립되는 것을 거부하고 개인적인 문제를 일반적인 관심사로 만든다. 이것은 지배에서 평등주의로 전환되는 문화의 사회적인 힘이다. 또한 이것은 새로운 사회적 현실을 촉진시키고 새롭게 떠오르는 문화적 가능성을 강화시켜 준다. 집단상담은 민주적 진화와 그것의 요구를 충족하는 도구의 산물이다.

집단상담은 경험적 학습이다. 우리의 삶에서 의미를 가지는 교육을 위해서는 활용, 행동, 경험을 이끌어 내어야 한다. 집단에의 참여는 학습이 일어나는 데 필요한 행동이다. 집단원으로서 집단에 참여하지 않고서는 어떤 치료도 일어나지 않는다. 참여는 항상 언어적인 것으로만 이루어지지 않는다. 젊은이들에게 언어적으로 상호작용하라고 밀어붙이면 움츠러들어 집단을 떠나는 경우도 많다. 집단 과정은 집단원에게 때로는 미소 지으며, 때로는 눈을 깜빡이거나 고개를 끄덕이고 침묵하는 자세를 취하면서 각자의 독특한 스타일로 상호작용하게 한다. 개인치료에서 학습은 거의 항상 치료자와의 언어적 상호작용을 필요로 한다. 그러나 집단에서 철회되거나 침묵하는 집단원은 다른 사람의 이야기를 경청하는 것만으로도 많은 도움을 받는다.

여전히 집단상담은 목소리의 발달을 격려한다. 카로 길리건(Caro Giligan)의 중요한 연구는 여자아이와 남자아이가 다른 존재로, 다른 도덕적 코드로 기능하고 있고 관계를 종결하는 데도 다른 방식을 취한다는 것을 깨닫도록 도움을 준다(Gilligan, 1982; Gilligan, Ward, Taylor, & Bardige, 1988). 집단상담은 발달 과정에서 간격을 메워 주고 참여의 동등한 기회를 제공하고 독특한 기여를 하도록 한다. 집단들은 서로를 동일시하며, 다양한 감정과 동기를 이해함으로써 수용이 일어나고, 더 적극적인 참여를 이끌어 낸다. 보편성이 나타나고 이것은 집단 응집성을 강화해 주는 요소가 된다. 집단 모임 동안에 상호작용은 각 집단원에게 자신의 목소리를 갖게 하고 자세를 유지하여 과거에 자신의 사고에 수용이 안 되었던 아이디어를 통합하게 한다.

집단상담은 지지적이다. 집단에서 지도자는 집단원보다 중요하지 않다. 서로를 도와주기 시작하는 사람은 집단원이다. 집단에의 참여는 자동적으로 상호 지지를 불러일으킨다. 우리가 살고 있는 사회적 상황의 대부분이 본질적으로 경쟁적이고 개인들은 이기거나 자기 향상에만 관심을 갖는다. 이것은 집, 학교, 레크리에이션과 운동, 기본적인 종교 활동에서도 역시 사실이다. 이러한 조건하에서 서로에 대한 책임을 갖고 사회적 고립을 방지하고 다른 동료들의 안녕에 관여할 가능성은 거의 없다.

같은 학급에 있는 두 소녀가 말을 타는 데 홍미를 가지고 있었다.

한 소녀는 말을 가지고 있었고 자주 탔다. 다른 소녀는 말이 없었고 타 보지도 못했다. 대부분의 교실에서는 다른 지역사회와 마찬가지로 이 두 아이는 관계를 촉진하는 방식으로 만날 수 없었을 것이다. 집단에서 앨리스(Alice)는 캐런(Karen)이 말을 타 보지 못했던 갈망을 다음과 같이 이야기 하는 것을 들었다.

캐　런: 너는 언젠가 네 말에 나를 함께 태워 줄 수 있을 거야.

앨리스: 전에 왜 말하지 않았었니?

캐　런: 오, 나는 그렇게 할 수가 없었어.

앨리스: 왜 그랬는데?

캐　런: 나는 너를 전혀 알지 못했어.

앨리스: 음, 그러나 우리는 같은 반에 있었잖아.

캐　런: 그랬지, 그러나 난 정말로 너를 몰랐어.

앨리스: 그래, 이제 네가 하고자 하는 것을 알겠어.

한 집단원이 "나는 네가 좋아한다면 너를 돕고 싶어."라고 말할 때 우리는 즉시 두 가지를 알 수 있다. ① 도움을 제공하는 집단원은 집단에서 위치를 차지하고 더 큰 세계에서의 위치를 찾고 있는 중이고, ② 이 도움은 자신의 높이기 위한 것이 아니라 사회적 관심 때문에 동료를 도와주고자 하는 것이다.

집단은 사회적 상황에 실제적인 의미를 부여한다. 어떤 사람은 사회적 상황에서 자신을 검증할 기회를 갖지 못한다. 그들은 전혀 관여하지 않고 삶이 그냥 일어나도록 두는 방법을 찾는다. 이들은 삶을 충분히 경험하지 않고 삶에 관해 이야기할 수 있다(Polster & Polster, 1973). 그러나 집단은 매우 가깝게 있으며, 일시적으로 제한된 사회적 단위이다. 각 개인이 드러내는 문제가 무시될 수 없다. 그 문제는 집단에 있고 집단에 의해 해결되어야 한다. 비록 집단이 거의 침묵하고 있는 가운데 비언어적인 지지만 있더라도 각 개인이 하는 기여는 필수적인 것이다.

집단치료에서 사회적 평등(social equality)이 이루어지면 결점이 오점이 되지 않는다. 결점이 집단 멤버십에 필요한 조건일지라도(가령, 저성취자 또는 우울한 사람), 어떤 사회적 지위를 잃어버릴 필요가 없다. 모든 사람은 같은 위치에서 출발한다.

집단상담은 가치 형성이다. 개인치료는 내담자의 가치 변화를 시도하지 않고 몇 달을 진행할 수 있지만, 집단상담은 가치를 다루지 않을 수 없다. 모든 인간의 가치, 신념, 확신, 윤리는 본질적으로 사회적인 것이며, 사회적 참여는 집단원의 입장을 나타내고 그것이 유용한지를 드러낸다. 대부분의 삶의 공간(가족, 학교, 직장, 사회 등)은 지식과 체계의 가치를 지배적인 위치에 두도록 부추긴다. 이와 똑같은 영향은 비전통적인 목소리나 대안적 관점을 최소화한다.

어떤 지배적인 문화가 잘못된 행동을 처리하지 못하거나 다루지 못할 때 그것의 대표자는 변화를 이끌어 내는 데 이미 실패했던 개입방법을 증가시킨다. 그들은 자신을 지지하는 유용하지 못한 행동과 가치를 공고하게 다진다. 집단상담은 그릇된 가치 체계를 시험적으로 다루어 비난 없이 교정을 하도록 한다.

브래들리(Bradley)는 3학년이다. 부모는 그가 딱딱한 음식을 먹지 못하기 때문에 의사에게 데리고 갔다. 그는 아침에 침대에서 일어나지 않고 학교에 가려면 부모에게 옷을 입혀 달라고 요구했다. 그러나 이 사실에 대한 어떤 것도 집단원이나 지도자에게 알려지지 않았다.

브래들리: 오늘 아침 믹서 소리를 듣고 일어났어.

알　　리: 믹서?

브래들리: 그래, 엄마가 나에게 밀크셰이크를 만들어 주었어.

댈 러 스: 아침을 위한 셰이크? 근사한데?

브래들리: 엄마는 나에게 항상 밀크셰이크를 준비해서 침대에 있는 나에게 가져다줘.

알　　리: 그럼 침대에서 먹는 거야?

상 담 자: 내가 밀크셰이크를 마시는 동안, 엄마는 나를 위해 목욕물을 준비하고, 나에게 옷을 입혀 줘. 나는 엄마가 하인처럼 친절하다고 생각해.

상 담 자: 얼마나 많은 사람이 침대에 있는 여러분에게 아침을 가져오나요?

토 머 스: 나는 침대에서 한 번도 식사를 해 본 적이 없어. 심지어 아기였을 때도. 자러 가기 전에도 혼자 스스로 목욕하고 그래.

알　　리: 나도 항상 혼자서 일어나.

애　　니: 난 아침식사 때 밀크셰이크를 본 적이 없어. 또 나는 잠들기 전에 목욕을 해. 나는 그런 일을 계속 해 오고 있어.

상담 회기는 다른 주제로 넘어갔다. 이 집단 이후에 우리는 브래들리가 아침에 일어나서 아빠와 같이 아침식사를 먹고 있다는 것을 알게 되었다. 우리는 교사로부터 브래들리가 학급 활동의 참여가 증가하고 수학을 현저하게 잘한다는 것을 알게 되었다.

집단상담은 구조적이다. 개인치료에서 구조화는 쉽게 식별 가능하고 치료자의 책임에 달려 있다(Corey, 2001). 집단상담에서 구조화는 상담자 혼자만으로 실행되지 않는 것은 명백한 일이다. 구조는 인간의 상호작용에 질서를 부여한다. 구조가 없는 집단 과정은 혼란스럽고 혼돈을 가져다준다. 집단상담은 집단원이 공동으로 창조하는 구조를 만드는 과정에서 집단지도자와 함께하는 것을 요구한다. 공동 창조 과정은 민주성을 만들어 낸다. 그것은 집단원이 만들어 낸 통제 체계의 모든 것에 교정적인 대리인으로 행동한다.

집단상담은 경험이 많은 리더십에 의해 가장 잘 촉진된다. 경험 많은 지도자가 집단에 통상적인 과정이나 구조를 예견한다는 사실은 집단을 통제한다는 의미와는 다르다. 이러한 예견은 단순히 지도자에게 출발할 위치를 제공하고, 집단이 발달되는 과정에서 그를 놀라게 하지는 않는다. 집단 과정을 기술하는 데 사용되는 많은 다른 그림들이 있다(Corey & Corey, 2002 또는 Yalom, 1995을 보라).

아들러 학파는 서로 다른 많은 모델을 사용하지만, 그들은 집단이 ① 수용과 상호 존중으로 더욱 치료적인 상호 관계성을 만들고 유지하는 것을 예견하고, ② 비판이 없는 이해를 바탕으로 집단원의 행동에 깔려 있는 목적과 동기를 조사하고, ③ 심리적인 노출을 통해 목표를 이해하도록 돕고, ④ 집단원이 삶의 방향을 재정향(reorientation)하도록 돕는다(Sonstegard, Dreikurs, & Bitter, 1982). 집단 과정을 위한 리더십이 초기에 가장 경험 많은 사람에 의해 진행되더라도 집단원은 일반적으로 집단의 진전 정도에 따라 다양한 수준의 리더십을 요구한다. 집단 과정을 집단원 스스로 다루어 나갈 때 미리 설계된 리더의 개입은 줄어들게 된다.

효과적인 상담관계를 개발하는 것은 '좋은' 관계만을 구축하는 것 그 이상이다. 집단상담자는 민주적인 분위기를 촉진하는 경청과 이해의 과정을 만들어야 한다. 아들러 학파는 관계성이 상호 존중의 기본이 된다고 믿고 있을지라도, 그것이 집단원이 좋아하는 모든 것을 할 수 있다는 것을 의미하지는 않는다. **확고함**(firmness)과 **친절함**(kindness)은 필수적인 자질이다. 파괴적인 상호작용이 일어날 때 상담자는 추구하는 목적과 삶의 목표를 발견하는 방향으로 논의가 이루어지도록 방향을 돌려야 한다. 상담자는 집단원에게 단순히 반응하는 것이 아니라 진정한 변화를 이끄는 가능성을 창조할 수 있다는 점을 상기시켜야 한다. 집단상담자는 사람들에게는 격려가 필요하고, 격려받을 때 가장 잘 기능한다는 것을 알고 있다. 집단상담자는 집단성원들이 서로 격려할 수 있는 기회를 갖도록 한다. 왜냐하면 집단원의 의견과 진술이 상담자가 말한 어떤 것보다 더 많은 무게를 전달하고 있기 때문이다.

상담과 심리치료를 하는 심리학 전문가는 더 적은 자원을 가진 사람에게 더 많은 것을 해야만 하는 영역으로 들어간다. 지역사회 기관과 정신건강센터는 돌봄 관리 체계로 점점 더 잘 조직화되어 있다. 일단 지역사회에서 어떤 사람이 처음 평가를 받고자 하면, 위기 개입이 가장 좋은 방법일 것이다. 상담자나 치료자와의 만남은 현재 치료를 필요로 하는 사람에게 상당한 지연을 야기할 수도 있다. 유사하게 학교 합병, 줄어드는 학교자원, 증가된 출생비율은 학교상담자의 돌봄이 필요한 학생의 수를 크게 증가시켰다. 그 비율은 500 대 1보다 훨씬 더 클 것이다. 어떤 학교, 특히 초등학교에서는 상담 프로그램을 한꺼번에 끝마치라는 요구를 받는다. 대부분의 주정부에서는 한 사람의 상담자가 매주 세 개 내지 네 개의 학교를 방문하는 지역도 있다. 가족이나 부부의 관심사를 전달하도록 계획된 심리치료적 접근은 사회로부터 오는 더 많은 요구에 맞추어야만 한다.

이러한 영역에서 집단상담과 치료가 답이다. 내담자가 초기 평가와 위기개입을 요구하더라도 집단상담은 편견을 가지고 있는 수많은 사람에게 서비스를 제공하는 방법을 기관과 학교에 제공한다. 집단상담과 치료가 개인치료와 병행하여 제공된다면, 많은 사람에게 정신건강 서비스를 전달하는 방법으로 집단치료가 재빨리 치료 방법으로 선택된다. 우선적으로 부부와 가족을 다루는 사람조차 효과적인 치료를 제공하는 데 도움이 되는 집단을 찾게 될 것이다(Carlson, Sperry, & Lewis, 1997; Christensen, 1993).

아들러 학파의 집단상담은 다음 세기에 사람의 욕구를 충족시키는 다른 접근법보다 더 좋은 위치를 차지하고 있다. 아들러 학파는 20세기에서 가장 좋은 집단방법을 사용한다. 목적론적 개입은 매우 어린아이, 학령기 아동, 청소년, 대학생, 성인 등 다양한 집단을 위해 고안되었다. 아들러 집단상담 방법은 지역사회 기관, 병원, 임상센터 그리고 학교에서 사용되었다(Dinkmeyer, Dinkmeyer, & Sperry, 1987). 아들러 접근은 최소 하나의 학교자문 모델을 위한 기초가 된다(Dinkmeyer & Carlson, 2001). 이것은 미국에서 STEP(Dinkmeyer & McKay, 1997)이나 APT(Acitve Parenting Training; Popkin, 1993)와 같은 부모교육과 교사교육(Albert, 1990)을 위한 기초가 되기도 한다. 이것은 여전히 부모와 자녀들의 집단을 하기 위한 공개 포럼 형식의 가족교육센터를 만들 수 있는 유일한 접근이다. 집단에 대한 요구가 치료적이든 예방적이든 아들러 학파의 집단상담 과정은 발달되어 왔고 현장 전문가들은 효과를 얻을 수 있다.

요약

이 장에서 우리는 아들러 학파의 집단작업과 민주사회에서 집단 과정의 사용에 대한 구체적인 근거를 제시하였다.

집단상담과 치료는 안전하고 수용적이며 격려하는 공간을 제공하여 가족, 동료, 지역사회와의 관계를 집단으로 자연스럽게 경험하고, 개인적인 관심사를 사회적 이슈로 전달하는 사회적 맥락 내에서 집단원의 생각, 감정, 행동이 재검토된다. 이러한 의미로 집단은 경험적 학습 체계이며 개인으로 하여금 개인의 목소리뿐만 아니라 다른 사람에 대한 기여, 연결, 헌신으로 특징지어지는 공동체 느낌을 개발하도록 격려한다. 집단은 사회적 지지를 제공하고 진실한 상호작용을 하고 문제해결을 제공한다. 집단은 가치가 명료화되는 장소이고 민주적 과정의 기초를 경험하는 곳이기도 하다.

CHAPTER 02

아들러 학파의 집단상담 및 치료: 단계별 접근

이 장에서 다룰 주요 내용

1. 맨퍼드 손스테가드(Manford Sontegard)가 실시한 실제 집단상담 회기에 대한 원고의 편집본(굵은 글씨체)
2. 집단지도자가 사용하는 훨씬 더 중요한 선택 요점과 개입뿐만 아니라 집단경험의 상호작용 및 과정에 관한 주석

1974년, 아이다호(Idaho)주 작은 도시 출신인 다섯 명의 청소년이 '동기 수정(motivation modification)'을 주제로 한 아들러 심리학 콘퍼런스에서 집단상담 시연의 집단원으로 초청받아 참가하였다. 맨퍼드 손스테가드(Manford Sonstegard) 박사가 상담자였다. 그는 집단 구성원들과는 전혀 안면이 없었고, 비디오 녹화 회기에서 모든 집단원을 처음으로 만났다. 손스테가드 박사는 아들러 학파의 치료과정 및 실행에 관해 간단히 소개한 후 회기를 시작하였다.

다섯 명의 집단 구성원은 휴(Hugh), 베스(Beth), 존(John), 어브(Erv), 캐런(Karen)이었다. 어브와 존은 손스테가드 박사의 왼쪽에 앉았고, 캐런, 휴, 베스는 순서대로 오른쪽에 앉았다. 집단은 대략 상담자와 사각 형태로 모여 있었다. 카메라는 베스와 존 사이에 상당한 거리를 두고 설치되었다. 이 집단의 다섯 명은 같은 고등학교에 다녀서 서로 어느 정도는 알고 있다.

이 집단 회기는 비디오 녹화를 하여 보여 주기 위한 것이지만, 손스테가드 박사는 처음으로 이 집단원들을 만나 집단 형태로 회기를 진행했다. 사전 선별(prescreening) 모임이 가치가 있다고 믿지 않기 때문에 참가 의지가 있는 사람은 누구나 환영하였다.

제1장에서 언급한 것처럼 집단상담은 민주주의에서 필수적인 훈련이다. 집단상담 또는 치료는 민주주의의 밖에서는 거의 효과적이지 않다. 집단의 민주주의는 모든 구성원이 같은 사람이거나 같은 능력을 가지고 있다는 뜻이 아니다. 집단지도자가 다른 구성원보다 집단 과정에 대해 더 잘 알고 있는 것이 바람직하다. 민주주의는 집단 내 모든 사람들이 동일하게 평가되고 존경받을 권리

를 가지고 있다는 뜻이 아니다. 매우 실리적인 의미에서 이런 집단 지도자는 집단의 과정에 개인적인 판단을 피하고 수용하며 심지어 감사하는 태도를 견지하고, 사람마다 집단에서 활기찬 목소리를 낼 수 있도록 돕는 일을 한다. 집단상담은 집단의 구성원이 집단 내에서 치료의 수혜자인 동시에 변화의 행위자일 것을 전제한다 (Dreikurs & Sonstegard, 1968; Sonstegard, Dreikurs, & Bitter, 1982).

다음의 집단 회기는 **굵은 글씨체**로 된 회기의 내용과 **고딕체**로 된 주석으로 나뉜다.[1] 독자는 전체 회기를 한번 읽고 나서 주석과 더불어 회기를 두 번 읽으면 매우 도움이 될 것이다. 또 다른 아들러 학파의 상담자는 다른 이슈를 중심으로 집단을 집중시키고 집단 구성원에게 각기 다른 시간, 다른 방식으로 반응하여 집단을 다르게 시작할 수도 있겠지만, 대부분의 아들러 학파의 집단 회기는 드레이커스가 1967년 처음으로 개요를 설명한 상담 단계를 따르고 있다. 즉, 관계를 형성하고, 심리적 조사를 실시한 후, 심리적으로 노출하고, 방향을 재설정한다. 다음 장에서 우리는 이러한 기본 구조를 좀 더 정확하게 서술할 것이다. 여기서 주석은 특별한 이 회기를 단계적으로 '세분(break down)'하도록 고안되었다. 첫 번째 단계는 대부분의 아들러 학파의 집단 회기에서 집단이 어떻게 진행되는지와 회기를 실시하는 방식에 대해 이해를 하는 데 목적이 있다. 이것은 집단이 장기간에 걸쳐 만나는 경우 특별히 중요하다.

1. 이 회기의 원고는 논평 없이 단지 포커텔로(Pocatello) ID에서 실제 회기를 녹음한 테이프의 편집된 녹취록일 뿐이다. 집단 구성원의 이름은 익명성을 제공하기 위해 변경하였다.

집단관계의 형성

1. 손스테가드: 시작하기 전에 몇 가지 합의를 해두어야 할 것 같습니다. 어떤 합의가 필요할까요? (긴 침묵)

[주석] 오늘날 집단 구성원을 사전 선별하는 것이 일반적이지만[집단상담자를 위한 전문가 지침 중 하나(ACA, 1995; ASGW, 1989)], 아들러 학파의 상담자들은 일반적으로 이러한 발상과 절차를 거부한다. 이 과정은 집단을 촉진하기보다는 치료자의 방어를 위해 고안된 것 같다. 사전 선별은 집단경험을 최대한 이용할 수 있는 사람들, 이를테면 지장을 초래하는 사람, 자기에게만 몰두하는 사람과 외톨이를 집단으로부터 너무 흔하게 배제시키는 오류를 범한다. 우리는 사회에서 이러한 사람을 언제든지 만난다. 어려운 사람이나 상황을 피한다고 해서 집단의 구성원을 더 강하게 보호하지 못한다. 정말로 한 명 또는 그 이상의 더 힘센 구성원은 문제가 있지만 분투노력하여 생활의 유용한 측면에 변화를 가져 올 수도 있다.

아들러 학파의 상담자들은 모든 사람, 그 누구라도 환영하고 합의를 구하여 그들의 집단을 시작한다. 우리는 권위주의적 역사와 그 역사에 내재된 우열관계를 반영하고 유지하는 규칙 또는 기본 규칙(ground rules)이란 말이나 개념을 사용하지 않는다. 민주주의—따라서 집단—는 참여하기로 선택된 사람들의 동의와 합의에 기초한다. 즉, 서로 상호 합의를 구축함으로써 역할을 하고 살아간다.

2. 캐 린: 음, 우리는 얼마나 자주 만나야 하나요?

[주석] 캐런이 말하기 전에 집단 구성원은 서로를 바라보았고, 잠깐 침묵이 흘렀다. 캐런은 간절한 표정으로 힐끗 쳐다본 후 집단원에게 말할 것을 간청하듯이 첫 번째로 말하였다. 그러나 아무도 반응하지 않았

다. 일이 잘되길 바라거나 책임감 있는 행동을 하길 바라는 사람, 즉 신경을 쓰는 사람이 첫 번째로 말하는 것은 드문 일이 아니다. 어느 경우이든 지도자는 인정과 반응으로 그의 기여를 예우하여야 한다.

이 경우에 지도자는 캐런이 책임감이 매우 발달되어 있음을 마음에 새겨두어야 한다. 그녀는 다른 사람도 행동으로 옮기는 것을 좋아하지만, 아무도 하지 않았기 때문에 그렇게 하는 것이 자신에게 달려 있다고 느낀다. 이 단계에서 이러한 해석은 회기가 진행됨에 따라 증명되거나 반박되는 가정에 불과하다. 그럼에도 불구하고 지도자가 집단원에 대한 심리학적 가정을 모으기 시작하는 것은 그렇게 이른 것은 아니다.

3. 손스테가드: 캐런은 우리가 얼마나 자주 만나야 한다고 생각해요? 얼마나 자주 만나고 싶어요?

[주석] 상담자는 집단에 대한 결정을 위해 모든 질문을 집단에게 되돌려준다. 이것은 단지 민주주의적인 목적을 위해서 필요할 뿐만 아니라 집단 과정의 구축을 위해서도 필수적이다. 모든 집단 구성원, 특히 청소년은 그 과정이 집단 중심으로 진행되는지 아니면 지도자 중심으로 진행되는지 지켜본다. 지도자가 여기서 자신의 의견을 제안하면 집단 구성원을 영원히 잃어버리는 위험에 처한다.

4. 휴 : 그것은 우리가 제시하는 문제에 달려 있지 않겠습니까? 일주일에 세 번 정도 만날 필요가 있다고 봅니다.

5. 손스테가드: (명료하게) 일주일에 세 번 정도요?

[주석] 캐런은 매우 실용적인 질문으로 시작하였다. 지도자는 실용적인 답이 나올 수 있도록 반응한다.

6. 휴 : 아마도…….

7. 손스테가드: 그럼, 여러분 모두 일주일에 세 번 만나는 것은 어떤가요?

8. 존 : 일주일에 세 번은 너무 많다고 생각합니다. 일주일에 한두 번이면 괜찮겠지만, 그렇게 자주 만날 수 없을 것 같습니다.

9. 베 스: 누군가 문제에 대해 이야기를 나누고자 한다면 상대방에게 그 문제에 대해 이야기하고 싶다고 말하면 될 것 같은데요.

[주석] 베스의 반응은 우연히 한 것이거나 아니면 사려 깊게 여겨질 수도 있지만, 집단 과정에서 보면 집단 의사결정에서 불가피하게 집단의 의사결정을 방해한다. 또한 그녀는 결과를 알 때까지 입장을 밝히고 싶지 않다는 신호일 수도 있다.

10. 손스테가드: (베스에게) 베스 생각에는 집단으로 얼마나 자주 만나는 게 좋을까요?

[주석] 지도자는 베스에게 의사결정을 곧바로 할 수 있도록 다시 질문한다.

11. 베 스: 집단으로? 정기적으로 계획된 모임을 의미합니까?

12. 손스테가드: (끄덕이며) 그래요.

13. 베 스: 일주일에 한 번 정도면 충분할 것 같아요.

14. 손스테가드: 일주일에 한 번?

15. 어 브: 필요한 경우에 긴급 모임을 가질 수도 있죠.

16. 손스테가드: 긴급 모임, 맞아요. 필요하면 긴급 모임도 소집할 수 있죠. (잠깐 멈추었다가) 일주일에 한 번으로 시작하는 것은 어때요?

[주석] 지도자는 결정이 임박했음을 느끼고서 하나의 질문에 대해 집단이 의견 일치를 볼 수 있다는 것을 제안한다. 바꾸어 말하기, 반영하기, 요약하기가 치료적 개입의 주된 활동이 되는 시점에 상담자는

정직하고 개방된 질문으로 자신에게 부여되어 있는 내재된 권한을 집단원에게 위임한다. 이러한 개입에서 지도자의 질문은 최종 권위자로서 집단원에게 그 질문에 대한 답을 요청하고 있다.

17. **어 브: 그래요.**

18. **손스테가드: 휴! 일주일에 한 번 동의할 건가요?**

19. **휴 : 일주일에 한번이면 좋겠군요. 집단이 얼마나 오래 지속될 것인가에 따라 다르겠지만…….**

[주석] 휴는 집단이 결정할 필요가 있을 새로운 결정을 지적한다.

20. **손스테가드: (휴를 보고) 휴는 집단이 얼마나 오래 지속되길 원하나요?**

[주석] 지도자는 이슈를 제기한 사람을 시작으로 집단에게 결정을 되돌린다.

21. **휴 : 제 생각에는…… 그런데 우리가 무엇에 대해 말하는가에 달려 있죠. 여러분이 중요한 것에 열중하고 있다면 끝낼 때까지 가야겠죠.**

22. **베 스: 그래, 필요한 만큼 하면 되겠죠. 말할 것이 남아 있지 않다면 끝내면 되죠.**

23. **손스테가드: (어브에게) 이에 관해 다른 의견이 있나요?**

[주석] 어브는 마지막 결정에 참여하려는 의향을 보이는 데 머뭇거렸다. 지도자는 다소 이른 단계에 두 번째 결정에 참여하도록 격려한다.

24. **어 브: 저는 시간 제한을 둘 수 있다고 생각하지 않아요. 어느 날은 30분이고, 다음에는 1시간 반이 될 수도 있고.**

25. **손스테가드: 적당한 시간을 정하고, 회기를 멈추는 것을 매번 집단 모임에 맡길 수 있나요?**

[주석] 다시 지도자는 집단의 의견 일치를 제안하는 듯한 질문을 한다.

26. 어　　　브: 그래요.

27. 손스테가드: 좋아요! 그럼 그밖에 무엇에 동의를 구해야 할까요?

28. 휴　　　: 자, 매번 정해진 주제가 없을 수도 있죠. 우리의 마음에는 다른 것들이 있을 수 있죠.

29. 캐　　　런: 화제로 오르는 것은 무엇이든 말해야죠.

30. 손스테가드: 자유토론이길 원하는군요.

31. 캐　　　런: 그래요.

32. 손스테가드: 여러분 모두 이것에 동의하나요? (머리를 끄덕이고) 자, 나도 동의해요.

33. 존　　　: 누군가 난처하거나 무언가 …… (잠시 멈춘다.) 집단을 잠시 떠나도 괜찮은가요?

[주석] 존의 질문은 집단 합의의 측면에서 실제적이면서 개인적인 것이다. 이것은 그의 삶에서의 이전 경험을 반영할 수도 있다. 이 시점에서 존은 자기 자신을 되찾기 위해서 조금은 사적인 공간이 필요했다고 본다. 이것은 또한 성격 우선순위(Kfir, 1981)의 통제 대처양식을 나타낼 수 있다. 왜냐하면 이런 우선순위를 가진 사람은 종종 굴욕이나 수치를 피하려고 노력하기 때문이다. 존의 질문은 상담자의 마음속에 그리고 있는 다른 가정을 갖도록 한다.

34. 손스테가드: (모든 집단원에게) 자, 집단을 떠나는 것에 대해서는 어떻게 생각하나요? 이렇게 하기를 원하면 언제라도 떠날 수 있고 또 돌아오는 것을 허용할까요?

35. 베　　　스: 예, 그렇게 하시죠.

36. 손스테가드: (모든 이에게) 모두 동의합니까?

37. 휴　　　: 집단에 머물면 도움이 될 수 있습니다. 더 오래 집단에 참여하면 난처한 것을 극복하도록 도울 수 있겠죠.

[주석] 휴가 말한 것은 매우 유용한 코멘트이지만, 상담자는 그것이 집단의 나머지 구성원에게 어떻게 받아들여지는지 알 때까지 상담자는 그 행동을 강화하지 않는다.

38. 캐　　런: 그러나 원하지 않을 때 집단에 참여하도록 한다면 그에게 너무 많이 제한을 가하는 것일 수도 있죠.

39. 베　　스: 제 생각에는 누군가 정말 난처해서 잠시 동안 벗어나길 원하면 그렇게 하는 것도 좋을 것 같아요.

40. 손스테가드: 그래서 떠나는 것을 격려하지 않을 수도 있지만, 사람들이 느끼기에 그가 간절히 원하는 것 같으면 그에게 그렇게 할 권리가 있는 거죠. (잠깐 멈추었다가) 그래서 한 사람이 집단 회기로부터 아무것도 얻는 것이 없다고 느끼더라도 집단원들이 그를 강제로 머무르게 해야 될까요?

[주석] 집단을 떠나고자 하는 집단원에 대한 상담자의 조사는 이전에 집단결정을 자연스럽게 따르지만, 상담자가 예전 집단 경험에서 당면했던 가능한 일을 제안하고 있다.

41. 어브, 캐런, 베스: (동시에) 아뇨!

41. 손스테가드: 무엇을 하도록 허용할까요?

43. 어　　브: 그만두어야 하죠. 집단이 그에게 어떤 도움도 되지 못한다면…….

44. 베　　스: 어찌 되었건 집단은 자원한 사람이 하는 거죠. 그렇지 않나요? 원하지 않는다면 집단에 남아 있어야 한다고 생각하지 않습니다.

45. 집단 구성원: 예, 좋습니다.

46. 손스테가드: 우리가 극히 사적인 일에 관해서 이야기를 한다면 어떨 것 같나요? 우리는 그러한 것을 밖으로 끄집어내어 집단에서 토론하는 경우 어떤 위험이 있을 수 있다고 생각합니까?

47. 휴 : 그것도 일을 처리하는 실질적인 좋은 방식일 수 있다고 생각합니다. 집에서 어려움을 겪고 있다면 그것을 말할 수 있고, 그러면 여러분은 집단원과 함께 있다고 느낄 수 있을 겁니다. 그리고 아마도 누군가 그것을 다루는 법에 관한 아이디어를 가지고 있을 수도 있죠.

48. 손스테가드: 그러나 집단의 일부 구성원이 우리가 한 이야기를 집단의 외부 사람들에게 당신이 말한 것을 가지고 토론한다고 가정해 보십시오.

[주석] 집단 이해에 이르는 과정은 상담자가 비밀보장의 이슈를 제기할 수 있을 정도로 충분히 주어져야 한다. 이것은 집단 구성원이 제기하지 않으면 상담자가 제기할 수 있는 몇몇 이슈 중의 하나이다.

49. 캐 런: 그것은 좋지 못합니다.

50. 손스테가드: 이것에 대한 보호를 어떻게 하면 될까요?

51. 베 스: 우리가 집단 밖에서는 아무것도 이야기하지 않겠다고 맹세하거나 서약을 해야 합니다.

52. 손스테가드: 베스 입장에 우리 모임의 비밀보장에 동의할 수 있다는 말은 집단의 비밀을 말하지 않겠다는 뜻인가요?

53. 캐 런: 그건 어렵습니다. 왜냐하면 내가 말한다면 다른 사람도 그럴 것이라 생각할 수 있죠.

54. 손스테가드: 그러나 우리가 비밀스런 모임을 갖는다는 느낌이

듣다고 가정한다면?

[주석] 비밀(secrecy)과 비밀보장(confidentiality)은 차이가 있다. 차이를 정확하게 서술하는 것은 대부분의 집단상담 프로그램에서 매우 중요한 것이다. 특히 개인의 비밀이 보장되지 않을 수 있는 학교나 기타 기관에서 제공하는 상담 프로그램에서는 더욱 면밀히 고려해야 한다.

55. **베　　　스: 그런데 누군가 제게 묻는다면 일반 주제를 제공할 수 있을 겁니다.**

56. **손스테가드: 누군가 묻는다면 그런 얘기를 했다고 말할 수는 있지만 캐런이 이 말을 했고, 어브는 저것을 말했다고 해서는 안 됩니다. 그것은 피해를 줄 수 있어요. (잠시 멈춘다.)**

[주석] 비밀보장은 내담자를 안전하게 지키고 아무런 피해를 주지 않도록 하는 치료적 책무로부터 나온다. 지도자는 무엇이 해를 입히는지 집단 외부의 사람과의 합리적인 소통이 무엇인지 정의한다. (비밀과) 이러한 구별은 집단 구성원에게 요구되는 제한 내에의 자유를 허용한다.

집단 내 심리적 조사

57. **손스테가드: 이것[합의]은 잠시 동안 지낼 수 있는 지침으로 충분하죠? (고개를 끄덕이며) 좋아요, 다음에는 무엇을 이야기해야 하나요?**

[주석] 첫 번째 회기라도 적어도 치료 가능성을 지닌 집단 토론을 시작하는 것이 중요하다. 단지 집단 지침을 수립하는 첫 번째 회기는 구

성원에게 집단 과정에 대한 신뢰를 불어넣는 데 별로 도움이 되지 않는다. 집단 합의에 대한 재고는 여전히 미래에도 가능하다. 당분간은 집단지도자는 구성원에게 무엇에 대해 토론하고 싶은지 물어서 그들이 내린 결정 중 하나를 실행한다.

58. 캐　　　런: 저는 최근에 저를 괴롭혀 온 한 가지 일이 있어요. 저는 고등학교 3학년 마지막 학기인데, 지난해는 온통 시간 낭비를 한 느낌입니다. 아무것도 얻지 못하고 있었어요.

[주석] 캐런은 다시금 다른 사람이 침묵하고 있는 가운데 발언을 개시하고 반응해야 한다는 책임을 떠맡고 있다. 그러나 그녀는 자신에게 진실인 것이 모두에게 진실인양 확신에 차 말한다. 지도자는 캐런에게 진실성이 가장 중요하고 그녀를 진지하게 대해 주길 원한다고 생각하기 시작한다.

59. 손스테가드: 조금 더 구체적이었으면 …… 캐런과 이야기하고 있는 '시간 낭비'란 말에 관해 조금 더 이야기해 줄래요?

[주석] 캐런이 제공한 것은 일반적인 표현이다. 지도자는 구체적인 사례를 찾아서 그것에 생동감을 불어넣고자 한다. 그러나 캐런은 그녀가 처음 표명한 그 이상으로 말할 준비가 되어 있지 않다.

60. 캐　　　런: 저는 단지 학교에 관한 모든 일에 정말로 무관심해진 느낌이에요.

61. 손스테가드: 모든 일이 지겨워지고 있다고요?

62. 캐　　　런: 예 그래요.

63. 손스테가드: 휴, 자신을 가장 괴롭히는 일은 무엇인가요?

[주석] 캐런은 불만을 표출하는 데 있어 상대적으로 일반적인 수준에 머물고 있다. 지도자는 동일한 언어(예를 들면, "무엇이 당신을 가장

괴롭히나요?"를 사용하여 진행하지만, 단 한 명의 구성원과 하는 일대일 대화를 피하고 다른 구성원의 참여를 격려하기 위해 고안된 조사를 진행하고 있다. (캐런이 아닌 휴에게 같은 질문을 함)

64. 휴 : 학교 주변 말씀이신가요?

65. 손스테가드: 예, 무엇이든.

66. 휴 : 갑자기 떠오르지 않네요.

67. 손스테가드: 내가 휴를 조금 밀어붙이긴 하지만, '단 한 가지'라고 말하면?

68. 휴 : 저도 3학년이에요. 즐겁지 않았어요. 선생님께서는 최선을 다했지만, 도움이 되지 않아요.

[주석] 처음에 캐런은 일반적인 표현으로 안전하게 머무는 것을 선택하였다. 캐런은 자신에 대한 개인적인 것을 드러내지 않기 위해 조심하고 있다. 휴도 신중하다. 압박당할 때 그는 안전을 추구하여 입장을 밝히지 않는다.

69. 손스테가드: 베스는 어때요?

70. 베 스: 저는 1년 더 다녀서 최선을 다하길 원하지만, 캐런과 휴가 말한 것처럼 나쁠 수도 있겠죠. 지금 당장은 학교생활이 즐겁고, 모든 선생님을 좋아하지만, 모르죠. 저는 3학년을 즐겁게 보내길 원해요.

[주석] 베스는 신중한 관찰자이다. 그녀는 캐런과 휴처럼 학교에 대해 강력한 부정적 느낌을 가지고 있지 않지만, 그녀는 다른 입장을 취하는 데 관심이 없다. 그녀의 과정은 다른 사람들이 취하는 입장을 발견하고, 순응하며, 따라가며 맞추는 것이다.

휴는 어느 정도는 베스와 유사하지만 베스만큼 자신을 보호하지는 않는다. 상담자는 베스가 높은 기대와 표준을 가진 집안 출신일 것이라 짐작한다.

71. **손스테가드: 지금 베스를 괴롭히고 있는 일이 있나요?**

72. **베　　　스: 아무것도 생각할 수 없어요.**

[주석] 베스는 그 순간에 어떤 것에도 입장을 밝히지 않는다.

73. **손스테가드: 좋아요. 어브는요?**

74. **어　　　브: 예, 저를 가장 괴롭히는 일은 사람들이 저에게 무엇을 하고 있는지, 언제 할 것인지, 어떻게 할 것인지 말해 달라고 하는 겁니다. 계속해서 사람들은 제가 일을 쌓아 놓도록 하는 것 같아요.**

[주석] 어브는 솔직하다. 그는 앞에서 이야기한 사람들과 대조적으로 직설적이고 숨김없다. 왜 차이가 나는가? 아마도 단지 그의 스타일일 뿐이다. 아마도 그는 잃을 것이 적다고 느끼는 것 같다. 혹은 그의 집안 배경에 이런 방식으로 행동하는 어떤 힌트가 있을지도 모른다. 이유가 무엇이든 그의 접근 방식은 집단 과정을 움직이는 데 필수적이고, 그에게는 반드시 개인적인 판단을 피하는 방식으로 반응해야 한다.

75. **손스테가드: 음! 그래요.**

76. **베　　　스: 왜 어브는 그들에게 "안 돼요!"라고 말하지 않니?**

77. **어　　　브: 왜냐하면 나의 많은 사람에게 "안 돼요."라고 말하면, 그들은 "그런 말은 좋지 않아."라고 받아칠 거야.**

78. **손스테가드: 그래서 계속해서 그렇게 해요?**

79. **어　　　브: 예, 보통은. 좀 더 느리게 하고. 내 방식대로 하지만, 보통은 그렇게 합니다.**

[주석] 어브는 은밀한 반항자이다. 때때로 '소리 없는 반항자'라고도 불린다. 어브는 그 대가가 너무 크기 때문에 아마도 드러내놓고 반항하

는 위치에 있지 않다고 느낀다. 아마도 정확할 것이다. 어브가 경험한 바에 의하면 그의 아버지는 그것에 대해 처벌적이고 강박적이다. 어브는 엄청난 권력, 완전한 독재자와 마주하고 있다고 느낀다.

80. 손스테가드: 존은 어때요?

81. 존 : **예, 제 부모님은 진력나는 사람이 되어 가고 있어요. 그것이 제 문제죠. 항상 그런 것 같아요. 집에 가면 부모님에게 들볶여요. 그때 무엇을 할지 모르겠어요. 부모님은 나의 태도가 부정적이라고 말해요.**

[주석] 존은 어브의 양식을 이어간다. 존도 숨김없고 솔직하다. 존은 어브의 영향을 받았거나 자신이 보복의 두려움 없이 그 자신의 무언가를 공유할 수 있다는 느낌에 의해 영향을 받았을 수도 있다. 그것은 또한 존의 스타일일 수도 있다. 존의 이슈가 탐색될 수 있으며, 그걸 탐색하는 것도 정당한 일이다.

82. 손스테가드: 같은 상황에서 비슷한 경험을 한 다른 집단원이 있나요?

[주석] 이러한 경우 상담자는 집단에서 입장을 밝히기를 꺼리는 구성원(캐런, 휴 그리고 베스)의 더 많은 참여를 격려하는 데 관심이 있다.

83. 베 스: **예.**

84. 손스테가드: 어떤 방식으로?

85. 베 스: **그냥 말만 해요.**

[주석] 베스는 존이 자신의 부모와의 관계를 과감하게 노출한 것을 본 후에는 어떠한 진지한 토론에도 자신이 관여되지 않도록 매우 노련하게 피해 간다.

86. 휴 : **방과 후 매일 밤 나는 친구들과 커피 한잔을 마시러 갔어요. 사실 10시까지 약 6시간이에요. 그리고 귀가하**

면 부모님은 온갖 질문을 쏟아부었어요. 부모님은 그런 방식으로 친구를 만나는 것이 내가 하루를 버텨내는 데 도움이 된다는 것을 이해하지 못하고 있어요.

87. **캐　　　런: 너의 부모님은 네가 거짓말을 하고 있거나 무언가 숨기는 것이 있다고 생각해. 너의 부모님은 네가 어디에 있었는지, 그곳에 얼마나 오래 있었는지, 그곳에서 누구를 만났는지 알길 원해.**

[주석] 캐런의 말은 휴의 입장에 대해 명백하게 찬성할지라도 실제로는 자신의 삶과 관련해 별개의 이야기를 하고 있음을 기억하는 것이 중요하다. 어브가 한 다음 문장(88번)의 경우도 마찬가지다.

88. **어　　　브: 나는 너의 부모님이 네가 잘못된 곳으로 가서 혼란을 겪을까 봐 걱정하시는 거라고 생각해.**

89. **캐　　　런: 그래.**

90. **손스테가드: 어브는 부모님이 자신에 대해 더 많이 생각하고 있다고 믿고 있어요?**

[주석] 이것은 상담자가 부모님조차도 자신의 행위가 이해되었으면 하는 의도를 가지고 있음을 지적하기 위해 어브의 말을 인용하여 선택적인 반영을 한 것이다.

91. **어　　　브: 예, 정말로요.**

92. **베　　　스: 때때로 저는 부모님의 딸일 뿐이지, 다른 사람이 아니라고 느껴요. 부모님은 자신으로부터 분리하려는 기회를 나에게 주지 않는다고 느껴요.**

[주석] 베스의 코멘트는 긍정적인 신호다. 베스가 부모님과의 관계에 있어 실질적인 문제를 정확히 집어낼 준비가 되어 있지 않을지라도 좀 더 자유롭고 좀 더 자신감을 갖기 시작한다. 존의 구체적인 걱정거

리를 다른 집단원에게 그들의 의견을 제시할 수 있도록 대화를 돌린 지도자의 원래 결정은 집단의 이해력을 다소 떨어뜨린 것처럼 보인다. 그래서 지금 존의 걱정거리로 되돌아가는 것이 적절하고 보다 생산적이다.

93. 손스테가드: **존, 자! 존에게 이 일이 일어나기 시작한 지가 얼마나 되었나요? 존이 부정적 태도를 가지고 있다는 느낌 말이에요.**

[주석] 상담자는 존과 그의 부모와의 관계에 집중하기로 결정한다. 아마도 집단은 존이 자신의 상호작용 과정을 이해할 수 있도록 도울 수 있을 것이다. 아들러 학파의 상담자들은 심리학적 조사에 항상 이러한 체계적인 접근법을 견지해 왔다. 존과 그의 부모는 관계를 이어가고 있다. 각자 과정에 무언가 기여를 하고 있다. 그들 중 어느 누구라도 변화를 결정할 수 있고 그렇게 함으로써 갈등을 중단하거나 끝낼 수 있다.

94. 존 : **올해는 갈등이 단지 늘어났을 뿐이었어요. 올해 저는 중학교 2학년이고, 연극반에서 활동 중이에요. 집에서 그리 많이 있는 것 같지 않아요. 집에 거의 없어요. 집에는 주로 밥 먹고 잠자러 가죠. 아무튼 부모님은 그것에 관해 내버려 두지 않아요. 그리고 저는 왜 그런지 모르겠어요. 학교에서는 괜찮게 지내요.**

[주석] 여기에 상담자가 존과 이야기하면서 존에 관해 형성하고 있는 가설이 있다. ① 존은 2학년이다. 캐런과 휴와 달리 존은 아직 어두운 터널 끝에 있는 빛을 볼 수 없다. 또 상황이 더 나아질 것이라는 희망 아래 완전히 포기하지는 않았다. ② 존은 연극반에서 활동 중이다. 이것은 존의 좋은 (욕망의) 배출구가 되어야만 한다. 그것은

창조적인 성질을 지니고 있다. 그는 거리낌이 없고, 상상할 수 있으며, 제한하는 것이 거의 없다. 아마도 연극 지도교사(코치)가 다른 교사보다 훨씬 더 격려하고 있고, 존의 재능에 대한 진가를 훨씬 더 많이 알아주고 있다. ③ 존의 태도에 대한 부모님의 반응이 정확하게 보고된다면 부모님은 당황하고 두려워하며 심지어 화를 내기조차 할 것이다. 부모님은 통제력을 잃고 존이 부모의 손에서 벗어났을 수도 있다고 믿고 있다. 부모님은 아마 자신의 권위가 손상되고 있다고 느끼고 대부분의 다른 부모님처럼 초조하게 느낄 것이다.

95. 손스테가드: 존, 형제자매가 몇 명인가요?

[주석] 아들러 학파의 상담자는 집단 과정에서 각각 다른 관점에서 출생순위(birth order)와 가족 구도(family constellation)[1] 조사를 도입한다. 이것은 한 구성원이 가족 문제에 대해 이야기하고 있을 때 특히 유용하고, 상담자는 그 사람이 형성해 놓은 대처(coping) 유형에 대한 분명한 사진을 찍어 내려고 시도하고 있다.

96. 존　　　　: 남동생 한 명과 여동생 한 명이 있어요.

97. 손스테가드: 누가 맏이인가요?

98. 존　　　　: 저예요. 저는 열여섯 살이고 여동생은 열두 살, 남동생은 열 살이에요.

99. 손스테가드: 그럼, 부모님께서는 남동생과 여동생에게 어떻게 대하는가요?

[주석] 아들러 학파의 상담자는 각 개인의 관점에서 가족 구도를 독특하

---

1) 역자 주: 가족 구도(Family Constellation): 가족 구도는 가족성원 간의 정서적 유대, 가족의 크기, 가족의 성별 구성, 출생순위, 가족역할 모델 등을 포함하는 가족 분위기를 의미한다.

게 이해하려고 시도한다. 중요한 것은 출생순위 그 자체가 아니라 개인이 그것에 대한 해석이다.

100. 존 : **부모님께서는 동생들에게 더 잘하는 것 같아요. 저는 문제아라고 생각해요. 부모님께서는 동생들을 더 잘 이해하셔요. 저는 부모님이 좋아하지 않은 일을 늘 벌이고, 부모님은 저에게 화풀이를 해요. 그런 식이죠. 그렇게 말해서 이상하게 들리겠지만 사실이에요.**

[주석] 존은 여동생이 태어났을 때 네 살이었다. 그는 의심할 여지없이 가족에서 총애 받는 위치를 잃어버렸다고 느꼈다. 아마도 부모님은 딸을 갖기 원했거나 좀 다른 방식으로 신생아인 어린 딸을 총애하였다. 성 편애가 있든 없든 간에 부모님께서는 끊임없는 보살핌이 필요한 신생아로 인해 확실히 바쁘셨다.

존은 항상 다른 사람의 주목을 받는 데 어느 정도 관심이 있었다. 심지어 10대에 연극에 대한 관심을 가지게 되어 존은 긍정적인 주목을 받을 수 있는 무대에 오르기도 했다. 여동생이 태어났을 때 존은 엄마나 아빠가 자신에게 계속 바쁘도록 하기 위해 사용하는 평상시 장난으로 총애 받는 아이의 위치를 되찾고자 시도했을 수도 있다. 여동생이 태어나기 전에는 이것은 큰 문제가 되지 않았다. 그러나 지금은 상황이 다르다. 부모님은 여동생을 먹이고 목욕시키고 놀아 주느라 여념이 없어 보인다. 존은 부모님이 가장 바쁠 때에 부모님을 자신에게 관여시키기 위해서 힘껏 노력했다고 추측할 수 있다. 존의 끈질긴 노력으로 쩔쩔매는 부모를 화나게 만들었고 심지어 맏이에게 벌을 주어서 가족에서의 지위 상실이 되도록 만들었을 수도 있다.

혼내고 모욕까지 하는 부모는 존이 학교에 입학할 때, 셋째 아이를 가진다. 이러한 가족 구도하에서 형제자매는 자신의 위치를 발견하기 위해 애쓴다. 아이들은 부모님이 존의 행동에 못마땅해 한다는 것을 빨리 알아채고서 각자 엄마와 아빠에게 더 받아들여질 수 있는 행동을 택할 것이다. 그리고 적어도 두 동생 중의 한 명은 존이 하고 있는 모든 잘못된 행동을 엄마와 아빠에게 알려주는데 전문가가 된다.

존이 나이가 들어감에 따라 부모를 포섭할 희망이 없다고 믿게 되었다. 존은 정기적으로 집을 멀리함으로써 부모가 자신에 대해 못마땅해하는 것을 피한다. 존은 자신에게 감사해하고 소속감을 주는 친구와 시간을 보낸다. 존의 부모가 자신의 친구들을 탐탁지 않게 생각하는 것으로 드러나면, 그럴수록 그는 더 좋게 느낀다.

101. **손스테가드: (집단에게) 왜 존의 부모가 항상 존에게 신경 쓰고 있는지에 대한 의견이 있나요?**

[주석] 나중의 회기에서 지도자는 하나의 가능성을 열어 놓고, 위의 어느 하나 또는 모두를 다룰 수 있다. 그러나 초기 회기에서는 그것은 집단 자체로부터 나와야 했다.

102. **베　　　스: 예, 좋아요. 존의 부모님은 '존, 너는 맏이야'라고 말해요. 맏이는 어린 동생들에게 모범을 보여야 하죠. 그러나 동생들이 그를 따르면 동생들도 문제아가 되고, 가문의 이름에 먹칠을 하게 될 겁니다.**

103. **어　　　브: 네 말이 맞아. 바로 그것이라 생각해.**

104. **손스테가드: 가족에서 맏이 아이에게 더 많은 것을 기대한다고 생각하나요?**

[주석] 이 질문은 이전 코멘트로부터 자연히 확장된 것이지만, 그것은 또한 존에게 자신의 상황에 대한 약간의 통찰을 제공할 출생순위의 영향력에 관해 있을법한 토론으로 발전하도록 고안된 것이다.

105. 휴 : **우리 가족에서는 안 그래요. 저는 형이 있는데, 형은 스무 살이죠. 형이 고등학교 2학년이었을 때 밖에 나가서 술을 마시곤 했죠. 부모님은 형 말을 훨씬 더 잘 믿어요. 지금은 저는 밖에 나갈 수 없어요. 제가 다 알아서 해야만 하는데, 그건 정말 성가신 일이에요.**

[주석] 휴의 이야기는 해석의 중요성을 나타내고 있다. 휴는 존과 유사한 가족 구도를 묘사하고 있다. 즉, 두 가족에는 파과적인 성향의 맏이 남자 아이가 있다. 존은 맏이로서 총애 받는 동생들을 둔 문제 아이이다. 휴는 둘째 아이지만 유리한 입장에 있다. 왜냐하면 휴의 가족에서 맏이가 이리 저리 처벌을 면하고 있어 형이 총애를 받는다고 믿고 있기 때문이다. 휴는 정말로 형의 태도 때문에 부모님이 얼마나 많이 속상해했는지에 대해 아무런 느낌을 가지고 있지 않았다. 하지만 부모님이 휴에게 엄격히 제한을 가한 것을 보면 형 때문에 얼마나 속상해했는지를 알 수 있다. 집단에서 휴의 공언은 존에게 출생순위를 활용하여 약간의 통찰을 얻도록 도움을 주기 위한 어떤 시도를 왜곡되게 할 수도 있다. 그래서 다른 길을 찾아야만 한다.

106. 손스테가드: **존, 이제 부모님이 존과 잘 지내게 되려면 존은 무엇을 해야 할까요?**

[주석] 실제 경험은 항상 구체적이다. 삶은 매일 활동하는 세부적인 것에서 일어난다. 집단지도자는 적어도 몇몇 집단 구성원이 자신의 삶에 변화를 가져올 수 있는 세밀한 부문을 공유할 준비가 되어 있다.

107. 존 : **저는 부모님에게 말을 걸지 않아요.**

108. 손스테가드: **음! 부모님과 대화를 하지 않는구나! 그러면 가능**

한 한 집에서 멀리 벗어나 있으면 어때요?

109. 존 : 예, 보통 집을 나와 있죠. 아니면 집에 있더라도 저는 제 방으로 내려가 제 오디오를 들어요.

110. 손스테가드: 몇 가지 활동에 참여해 보든지…… (잠깐 멈춤) 휴! 이제는, 어떻게 대응할 건가요?

[주석] 상담자는 집단 이해에 기여할 수도 있는 다른 구성원이 있는지 알아보기 위해 잠깐 동안 존의 문제를 그대로 둔다. 휴가 한 코멘트는 곧 다른 사람의 더 유용한 기여로 이어질 것이다.

111. 휴 : 만약 부모님이 내게 고함을 치거나 무엇을 하면 저는 그냥 앉아서 부모님에게 그렇게 유치하게 하지 말라고 이야기하죠. 그런 다음 저는 무심코 걸어 다니거나 아니면, TV를 보며 부모님을 무시하죠.

112. 손스테가드: 그게 도움이 되나요?

[주석] 상담자가 이미 구축한 무비판적 관계 때문에 이러한 가벼운 직면(confrontation)[2)]이 작동한다. 이 같은 개입이 30분 일찍 일어났더라면 대부분의 집단은 방어태세를 취하였을 수 있다.

113. 휴 : 부모님이 제게 고함을 칠 일이 많지 않음을 깨닫는 데 도움이 되겠죠. 그중 절반은 부모님에게 어떤 타

2) 역자 주: 직면(confrontation): 내담자로 하여금 자신의 잘못된 목표와 신념을 회피하지 않고 정면으로 자각하도록 하는 것이다. 주관적 견해, 잘못된 신념과 태도, 사적 목표, 파괴적인 행동에 대한 직면의 네 가지 유형이 있다. 직면은 내담자가 자신의 신념과 감정 그리고 행동을 변화시킬 수 있는 직접적인 계기를 제공할 수 있지만 내담자가 위협적으로 느낄 수 있으므로 신중하게 적용되어야 한다. 치료자는 치료 단계에 따라 격려와 직면을 적절하게 구사하며 내담자가 자신의 부적절한 목표와 생활 양식을 자각하고 그것을 변화시키도록 돕는 것이 중요하다.

당한 근거도 없죠.

114. **손스테가드: 왜 부모님께서 이렇게 할 것이라 생각하나요?**

[주석] 상담자는 집단을 의미가 있는 토론으로 초대한다. 이와 같은 토론은 심지어 어린아이와도 가능하고 청소년과 젊은 층에게는 필수적이다. 이러한 토론의 목표는 비난과 상처 입히기로부터 이해와 인간적인 것으로 대체하는 것이다. 이러한 젊은 사람들이 그들의 부모를 희망, 꿈, 불완전함을 가진 사람으로 볼 수 있게 된다면, 부모와의 관계가 이미 변화되고 있다.

115. **휴 : 부모님은 여러분을 돌보려고 합니다. 부모님은 가족의 명예를 보호하려고 하죠. 하지만 여러분은 그런 것과는 아무런 상관이 없는 사람이었으면 하는 생각을 가질 때가 종종 있잖아요.**

[주석] 휴는 부모–아이 관계에 대해 더 통찰력을 갖기 시작하였다. 그는 관계에서 부모님의 측면과 부모님의 관점을 어느 정도는 이해하고 있음을 나타내지만, 부모님은 여전히 적이다.

116. **손스테가드: (휴에게) 부모님이 휴를 두려워한다고 생각하나요?**

[주석] 상담자는 인간이라는 아이디어를 도입한다. 휴는 적대적이지도 공격적이지도 않는 '가벼운' 감정(두려움)을 제시하고 있다.

117. **휴 : 그래요.**

118. **손스테가드: 어떤 의미를 가진다고 생각하나요?**

[주석] 여기서 상담자는 '변화를 가져오는' 차이를 만들려는 시도를 한다. 즉, 새로운 이해를 가능한 많이 하면 할수록 질문을 통해 의미와 목적에 머물도록 하는 것이 중요하다.

119. **휴 : 아버지는 제가 성년이 되자마자 다른 곳으로 갈까봐 두려워하시고, 어머니는 절 지나치게 꽉 잡아두려고**

하셔요. 제 형은 스무 살이고 여전히 집에서 살아요. 형이 밖에 나갈 때 부모님은 형에게 언제 집에 돌아올지 말해달라고 하죠. 절대 부모님 뜻대로 되지 않을 거예요.

120. **손스테가드: 네가 네 나이의 아이를 가진 부모라면, 아이가 밖에 나가길 원할 때 어떻게 응할까요?**

[주석] 상담자는 구성원에게 즉시성(immediate)[3)]을 넘어서 그들이 부모가 될 때를 생각해 보라고 요청한다. 이는 또 다른 가벼운 직면으로 다음과 같은 방식으로 훨씬 더 명백하게 만들 수 있다.

상담자: 결혼할 거라 생각하니?

10대: 그렇게 생각해요.

상담자: 아이가 몇 명 있을 거라 생각하니?

10대: 아마도.

상담자: 너의 아들이나 딸이 네가 하는 방식으로 행동할 때 너는 어떻게 할 거니?

121. **휴 : 제 부모보다 더 나빠지겠죠. (집단 웃음)**

122. **손스테가드: 휴! 더 나빠진다고요?**

123. **휴 : 많이 걱정이 되네요. 정말 모든 게 걱정이군요.**

[주석] 휴가 말로 표현하는 걱정은 탐색되어야 한다. 그것은 집단의 다른 구성원이 공유하고 대처할 수 있는 것이다. 그러나 상담자는 존과 그의 부모와의 관계와 관련 있는 질문을 시작했다. 이 조사를 끝마치는 것은 휴의 걱정거리를 다루는 것보다 집단 과정이 훨씬 중요하기 때문이다. 상담자는 휴가 나중에 자신이 걱정하는 안건으

---

3) 역자 주: 즉시성(Immediacy): 지금-여기에서 일어나는 내담자의 말과 행동의 모순점을 즉각적으로 지적하는 기법이다. 상담 장면에서 나타나는 내담자의 행동은 일상생활에서의 표본이라는 것을 깨닫도록 돕기 위한 기법이다.

로 돌아갈 수 있도록 휴의 우려를 머리에 기억해둔다.

124. **손스테가드: 여러분은 존의 옳지 않은 것에 대해 존의 부모님이 걱정한다고 생각하나요? (집단 웃음)**

125. **어　　　브: 제 생각에는 존의 부모는 존이 옳지 않다는 것을 알고 있어요.**

[주석] 어브의 코멘트는 장난삼아 한 것이고, 존은 상관하지 않는 것 같다. 심지어 존도 함께 웃었다. 어브와 존 사이에 표현되지 않은 동료애가 있기 때문에 어브가 이런 방식으로 반응할 수 있었다. 다른 집단원은 이 같은 말은 존을 난처하게 하는 행위로 해석될 수도 있을 것 같았기 때문에 그것을 시도하지 못했다.

126. **손스테가드: 그런데 그것이 왜 존의 부모님을 걱정하게 하나요?**

127. **캐　　　런: 존의 부모님은 존을 사랑하고, 존이 멋진 소년이기를 원하기 때문이죠. 그러나 부모님은 존이 집을 나가기 전에 성장할 기회를 주어야만 한다고 생각해요. 마찬가지로 제가 저의 부모님과 말다툼을 할 때 저는 이렇게 말하죠. "나는 거의 열여덟 살이 되었고, 혼자서 집을 나갈 수도 있어요. 언젠가 약간의 책임감을 배울 필요가 있겠죠." 그러면 부모님께서는 이렇게 말씀하시죠. "네가 열여덟 살이 되어야 나갈 수 있고, 원하는 것을 할 수 있을 거야. 네가 우리 집에서 사는 한 너는 우리의 규칙대로 살아야 해. 그리고 나는 네가 집에서 살고 있는 동안은 너에 대해 믿을 수 있도록 해야 한다고 생각해."**

[주석] 캐런은 앞에서 한 기여와 비교하였을 때 상대적으로 상세하게 드러내는 입장을 취하고 있다. 캐런은 부모가 실제로 아이를 사랑하고 있고, 아이가 잘 자라길 원하고 있다는 확신감을 가지고 시작

한다. 즉, 이것은 어떤 면에서는 캐런 자신의 삶으로부터 확장되는 가치이다. 다음으로 캐런은 집안 생활에서 자신을 '괴롭히는' 것을 집단에 공유한다. 즉, 이것은 그녀가 부모님으로부터 느끼는 신뢰의 부족과 그들의 규칙에 대한 그녀의 강력한 반응과 그녀를 통제하려고 하는 부모님의 시도이다. 집단에 대한 기여는 감사할 만하다.

128. 손스테가드: (집단에게) "너희는 집에서 살면서 내 규칙대로 따라야 해."라는 것이 문제라고 생각하나요? 그것이 진짜 이유라고 생각하나요?

129. 베　　스: 저는 그것은 공정하다고 생각하지 않아요. 저는 그것을 좋아하지 않아요. 각각의 사람은 다르죠. 집에서 모든 것을 배울 수는 없잖아요. 여러분이 몇 달간 어딘가 떠나길 원하는데 부모님이 여러분을 믿는다면 제 생각에는 여러분은 갈 수 있다고 봐요.

[주석] 캐런의 믿음에 대한 언급은 베스의 마음에 감동을 주었다. 베스 또한 자신의 부모와 관련하여 자신을 괴롭히는 이슈를 드러낸다. 즉, 그것은 집에서 떠날 약간의 자유를 허락받고자 하는 욕망이다.

130. 손스테가드: 캐런은 열여덟 살 때 어떨 것이라고 생각하나요? 여전히 집에서 살고 있다고 생각해 보죠. 캐런의 부모님은 지금처럼 엄격할 것이라 생각하나요?

[주석] 캐런이 취하고 있는 입장에 머물며, 상담자는 그녀의 관심사를 중대하게 다루고, 집단 문제해결의 힘을 강조한다.

131. 휴　　: 그렇게 생각해요. 아마도 더 나빠질지도 모르죠.

132. 캐　　런: 저는 확실히 할 거예요. 저의 언니가 대학에 다닐 때 언니는 엄마에게 전화를 걸어 "엄마! 방과 후에 나 콜

라 마시러 나갈 거야."라고 말했어요. 그것은 말도 안 된다고 생각해요.

133. 베 스: 예, 저의 언니도 똑같아요.

134. 손스테가드: 같은 지붕 아래 사는 것과 순응해야만 하거나 집을 나가는 것 간에 차이가 뭐죠? 집을 나가면 무엇을 해야 하나요?

135. 베 스: 제 생각에 부모님은 그때까지 우리가 무언가를 배울 거라고 느끼시겠지요.

136. 손스테가드: 그리고 아마도 우리가 열여덟 살이 되면 부모님이 우리에 대한 책임을 질 것이라고 생각하지 않을 거예요. 그리고 우리가 무언가를 하면 부모님은 "나는 나쁜 부모야."라고 생각하지 않을 것 같아요. 여러분은 부모님이 나쁜 부모가 되는 것에 관해 신경을 쓴다고 생각해요?

137. 어 브: 그래요.

138. 베 스: 오, 그래요.

139. 손스테가드: 내가 존에 관해 가진 느낌으로는 존의 부모님께서는 존이 무언가를 하면 부모님이 안 좋은 사람으로 알려질까 봐 걱정하고 있어요. 그리고 존의 부모님은 그것을 참을 수가 없어요. 존! 이것에 대해 어떻게 생각해요?

[주석] 이러한 개입은 필히 캐런과 베스와의 작업으로부터 존으로 되돌아가는 다리이다.

140. 존 : 예. 정말이에요. 왜냐하면 때때로 저는 단지 부모님을 열 받게 하려고 일을 저질러요. 일부러 그래요.

[주석] 이는 존의 자기 중심적인 입장을 가장 명료하게 나타내는 말이다.

존은 반항적인 아이이다. 존은 아무도 자신에게 어떻게 해야 할지 말해 주지 않아도 요리저리 처벌을 면하고 있다고 믿고 있다.

141. **손스테가드: 학교는 어떤가요? 선생님과 말다툼하지 않나요?**

[주석] 상담자의 질문은 존의 자세가 부모님과의 관계에서만 관련이 있는지, 그의 생활양식의 일부, 즉 특히 권위자와 관계 패턴과 연관되어 있는지를 알아보기 위해 고안된 것이다. 아들러 학파의 상담자는 항상 사람의 패턴을 발견하고 그것을 다루고자 시도한다.

142. **존 : 그렇게 많지는 않아요.**

[주석] "그렇게 많지는 않아요."라는 말이 사실일 수도 있지만 그것은 또한 "예, 때때로 그래요."라는 의미일 수도 있다.

143. **손스테가드: 어떤 상황이었나요? 그것에 관해 조금 이야기해 줄 수 있나요?**

[주석] 상담자는 때때로 반항아로서의 태도에 관해 존의 생각을 알아보기 위해 존의 상황에 대해 묻는다.

144. **존 : 한번은 체육수업에서 코치가 저에게 무엇을 하라고 이야기했는데 저는 하고 싶지 않았어요. 일종의 기득권 체제에 대해 저항하는 것이죠. 저는 모든 사람의 규칙에 대해 반대하고 순응하길 원하지 않아요. 그게 선생님에게 별난 것 같지만 내가 지금까지 해 온 방식이죠.**

[주석] 존은 자신의 반란을 철학적 수준으로 높여서 자신을 기득권 체제에 반대하는 십자군으로 본다. 존은 반항자이지만, 바보가 아니다. 학교에서 그의 반란은 훨씬 더 은밀하고 선택적이다. 존은 심각한 곤경에 처하는 것에 관심이 없다. 존이 사용하는 권력은 자신이 보스가 되길 원하는 집에서 훨씬 더 자주 드러난다. 존은 부모가 자신을 통제할 수 없다는 것을 사람들에게 증명해 보인다.

존은 '당신들에게 보여 줄게'라는 태도를 채택한다. 분명한 것은 존의 부모가 그를 어떻게 다루어야 할지 모른다는 것이다.

집단에서 심리적 노출

145. **손스테가드: (집단에게) 존은 마음속에 어떤 목적이 있기 때문에 부모님을 자극하나요? 존은 부모님을 자신의 등 뒤에 있는 존재라고 비난하지만, 여전히 부모님을 자극해요. 그러면 존은 어떤 목적을 가졌을까요?**

[주석] 아들러 학파의 상담자는 동기의 수정을 추구하고 이러한 변화의 시작은 목표를 노출하고 이해하는 것이다.

146. **베　　　스: 아마도 존은 오로지 곤란에 처하지 않고 자신이 원하는 것을 할 수 있음을 부모에게 증명하고 싶을 뿐일지도 몰라요.**

[주석] 베스는 관찰자로 존의 행동의 일부를 이해하고 있다. 베스는 심지어 존이 '곤란에 처하는 것'을 피하길 원하고 있음을 정확하게 느끼고 있다.

147. **캐　　　런: 아마도 존의 부모님은 존에게 잔소리를 하고, 언제 집에 있을 거냐고 말함으로써 존을 처벌하길 원할지도 몰라요. 그래서 존은 말을 듣지 않음으로써 부모에게 앙갚음을 하는 것이죠.**

[주석] 캐런은 정말 '보복-갖기(revenge-getting)'의 동기를 제시하고 있다. 즉, 지각된 처벌에 대해 부모에게 복수하는 것이다. 갖기(getting)는 아마도 존보다는 캐런에게 더 강력한 동기인 것 같다.

존은 권력을 유지하고자 하는데, 존에게 보복하기는 시간 낭비일 뿐이다.

148. 손스테가드: 나는 그것에 대해 다른 아이디어가 있어요. 내 생각을 듣고 싶나요?

[주석] 이것은 드레이커스 노출 과정의 시작이다. 이것은 존중하면서 비공격적인 직면으로 이루어진다. 상담자는 집단에서 나온 자료를 다르게 본다. 상담자는 집단 구성원들에게 자신이 생각하고 있는 것을 듣고 싶은지 물음으로써 그들을 배려한다.

149. 캐　　　런: 예!

150. 손스테가드: 나는 존이 권력을 중요하게 생각하고, 존은 엄마 아빠를 교묘히 권력투쟁으로 움직여서 부모님을 패배시키고 있다고 생각해요. "저런, 내가 보여 줄게."

[주석] 존이 이미 사용한 언어와 가장 밀접하게 일치하는 단어로 자신의 패턴과 목표를 드러낸다.

151. 존　　　　: 예, 맞는 것 같아요.

[주석] 목표 재인(goal recognition): 어린아이의 경우, 이 재인은 드레이커스(Dreikurs, 1947)가 마치 쿠키 병에 손을 집어넣다 잡힌 것처럼 작은 미소와 윙크를 짓는 재인반사(recognition reflex)[4]를 불러온다. 이와 같은 재인은 10대와 성인에게 무의식적으로 일어날

---

4) 역자 주: 재인반사(recognition reflex)는 상담자가 아이의 행동 의도나 목표를 노출했을 때 그 목표가 아이의 마음속에 있는 것이라면 아이의 얼굴이나 신체 반응에서 틀에 박힌 행동(미소, 싱긋 웃음, 멋쩍은 웃음, 당황스러운 웃음, 눈 깜빡임 등)을 보이는 것을 말한다. 이러한 재인 반사는 아이의 행동에 대한 목표를 잠정적으로 노출하고 난 후 아이가 그러한 목표를 갖고 있는지를 파악하는 데 도움이 된다.

수 있지만, 존이 깊게 생각해서 나온 이 반응은 또한 훨씬 더 의도적인 수준에서 일어난 재인으로 간주될 수 있다.

152. 손스테가드: **존도 알다시피, 너의 관심은 전체적으로 얼마나 권력을 가지고 있는가에 있어요. 학교에서 힘겨루기를 사용하지만, 그렇게 많지는 않은 것 같아요. 그러나 아마 존은 학교에서는 더 미묘하게 그럴 거예요. 존은 늘 제시간에 일을 마치는 편인가요?**

[주석] 상담자는 학교에서 은밀한 반란에 관한 자신의 예감이 정확한지 알아보기 위해 초기에 목표의 노출을 제시한다.

153. 존 : **아뇨.**

154. 손스테가드: **사례를 좀 이야기해 줄 수 있나요?**

155. 존 : **예! 나는 연극을 하고 있어요. 저는 거의 연극반에 있거든요. 그곳은 두 번째 집 같아요. 연극반에서는 우리에게 기억할 약간의 대사를 주지만, 저는 마지막 순간까지 미루어 두죠. 그리고 마찬가지로 하지 않으려고 해요. 저는 꾸물거리는 부류죠.**

[주석] 여기서 두 가지 중요한 사실이 관찰되었다. 연극은 그에게 '두 번째 집 같지만', 그는 큰 관심을 가지고 있는 활동에서 조차 꾸물거린다.

156. 손스테가드: **존은 왜 꾸물대는 아이가 되어야 하나요? 그것은 우리가 이야기하고 있는 패턴과 맞지 않는데요? 아무도 언제까지 일을 하라고 이야기하지 않을 텐데요. (웃음) 그것은 학교에서 힘을 과시하는 미묘한 방법이죠.**

[주석] 많은 사람들의 경우 꾸물거리는 것은 예상되는 실패를 피하기 위한 목적 달성에 유용하다. 마지막 순간까지 일을 미루어 둠으로써

'압박하에 일이 잘된다'고 믿거나 '시간이 다 되었지만' 결코 실패하지 않는다고 믿고 있다. 이는 존에게도 부분적으로는 동기부여가 되었을 수도 있다. 그러나 존은 "나에게 배워야 할 대사가 있어도 나는 꾸물거린다."라고 하는 대신 그는 "연극반에서는 우리에게 기억할 약간의 대사를 주지만 저는 마지막 순간까지 미루어 두죠."라고 말한다. 존은 은밀한 반란으로 상호작용을 짜 맞춘다.

157. 존 : **그럴 것이라고 전혀 알지 못했어요.**

[주석] 존의 반응은 상담자의 기분을 꺾어 놓을 수도 있지만, 누군가 전에 무언가에 대해 전혀 생각해 보지 않았다는 이유만으로 그가 지금 그렇게 할 수 없다는 말은 아니다.

158. 손스테가드: **존! 그것에 대해 어떻게 생각해요?**

159. 존 : **모든 행동이 그렇다고 생각하지는 않아요. 저는 집에서처럼 그들을 혼내주기 위해 뭔가를 할 뿐이죠. 신경 안 써요.**

[주석] 존의 반응은 정확하다. 존은 자신이 하는 일에 대해서는 생각하지 않는다. 존은 스스로 알아차리지 못한 채 거의 무의식적으로 행동한다. 실제로 그가 자신의 행동에 대해 생각하면, 힘겨루기를 향한 자신의 움직임을 제지할 것이다. 존은 그 과정을 무의식 상태로 유지하고자 한다.

160. 손스테가드: **부모님은 존이 부모님에게 하라고 했던 것, 그 일을 정확하게 해내고 있어요.**

[주석] 상담자는 존이 알아차리지 못한 상태로 과정을 유지하려는 존의 결심에 가벼운 직면을 제시한다.

161. 존 : **예 (존은 미소 짓는다.)**

[주석] 존의 인정과 미소는 재인반사이다.

162. 손스테가드: 부모님이 하지 않았다면, 존은 그것에 대해 정말 행복해하지 않았을 거예요.

163. 베　　　스: 그럼 존은 다른 할 일을 생각해야겠죠.

164. 존　　　　: 때때로 부모님이 화를 낼 때 저는 막 웃기 시작합니다 …… 걷잡을 수 없이.

[주석] 자신의 목표에 대한 재인은 자신의 패턴에 본질을 표현하는 자유를 갖도록 한다. 존은 부모를 좌절시킨 것으로 매우 기뻐한다.

165. 손스테가드: 존이 어린아이였을 때 자신에게 일어난 일을 기억하나요? 말하자면 어느 날 무언가 일어났다 …….

[주석] 아들러 학파의 상담자는 많은 목적으로 어린 시절 회상을 사용한다(Clark, 2002; Olson, 1979). 가장 흔한 것 중 하나는 상담자가 행한 추측 또는 노출을 확인하는 것이다. 이것은 지도자가 존에게 개입하려는 목적이다.

166. 존　　　　: 다섯 살 …… 무렵이었죠. 부모님은 늘 제게 이래라 저래라 하셨죠. 이처럼 입어라, 여기로 가라, 저기로 가라.

[주석] 존이 상담자에 제공하는 것은 사실상 오랜 시간에 걸쳐 여러 차례 일어난 일들에 대한 일종의 보고서이다. 이러한 존의 보고는 어린 시절 회상만큼 중요하지는 않지만 여전히 그의 삶에 대한 기본 입장을 반영하고 있다.

167. 손스테가드: (집단에게) 알다시피, 존은 반항자죠. 존은 다른 사람들이 이래라 저래라 하는 일을 하려고 하지 않아요.

168. 어　　　브: 저는 대부분의 사람들이 반항할 수 있다고 생각해요.

[주석] 어브는 친구인 존을 지지하고 있다. 어브 또한 상담자와 상호작용

하겠다는 의향을 비친다.

169. **손스테가드: (어브에게) 어브도 반항하고 있다는 느낌이 드나요?**

[주석] 집단에 대한 대부분 코멘트는 선언적이고 개인적인 것이다. 어브가 세상의 다른 사람뿐만 아니라 자신에 대해서 어떻게 이야기하고 있는지 점검할 필요가 있다.

170. **어　　브: 예, 저는 우리 엄마 아빠가 이래라 저래라 하는 것을 몹시 싫어해요. 저는 너무 많은 곤란에 빠지는 것을 막기 위해서 대부분 시키는 것을 하긴 하지만, 내 방식대로 하죠. 내 방식이 옳고, 부모님의 방식은 틀렸어요.**

[주석] 어브는 사실상 첫 말에서 자신의 동기를 존의 동기와 분리시킨다. 어브는 부모를 무시하고 경멸하며 부모보다 자기가 낫다고 느낀다. 어브의 마지막 선언은 그의 우월감을 집약하고 있다. "내 방식이 옳고, 부모님의 방식은 틀렸어요."

171. **손스테가드: 어브가 매우 우월하기 때문인가요?**

[주석] 이는 매우 직접적인 목표 노출이다. 이것은 어브의 말에 바로 이어서 제시되었고, 어브가 꽤 직설적이고 이러한 즉각적인 말을 쉽게 받아들일 수 있기 때문에 효과적이다.

172. **어　　브: 물론이죠.**

173. **손스테가드: 그러나 때때로 어브는 곤경에 빠지기도 해요. 왜 어브는 자신이 옳고 부모는 틀렸다는 태도를 보여야만 할까요?**

[주석] 자각(Awareness)은 변화의 과정에서 유일한 한 걸음을 내딛는 것이다. 상담자는 어브가 서 있는 위치를 집단원들이 보다 폭넓게 고려해 보도록 시도한다. 그것은 어브가 살고 있는 공동체이고, 이 공동체에서 그의 위치가 궁극적으로 의미를 갖게 된다.

174. 캐　　　런: 그것은 또한 우리 부모님이 보이는 태도이기도 한 것 같아요. "나는 너보다 나이가 많고, 더 많이 알아."

[주석] 캐런의 부모님에 대한 기본 입장은 변하지 않았다. 늘 그들 탓이다.

175. 베　　　스: 예.

176. 손스테가드: (존에게) 부모님으로부터 그것을 받았다고 생각해요?

177. 존　　　　: 예, 내가 가진 건 부모님으로부터 받았어요. 저는 정말 그렇게 생각해요.

[주석] 존은 자신의 행위가 엄마 아빠로부터 걸린 병인 것처럼 말한다.

178. 휴　　　　: 존! 너의 태도는 부모나 친구로부터 받아 온 거구나.

179. 손스테가드: 그럼, 왜 쓸모없는 것이 아닌, 부모님이 좋아하는 것을 선택하지 않는 거지? 부모님은 여러분이 채택할 수 있는 몇 가지 좋은 특징을 가지고 있을 것 같은데요.

[주석] 청년기 세계에서 10대들은 무엇인가 잘못되고 있는 일이 부모 탓이라는 입장에 의구심을 가지지 않는다. 이런 입장은 자명한 공리이다. 상담자는 그들의 입장에 불일치를 지적할 수 있는 충분한 신뢰를 확보하였다.

180. 존　　　　: 정말 지금 당장은 전혀 생각할 수 없군요. (웃음)

181. 손스테가드: 나는 어브에 대해 궁금하고, 어브가 사람들이 틀리고 자신이 옳다는 것을 어브 스스로 증명해 보여야 한다는 이런 느낌에 대해서도 궁금해요.

[주석] 단 하나의 단어(우월감)로 어브의 삶을 집약하지 못한다. 집단지도자는 어브가 진술한 입장으로 돌아가서 더 나은 이해를 달성할 수 있는지 살핀다.

182. 베　　　스: 어브는 내 동생처럼 무언가를 증명하고 있어요.

183. 손스테가드: (어브에게) 내가 어브에 대해 생각한 것을 말해도 될까요? (어브가 고개를 끄덕인다.) 어브, 알다시피 …… 어브는 꽤 똘똘한 학생이지만, 자신에 대해 무언가 의구심을 가지고 있어요. 어브는 자신이 원하는 만큼 훌륭한지 아닌지에 대해 확신하지 못하고 있어요. 그래서 다른 사람이 틀린 것을 증명함으로써 네 자신을 안심시키는 데 열중하고 있어요. 어브는 이렇게 비교함으로써 한결 나아졌다고 느끼고 있어요. 그것에 대해 어떻게 생각해요?

[주석] 아들러(Adler, 1957)의 인간 변증법(human dialectics)에 대한 근본적인 가정은 모든 우월감에 대한 선언 이면에는 열등감 또는 부적격의 느낌이 있다는 것이다. 어브는 반드시 옳아야 한다는 인식으로 살아가고 있다. 우리는 어브가 모든 실수가 부각되고 아마도 처벌받는 매우 비판적인 분위기 속에서 길러졌을 것이라 추측할 수 있다. 옳아야 한다는 요구는 자신이 갖고 있는 의구심에 대한 보상이다. 반드시 옳아야 한다는 인식은 또한 그 사람의 밖에 있는 기준을 따르고 있음을 암시한다. 즉, 어떠한 성취에 대한 측정은 늘 다른 사람과 연관시켜 받아들여져야만 한다. 의구심이 어브에게 일어나기 시작할 때 그는 기준에 미치지 못하고 있는 그밖에 누군가를 발견하기 위해 주위를 둘러본다. 이때 부모님이 손쉬운 목표물이 된다.

184. 어　　　브: 내게 적합한 말인 것 같아요. 그것은 제가 무의식적으로 무엇을 하고 있을 때 느끼는 감정과 비슷합니다. 알아차리고 나니, 기분이 좋아요.

185. 손스테가드: 그래, 그것은 어브에게 어떤 위치를 차지하고 있다는 느낌을 들게 할 거예요.

186. 어　　　브: 예, 맞아요.

집단에서 방향 재설정

187. 손스테가드: (집단에게) 이제 존은 자신의 상황에 대해 어떻게 생각해요?

[주석] 자각은 통찰력의 한 가지 형태이지만, 그것 자체로는 충분하지 않다. 상담자는 집단이 새로운 이해를 행동으로 옮기도록 돕고자 한다. 존의 상황이 해결된다면 정말 다른 모든 집단 구성원의 가정생활에 도움이 될 것이다.

188. 베　　　스: 글쎄요, 존은 부모님이 자신에게 이야기한 것을 행하기 시작해야 한다고 생각하지 않아요. 왜냐하면 그것은 자신을 좌절시킬 것이기 때문이죠. 그러나 …….

189. 존　　　　: 글쎄, 아무튼 나는 그럴 생각을 하지 않았어요. (웃음)

190. 손스테가드: (존에게) 무엇을 하고 싶어요? 아니면 부모님과 계속 싸우고 싶나요?

[주석] 집단지도자는 집단내 사람 혹은 사람들이 과정에 참여하고 싶지 않다면 결코 방향 재설정을 진행해서는 안 된다. 동의를 구하지 않고 미리 움직이면 저항만 가져온다.

191. 존　　　　: 나는 부모님과 싸우는 것을 좋아하지 않습니다. 그러나 부모님은 항상 옳고, 저는 항상 틀렸다고 생각하

는 것 같아요. 그리고 나는 그냥 뭔가를 해서 부모님을 열 받게 만들어 부모님에게 보여 주려고…….

[주석] 존은 자신이 싸우고 싶지 않다고 말한다. 이것은 중요한 인정으로 부모와의 관계에서 아이들에게 거의 사실이다. 이들 10대들은 단순히 그들에게 더 이상 싸움이 없는 삶을 상상할 수 없다. 상담자는 존의 평화에 대한 갈망으로 곧 되돌아갈 것이다.

192. 손스테가드: …… 부모님에게 존이 힘이 있다는 것을 보여 주려고.

193. 존 : 네, 맞습니다. (멈췄다.) 글쎄요, 부모님은 힘을 조금밖에 갖고 있지 않습니다.

194. 손스테가드: (웃음) 존은 부모님에게 약간의 믿음을 주어야만 해요. 부모님은 존에게 매우 너그러워요.

195. 존 : 저는 부모님이 그 너그러움을 조금만 보여 주도록 할 거예요.

196. 어브: 그런데 너는 어디서 먹고 잘 거니?

197. 존 : 저는 남들이 자선을 베풀도록 해요.

198. 손스테가드: 그러나 존이 다소 괴로울 텐데. 싸우고 싶지 않다고 말했잖아요.

[주석] 상담자는 존이 싸우고 싶지 않다는 말로 돌아간다. 이러한 탐색에서 관계에서 변화의 가능성이 일어난다.

199. 존 : 아뇨, 그렇지 않아요.

200. 손스테가드: 그러나 힘은 존이 위치를 차지하게 되는 수단이죠. 존은 '내가 강력하지 않으면 나는 아무것도 아니야.'라고 생각하고 있어요.

(집단으로 관심을 돌리면서) 누구든 아무것도 아닐 수는 없습니다. 그래서 존은 부모님을 함정에 빠뜨리고 좌절시키는 책략을 사용하여 자신의 위치를 확보하는 거죠. 그러나 그것은 위치를 찾는 데 쓸모없는 방법이에요. 그것이 쓸모없는 과정이라는 데 동의하나요?

[주석] 집단지도자는 존의 부모와의 관계에서 기본적인 패턴에 대한 재진술로 재정향을 시작한다. 그리고 상담자는 자신의 개입을 마무리 짓기 위해 집단 구성원에게 관심을 돌린다. 집단에게 지도자의 코멘트에 대해 관심을 돌리게 하는 두 가지 이유가 있다. ① 지도자는 이 문제가 집단의 관심사임을 구성원에게 알린다. ② 집단에게 이야기함으로써 존은 더 이상 관심의 초점이 아니고 자유롭게 경청할 수 있다. 경청은 수용적인 방식이고, 집단원이 무엇을 제안하더라도 존은 훨씬 잘 받아들일 수 있다.

201. **캐 런: 그래요, 하지만 존이 무언가를 하지 않는다면 궁지에 몰릴 거야.**

[주석] 캐런은 자신의 절망적인 상태를 표현한다. 그녀는 실제로 수많은 10대들이 빠져 있는 딜레마를 인정하고 있다.

202. **손스테가드: 다른 말로 하면 존은 자신의 권리를 고수해야 한다고 느끼고 있어요. (캐런은 고개를 끄덕인다.) 이것에 대해 찬성하지 않는 사람이 있나요?**

[주석] 상담자는 캐런의 반응을 능동적인 입장으로 재설정하려 한다. 그녀의 입장을 재설정하는 것은 힘을 실어주는 상호작용이다. 캐런은 다른 사람이 자신에게 할지 모르는 것에 대해 철저히 대비하는 것이 필요하다. 그녀 자신의 권리를 변호하기 위해서는 효과적으로 방어하는 데 필요한 자원을 자신의 내부에서 발견하는

것이 필요하다.

203. 휴 : **캐런의 권리와 모든 것을 위해 변호해야 하지만, 캐런의 부모님은 캐런이 따라야만 하는 것을 갖고 있어. 캐런은 부모님을 존경해야만 해.**

[주석] 휴는 자신이 말한 것에 대해 깊은 이해가 없지만 집단원들은 부모와의 관계를 위해 어느 정도 책임을 져야 한다고 느끼기 시작한다.

204. 손스테가드: **다시 말해 부모님은 자신들이 존경받을 부분을 갖고 있다고 봅니다.**

205. 휴 : **여러분은 부모님에게 존경심을 보여 주어야 한다고 생각해요. 그러나 나는 존이 하는 방식을 잘 모르겠어요. 어쩌면 이따금 우리가 부모님을 위해 무언가를 하고 있을 수도 있어요.**

[주석] 휴는 존이 그의 부모와 싸우는 것에 관한 존의 잘못된 생각에 동의하지 않지만, 휴는 존의 행동에 대해 반대하지 않는다. 휴는 자신의 반대자를 변화시키기로 마음먹는 것이 궁극적으로 도움이 안 된다고 느끼는 것 같다.

206. 베스: **'엄마 아빠'의 날을 가져 봐.**

207. 캐런: **나는 단순히 부모이기 때문에 자녀로부터 존경을 받아야 한다고 생각하지 않아요. 부모가 존경을 받으려면 스스로 노력해야만 해요.**

[주석] 캐런은 자신의 부모와 관계에서 상처가 많다고 느낀다. 아마도 그녀는 일반적으로 불공평하게 대우를 받는다고 느끼기 때문이다. 나중 회기에서 그녀의 느낌과 걱정이 다루어져야 한다.

208. 베스: **부모가 아이를 존중하지 않으면, 그것은 아이에**

게 존경을 가르치고 있는 것이 아니에요.

[주석] 이것은 베스가 이전 집단 구성원과 동일한 입장을 취하는 코멘트를 한 두 번째 반응(206번 대화 참조)이다. 집단지도자는 베스가 기쁘게 하기(pleasing)[케퍼(Kefir, 1981)의 또 다른 성격 우선순위]가 그녀의 생활양식일 것이라고 생각하기 시작했다. 다시 이것은 나중 회기에서 다루어져야 할 필요가 있는 이슈이다. 다른 사람을 달래고 기쁘게 함으로써 어울리려는 그녀의 욕구는 아마도 거절당할지 모른다는 두려움에 대한 보상일지도 모른다. 조치를 취하지 않는다면 베스는 너무나 많은 사람을 기쁘게 해야 한다는 데서 오는 걱정뿐만 아니라 정체성의 상실을 겪을 수도 있다.

209. **손스테가드: (집단에게) 이제, 캐런은 자신의 권리를 옹호하는 것이 매우 중요하다고 생각하는 것 같아요.**

[주석] 상담자는 캐런의 위치로 돌아가 그녀의 능동적인 태도를 재강화한다. 상담자의 코멘트는 캐런이 자신 안에 있는 강점을 내어 놓도록 초대하는 작용을 한다.

210. **캐 런: 옳아요. 우리 나이에는 책임감이 조금 있어야 한다고 느끼죠. 누군가 우리에게 이래라 저래라 하지 않고 우리끼리 돌아다니고 싶어요. 우리 나이에 부모님이 우리에게 이래라 저래라 하면, 우리를 미치게 만들어 아무것도 하고 싶지 않아요. 거의 모든 사람이 10대를 얕보잖아요. 그들 생각에 10대는 아무짝에도 쓸모없잖아요. 그러나 우리에겐 다른 사람이 들어야 하는 생각이 있어요. 우리는 단지 우리의 목소리를 낼 권리를 위해 싸우고 있어요.**

[주석] 캐런은 다른 사람이 그녀에게 이래라 저래라 하도록 할 때 개인적으로 책임을 질 수 없다고 정확하게 주장한다. 부모로서 사사건건 간섭하는 것은 모든 청소년들이 자신의 문제를 처리하고 책임감을 가질 기회를 빼앗는다. 캐런은 모욕을 당한다고 느낀다. 그것은 그녀에게 개인적인 성실성의 문제로 보인다. 그녀는 할 말이 많고, 목소리를 내야 한다고 믿고 있다. 이러한 집단 과정에서 중요한 것은 그녀의 친구들이 그녀의 말을 들어 주고 그녀의 의견을 존중해 주는 것이다.

211. 어 브: 어른들은 항상 우리를 얕보죠.

212. 캐 런: 그래, 하지만 이젠 더 심해. 신문에서 나쁜 것은 모두 10대와 연결 지어요.

213. 손스테가드: 캐런은 왜 지금 더 나빠졌다고 생각하나요?

214. 캐 런: 10대들은 어른을 곤경에 빠뜨리는 일을 더 많이 하기 때문이죠.

[주석] 아마도 10대가 성인 세계와 대립상태에 일정 정도 역할을 하고 있다고 캐런이 처음으로 인정한 것이다.

215. 손스테가드: 그래? 그럼, 어떻게 해서 10대가 심지어 아이들이 자신의 권리를 옹호하고 그것을 얻으려고 더 많은 것을 하게 되었나요?

[주석] 집단지도자는 성인 세계의 구성원으로서 사회적 평등(Dreikurs, 1971)을 보다 폭넓은 인식을 활용하여 캐런의 신념과 가치를 입증하고자 시도한다.

216. 어 브: 우리는 애완동물로 취급당하는 데 지친 것 같아요. "내 강아지 어브." 때때로 애완동물보다 더 못한 취급을 받아요. 박사님도 그들과 같다는 느낌을 갖고 있죠.

[주석] 어브는 자기 자신의 독특한 방식으로 사회적 평등성을 완벽히 정의한다.

217. 손스테가드: **여러분도 알다시피 이것은 새로운 것이에요. 이전에는 결코 아이가 어른과 같다고 생각해 본 적이 없어요. 그리고 그것은 어른들을, 여러분의 부모님을 놀라게 해요. 왜냐하면 그들은 어떻게 해야 아이들과 동등하게 사는지를 모르고 있어요. 부모님이 어려움을 겪고 있다고 생각하나요?**

218. 베　　스: **제 부모님은 항상 권위적이셨고 모든 책임을 지고 있지만, 그 외 무엇을 할지 모르세요.**

219. 손스테가드: **그 상황을 돕기 위해 무엇이 가능할까요?**

220. 휴　　: **어떤 사람이 아버지가 될 때 그는 어린아이를 처음부터 권리를 지닌 개인으로 대우해야 합니다.**

221. 베　　스: **때때로 저는 거실에 들어가서 말하죠. "제가 부모님께 할 말이 있어요. TV를 끄고 제 말을 좀 들어 주세요." 그리고 보통 부모님은 저의 말을 따라 줍니다.**

[주석] 베스는 부모와의 관계에서 효과적이라고 발견한 방법을 제안한다. 그녀의 방법을 이야기함에 있어 그녀는 다른 사람이 10대 자녀와 부모의 관계에서 가능성을 고려하도록 돕는다. 그녀의 권고는 전문적인 상담자와는 반대로 동료에게 나온 것이기 때문에 훨씬 효과적이다. 그녀에게 잘 작동하면 다른 사람에게도 잘 작동할 것이다.

222. 손스테가드: **존도 이렇게 할 수 있다고 생각하나요?**

223. 베　　스: **존은 시도할 수 있을 것입니다.**

224. 손스테가드: **(존에게) 존에게는 잘 맞는 것 같아요. 어떤 것도**

언제나 완전하게 작동하지는 않지만, 아마도 한번 시도 할 가치는 있을 거예요. (잠시 멈춤) 존은 그 밖에 무엇을 할 수 있을까요? (잠시 멈춤)

[주석] 상담자는 베스가 제안한 것의 유용성을 강조하고 어떤 것도 완전하게 작동하지 않음을 언급한다. 그 제안이 베스의 집에서 만큼 잘되지 않는다고 해서 다른 사람이 낙담할 필요는 없다.

225. 휴 : **자, 어쩌면 존은 자신의 모습만으로도 자신의 위치가 있다고 느끼기 시작하면—자신이 중요하다고 느끼기 위한 힘이 없어도 돼요—아마도 이것은 도움이 될 겁니다.**

[주석] 휴는 존의 주요한 동기 중의 하나가 무엇인지 이해하기를 되풀이하고 그 자신의 해석으로 그것을 강화한다.

226. 손스테가드: **다른 건 없나요?**

227. 존 : **가끔씩 부모님을 위해 무언가를 한다면 나쁘지 않겠죠.**

[주석] 존은 집단으로부터 들었던 제안에 대해 긍정적으로 반응한다. 존의 코멘트는 그의 부모에 대해 이전의 발언과 놀랄 만한 대조를 보이고 있다. 존의 마음의 변화는 상담자가 코멘트 없이 그냥 지나가도 될 정도로 너무나 많았다.

228. 손스테가드: **예, 때로는 부모님이 조금 더 고맙게 생각하는 경우 부모님은 조금 변화되죠. 이것은 배우기 힘든 것이죠. 누군가를 바꾸고 싶다면 자신이 먼저 변화되어야 해요. (잠깐 멈춤) 자, 일과를 마칠 시간이네요. 다음에 언제 만나죠?**

229. 어 브: **매일 만나고 싶어요. 이것을 기대하게 된다면 학**

교를 훨씬 더 수월하게 받아들일 겁니다.

230. **휴: 동의해요.**

몇 가지 마무리 말

아들러 집단상담은 목적분석(teleoanalysis)[5]적인 과정으로 대략적으로 관계의 형성, 심리학적 조사 실시, 심리적인 노출, 방향 재설정의 네 단계로 구분될 수 있다. 그 접근법의 중심은 집단 구성원의 일상적인 경험, 태도, 운동, 역사에서 의미를 만드는 패턴, 목표, 목적의 발견과 토론을 수반한다. 상담자는 해석 과정에 참여하기 때문에 집단 구성원의 반응에 민감해야 한다. 어떤 집단 회기도 완전하게 실행되지 못하고, 집단지도자는 위험과 실수를 할 가능성을 갖고 있다. 한 명의 집단 구성원이라도 상담자의 해석과 노출에 동의하지 않는다면 그 상담자는 명백히 틀렸다는 의미이다. 그런 경우일 때 그것을 인정하고 심리학적 조사의 과정으로 돌아가는 것이 필요한 유일한 길이다.

그러나 몇몇 노출은 상담자가 해석을 말로 전달하면서 주의 깊게 하지 않아 거절되기도 한다. 해석이 효과적이기 위해서는 내담자의 사고와 경험에서 뜻이 통하는 문맥과 언어를 반영해야 한다. 이것이 일어날 때 내담자는 상담자와 마음이 잘 맞음을 느낀다.

---

5) 역자 주: 목표에 대한 이해와 환자를 그들의 목표에 맞게 변화시키도록 돕는 것이 아들러 심리치료에 기본적이므로 개인 심리학을 때로는 목적분석(teleoanalysis)이라 부른다.

사 례 5학년 소년 집단에서 에이미(Amy)는 같은 반의 친구들을 자극하는 데 성공한 후 통제를 벗어나기 시작했다. 상담자가 무슨 일이 일어났는지 조사하였을 때 소년들은 모두 에이미가 언제나 이렇게 하였고, 자신들은 혼났지만 그녀는 혼나지 않았다고 하였다. 상담자는 집단에게 "왜 에이미가 이렇게 하나요?" 하고 물었더니 아무런 답을 하지 않았다. 상담자는 다음 방법으로 과감하게 노출하였다. "에이미는 소년들을 이기고 싶을까요?"
에이미의 반응은 결단코 "그렇지 않아요!"이었다. 상담자는 에이미의 심리적인 입장에 맞는 방식으로 해석을 고쳐 말하였다. "에이미가 소년들이 별거 아님을 보여 주고 싶어 한다는 걸 알겠어요."
"맞아요." 에이미는 말했다. "그들은 별거 아니에요."

방금 소개해 드린 집단상담 회기에서 몇 가지 개입은 보다 효과적으로 말할 수 있다. 그래도 집단 구성원들은 점차적으로 그 과정에 더 참여하게 되었고, 결국 많은 구성원들이 제공된 도움에 꽤 감사하며 받아들인 것 같다. 존과 어브는 둘 다 그들의 상호작용 이면에 있는 동기를 이해하게 되었다. 캐런과 휴는 집단 과정에서 보다 강한 목소리를 내었고 베스와 함께 변화를 가져올 것 같은 생각과 선택을 제공하였다. 정말로 집단 구성원이 서로 돕는 과정은 개인 회기에서 잃어버렸을지도 모르는 새로운 가능성의 해석을 이끌어 내었다.

 요약

이 장에서 우리는 청소년 집단과 함께 한 실제 집단상담 회기를 소개하였다. 이 회기에서 집단 구성원과 동의를 확립하는 것을 포함해서 관계를 형성하기 위한 우리의 과정을 설명하였다. 우리는 또한 심리적 노출을 성취할 수 있는 다른 방식뿐만 아니라 집단에서 심리학적 조사를 실행하기 위해 사용하는 과정을 설명하였다. 우리는 도중에 집단 구성원이 기여함에 따라 형성된 추측과 가정에 주목하였고 또한 다양한 선택 시점에서 우리가 한 개입에 대한 논리적인 근거를 강조하였다. 집단에 엄격히 집중하였기 때문에 집단을 끝맺기 전에 심지어 방향 재설정을 실시하였다. 엄격한 집중에 대한 이러한 강조는 아들러 집단상담을 간명한 치료적 과정으로 만든다.

PART 2

이론적 기초

CHAPTER 03

아들러 학파의 집단작업의 이론, 과정 및 구조

이 장에서 다룰 주요 내용

1. 흐름도를 제공하여 아들러 학파의 집단상담 및 심리치료의 구조와 과정에 대한 개관
2. 아들러 학파의 집단상담자와 치료자들이 사용하는 과정과 개입에 관련된 이론의 정의
3. 다음과 같은 아들러 학파 개념의 실제적인 적용을 검토하고자 함
    - 집단 구성원과의 만남과 계약
    - 심리적 조사 및 주관적 면접
    - 집단 구성원들의 삶에 나타난 유형의 인식
    - '질문'의 사용
    - 가족의 구도
    - 삶의 과제
    - 초기 기억(회상)
    - 심리적 노출
    - 재교육 및 재정향
    - 집단 문제 해결
    - 새로운 가능성, 지지 및 격려 형성

아들러 학파는 모든 인간의 문제가 본질적으로 사회적이고 사회적 상호작용에서 비롯된다고 믿고 있기 때문에 집단접근 방식은 아들러 집단상담 모델 개발의 핵심이다. 1920년대 초 '아들러 학파의 집단적인 치료(Adlerian collective therapy)'로 시작하였지만, 아들러 학파의 집단은 긴 시간 동안 다양한 역사를 거쳐 왔다(Corsini, 1955; Dreikurs, 1959). 호프먼(Hoffman, 1994)은 아들러가 1921년에 비엔나의 아동상담센터에서 시작한 어린이, 교사 및 가족들과 함께 활용한 집단적 접근을 설명하였다.

루돌프 드레이커스(Rudolf Dreikurs, 1960)는 1928년 개인상담소에서 집단정신치료를 처음으로 사용했다(Terner & Pew, 1978). 아들러 학파의 개척자들은 짧은 기간에 많은 수의 사람들에게 효과적으로 접근하기 위해 집단의 방법을 개발하여 사용했다. 이러한 의미에서, 아들러 학파의 집단치료법은 단기치료 접근법이다. 지난 50년간 단기치료 접근법은 학교, 지역사회 기관, 병원, 가족교육 센터 및 개인 사설 치료실(Sonstegard, Bitter, Pelonis-Peneros, & Nicoll, 2001)에서 사용되었다.

아들러 학파의 단기치료자들은 단 한 번의 회기일지라도 각 회기마다 차이를 만들어 내는 변화 과정에 초점을 둔다. 모든 회기를 진행하는 데 있어 두 가지에 초점을 둔다. 첫 번째는 그들의 상호작용의 규칙 내에서 내담자에 대한 체계적이고 총체적인 이해를 발전시키는 것이다. 두 번째는 '환자(내담자)'가 도움을 구하는 목적을 이해하려고 노력하는 것이다(Bitter, Christensen,

Hawes, & Nicoll, 1998, p. 96).

이 장에서는 아들러 학파의 집단상담 및 치료를 실시하는 단계별 지침을 제공한다. 비록 집단 모임이 이 모델을 정확하게 따르지는 않는다 하더라도, 집단치료의 과정, 구조 및 흐름과 관련된 기본적인 구성을 모두 다룬다. 집단지도자를 육성하기 위해 개발한 흐름도([그림 3-1] 참조)를 사용하여, 집단의 형성과 심리적 탐색(조사)을 통한 심리적인 노출과 재정향에 이르기까지 집단 과정을 설명하고, 개인의 욕구와 집단의 개발에 관한 문제를 해결하는 평가 및 개입을 위한 기술을 구체적으로 밝히고자 한다.

인간은 해석학적이고 목적론적 존재이다. 인간에게는 삶의 의미와 자기 이해를 창조하는 해석과 반성능력이 필요하다. 우리가 누구인지를 결정하는 것은 우리의 과거가 아니다. 오히려 우리는 과거가 어떠했는지, 그것이 무엇을 의미하는지, 그리고 그것이 어느 정도까지 우리의 현재와 미래를 위한 맥락에 있는가를 결정한다. 나아가 우리를 동기화하고 우리의 행동, 활동 및 삶의 방식을 통일시켜 주는 것은 우리가 의도하는 미래이다. 아들러 학파는 모든 사고·감정·가치·신념 및 행동이 우리의 삶을 위한 계획이고, 우리의 중심적인 목적과 일치한다고 믿는다(Ansbacher & Ansbacher, 1956).

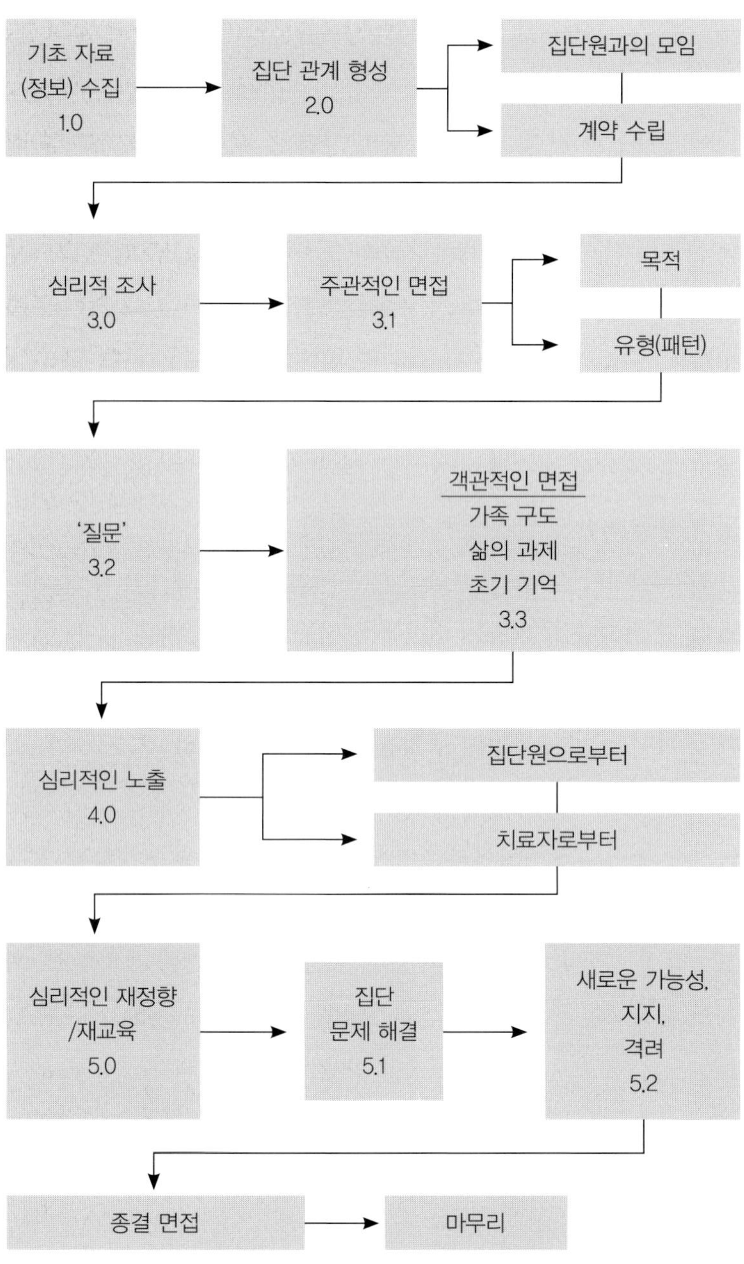

[그림 3-1] 집단상담의 과정, 구조 및 흐름도

성(gender), 문화, 연령, 인종 또는 민족성에도 불구하고 모든 인간에게는 도전하는 보편적인 삶과 특정한 삶의 과제가 있다. 아들러 학파는 ① 다른 사람 및 공동체와 친밀한 관계를 형성하고, ② 종종 일이나 직업을 통해 기여함으로써 삶에서 우리의 시간을 유용하게 사용한다. ③ 사랑을 발견하고, 친밀감을 형성하며, 어떤 경우에는 가족으로 확장한다. ④ 자신과 함께 지내고, ⑤ 일치와 조화, ⑥ 영성 또는 우리 자신을 보다 큰 세계와 연결시킨다(Adler, 1927/1957, Dreikurs & Mosak, 1967, Mosak & Dreikurs, 1967). 또한 우리는 변화의 필요성에 대처하는 것이 보편적인 삶의 과제라고 믿는다는 점에서 레이철 시프런(Rachel Shifron, 2003)과 페기 펠로니스(Peggy Pelonis, 2002)와 같은 아들러 학파와 함께한다. 이러한 보편적인 삶의 과제를 느끼지 못하는 사람들은 집단이나 사회적인 요구에 한발 물러서서 신경증 및 우울증, 불안 및 행동장애, 심지어는 정신병을 갖는다(Adler, 1935/1996).

반면에 인간의 정신적인 건강은 다른 사람을 향한 움직임에서 그 기초와 구조를 발견한다. 아들러 학파의 사람들은 자기 일에만 몰두하지 않으며, 소속감을 가지고 있으면서, 사회적 공헌을 한다. 그리고 필요성을 느끼고, 가치가 있고, 중요하다고 느낄 수 있는 친구와 가족이 있을 때 더 잘 살아간다고 믿는다. 이러한 사람은 아들러의 '공동체 감정(gemein schaftsgefuehl)'과 그 감정에서 연장된 '사회적인 관심(social interest)'(Ansbacher, 1992)을 가지고 있다. 또한 이러한 사람은 낙천주의와 용기 그리고 가끔 유머 감각으로 삶을 살아간다.

집단의 과정 및 역학보다 개인의 공동체적 느낌과 사회적 관심을 조사할 검사는 없다. 사람들은 개인치료를 구성하는 일대일 상호작용에서는 자신의 목적에 맞는 위치를 취할 수 있다. 그러나 집단에서는 모든 삶에 대한 요구가 재구성된다. 집단에서는 하나의 안녕감, 다른 사람에 대한 관심과 사람의 접촉 및 사회적 관계에 대한 준비성은 모두 도전받으며 궁극적으로 드러나게 된다.

집단에서는 대부분의 사람이 서로 소통하고, 상호작용하는 것을 통해 자신감이나 망설임, 용기 또는 후퇴, 합리적인 위험을 감수하려는 의지, 안전에 대한 필요성을 드러낸다. 사람들은 집단 내에서 자신이 누구인가를 발견하고 스스로를 창조해 간다. 또한 집단에서는 삶의 문제가 행동화된다. 그리고 가장 심각하고 혼란스러운 환자를 제외하고 집단치료는 인간의 삶과 가장 유사한 치료 양식을 제공한다.

아들러 학파의 집단치료: 과정 및 구성

집단상담과 치료를 위한 우리의 모델은 [그림 3-1]로, 교육을 받는 치료자를 위한 안내 및 요약 흐름도이다. 아들러 학파의 집단상담 및 치료는 아들러 학파와 루돌프 드레이커스(Rudolf Dreikurs, 1960, 1997)가 개발한 전체론적인 접근 방식을 바탕으로 사회적으로 구성되어 있고 체계적이며 단기 접근법과 통합되어 있다.

기초 자료(정보) 수집

집단상담자는 내담자(또는 환자) 및 잠재적인 집단 구성원에 대한 정보를 종종 접수 과정, 소개 또는 사전 회의를 통해 알 수 있다. 초기 자료는 집단치료자가 집단에 대한 추측을 형성하고 세워진 가설을 나중에 확인하거나 폐기하도록 도울 수 있다. 이 초기 가설이 유용할 수 있도록 심리적으로 관련된 최소한의 초기 자료를 필요로 한다. 어떤 사람이 자신의 가족구도를 어떻게 배치하는지, 자신의 개인적인 관심사를 어떻게 설명하는지, 장점과 약점이 무엇인지 또는 집단경험에서 무엇을 얻고자 하는지 등을 수집한다. 아들러는 다른 사람들이 수집한 자료를 바탕으로 초기 평가를 작성하는 전문가였다(Adler, 1970, 'Mrs. A의 사례' 참조). 그의 가설은 종종 매우 정확하여 내담자와의 첫 만남에서 바로 그의 추측이 맞는지 확인할 수 있었다. 그러나 확인되었거나 폐기되었는지 여부에 관계없이 초기 평가에 참여하는 행위는 치료자로 하여금 심리학적으로 방향성을 갖도록 한다.

오늘날 집단원의 사전선발은 일반적인 일이지만(심지어 몇몇 직업적인 코드에 있는 필요 조건임, 가령 ACA, 1995, ASGW, 1989), 일부 아들러 학파는 일반적으로 이 절차를 거부하기도 한다. 잠재적인 집단 구성원에게 집단 과정 및 역학에 대한 정보를 제공하고 집단 목표를 수립하는 데 도움이 되는 사전 회의에 대해서는 반대를 하지 않지만, 사전심사는 집단경험에서 도움을 받을 수 있는 사람들을 집단에서 제외시키는 데 빈번히 활용된다(즉, 혼란스럽거나, 자기에 몰입되어 있거나 격리된 사람들).

예를 들어, 한 집단성원이 '환청'과 같은 정신병을 경험하더라도, 집단경험을 통해 배우고 회복을 위한 필요한 지원을 제공하는 것이 가능하다. 이야기(narrative) 치료자인 마이클 화이트(Michael White, 2000)의 조사와 마찬가지로 아들러 학파는 이러한 환청이 사람들의 삶에서 갖는 의미와 자신이 의도한 목적이 무엇인지, 그리고 목소리가 다른 사람에게 향하고 있는지를 확인할 수 있다. 뿐만 아니라, 다른 사람을 멀어지게 하는지 그리고 목소리의 의도가 자신을 위해 가지고 있는 목표인지를 확인할 수 있다. 이러한 것들은 집단에서 언제든지 일어나고 해결할 수 있는 모든 문제이며, 가치와 소속감을 회복하는 데 도움을 줄 수 있다. 집단 구성원이 정신병적인 에피소드를 일으킬 가능성이 있음을 알았더라도, 대부분의 아들러 학파 사람들은 사전선별 과정에서 그러한 사람을 집단에서 제외하기를 원하지 않을 것이다. 실제로, 우리는 집단에서 그러한 사람과 함께 작업하는 것을 선호한다.

입원 또는 외래환자에 관계없이 지역공동체의 정신건강의 현실과 의료관리제도의 통제는 대개 집단 구성원의 사전선별 기회를 쓸모없게 만든다. 집단은 종종 지속적인 치료 프로그램의 일부로 형성되며, 이들 집단의 구성원은 내담자 집단의 흐름에 따라 간헐적으로 변경된다. 대부분의 경우, 초기 자료는 치료자에게 새로운 구성원의 통합을 용이하게 하도록 충분한 정보를 제공할 것이다.

집단의 관계 형성

집단이 원활하게 출발하려면 집단지도자가 집단의 크기, 위치

및 집단 구성원의 균형과 같은 특정 자원을 다루는 것이 중요하다. 우리는 다음 장에서 더 자세히 설명하고자 한다. 이러한 문제의 대부분은 치료자가 '최적 조건'을 구성하는 것을 반영하도록 요구한다(Yalom, 1995 참조).

- 치료자가 얼마나 많은 사람과 1시간 이상 또는 그 이상 작업할 수 있는가?
- 주의가 산만하지 않고 소음이 없고, 좋은 조명을 갖춘 장소가 있는가?
- 집단 내에서 남성과 여성, 나이와 문화 또는 동질성과 이질성 간의 균형이 필요한가?

이러한 환경이 적절하게 마련되었다고 가정할 때, 대부분의 집단상담 및 치료 회기는 의자를 원으로 하고, 적당히 편안한 환경에서 진행된다. 집단이 시작되기 전에 집단원이 자리를 잡고 앉기 시작하면 비공식적인 소개가 진행되는 경우가 흔하다. 이것은 초기의 협력 관계를 형성하는 출발점이기도 하다.

나(Jim)는 가족치료의 선구자인 버지니아 사티어(Virginia Satir, 1983)와 공부할 특권을 누렸다. 그녀는 상처를 입거나 삶에서 어려움을 겪고 있는 모든 사람 중에서 "자신이 가지고 있는 삶과 접촉할 때 자신을 다른 방식으로 활용하게 될 것"(p. 246)이라고 나에게 가르쳤다. 특히, 그 사람이 향상된 자부심과 함께 다가오는 모든 잠재력을 활용할 수 있다면 말이다. 사티어처럼 아들러 학파는 모든 사람에게 다가갈 수 있으며, 특이한 것은 아니지만 사람과 접촉할 수 있는 길은 인간과의 접촉, 상호 존중, 다른 사람들에 대한 관심, 보살핌, 그리고 다른 사람에 대한 믿음으로 특징지어진다고 믿고 있다. 사티어(Satir, 1983)는 사람들이 자신의 삶을 구성하고 삶을 관통하고 있는 패턴과 목적을 표현하지 못하게 한다고 믿었다.

> 나(Satir)는 나에게 오는 그들의 반응을 경청하고 있다. 잠시 후, 나는 사람들 사이에서 나오는 응답을 경청할 것이다. 나는 그들이 지금까지 무엇을 했는지, 그들이 자궁에서 튀어나온 시점부터 지금까지의 경험을 어떻게 사용했는지 느끼기 시작한다(p. 247).

집단원과의 만남

치료자는 자신이 만나는 다양한 사람들의 존재와 그들에 대한 관심을 가지고 집단 과정을 시작하는 법을 배워야 하며, 집단의 '과정' 전체를 동시에 관찰하는 법을 배워야 한다. 여러 가지 질문이 그러한 관찰을 용이하게 한다.

- 누가 어떤 사람과 함께 앉아 있는가?
- 사람들은 집단에 들어가서 자신의 위치를 어떻게 찾는가?
- 누가 누구와 이야기하는가?
- 방의 편안함 또는 불편함의 수준은 어떠한가?
- 어떤 종류의 분위기가 있는 것 같은가?
- 초기 인상은 어떻게 형성되어 있는가?

모두가 참석하면 우리는 집단 구성 방법과 집단 과정에 바라는 희망사항을 모두 파악한 다음에 집단 구성원에게 간단하게 자신을 소개하도록 요청한다. 어린이 또는 청소년의 경우, 처음에는 짝으로 만날 것을 요청하고, 서로에 대해 이해를 하게 한 다음에 그러한 정보를 집단으로 가져오게 한다. 이러한 과정은 집단에서 활용하고자 하는 '목소리'를 찾는 데 어려움을 겪고 있는 사람들에게 첫걸음 걸이로 연습할 수 있는 기회를 제공한다.

상담자: 저는 여기 있는 모든 사람을 아는 유일한 사람이라고 생각합니다. 여기에 있는 각자는 다른 사람과 더 나은 만남을 희망하고 있으며, 이 집단이 그 목표를 실현할 수 있는 길을 열어줄 수 있기를 바라고 있습니다. 인터뷰할 파트너를 골라서 집단에서 그 사람을 소개해 볼까요? 여러분은 여기에서 여러분을 알고자 하는 다른 사람에게 여러분의 이름을 말하고 여러분에 대한 이야기를 나누고 싶어 할 것입니다.

처음부터 관계에 집중함으로써, 우리는 응집성과 연대감의 토대를 마련하고 있다. 이처럼 초기 소개가 중요하지만 전체적인 회기 중에서 많은 시간을 가질 필요는 없다. 소개는 집단 구성원들이 서먹서먹한 침묵을 깨는 데 사용하는 것이다.

계약의 수립

집단원이 서로 소개할 때 우리는 일반적으로 그들이 집단에서 어떤 합의를 원하는지를 묻는다. 아들러 학파는 가능한 한 많이, 집단의 구성원이 집단의 경험에 대한 자신의 계약을 수립하기를 원한다. 우리가 전에 언급했듯이, 우리는 집단 규칙이나 기본적인 규칙에 대한 개념, 권위주의 역사와 그 역사에 내재된 상위와 하위의 관계를 제안하거나 너무 자주 반영하는 용어의 개념을 사용하지는 않는다. 젊은 구성원으로 이루어진 집단, 특히 청소년은 집단의 과정 발달에 자신의 기여가 있었다고 생각해야 한다. 앞 장의 집단상담의 회기에서 발췌한 일부분이다.

상담자: 시작하기 전에 몇 가지 합의를 해두어야 할 것 같습니다. 어떤 합의가 필요할까요? (긴 침묵)

캐　런: 음, 우리는 얼마나 자주 만나야 하나요?

상담자: 캐런 생각에 우리가 얼마나 자주 만나야 한다고 생각해요? 얼마나 자주 만나고 싶어요?

휴　　: 우리가 제시하는 문제에 달려 있지 않겠습니까? 우리는 일주일에 세 번 정도는 만날 필요가 있다고 봅니다.

상담자: (명료하게) 일주일에 세 번 정도요?

휴　　: 아마도…….

상담자: 그럼, 여러분 모두 일주일에 세 번 만나는 것은 어떤가요?

존　　: 일주일에 세 번은 너무 많다고 생각합니다. 일주일에 한두 번이면 괜찮겠지만, 아마도 그렇게 자주 만날 수 없을 것 같습니다.

베　스: 제 생각에는 누군가 문제에 대해 이야기를 나누고 싶다면, 상대방에게 그 문제에 대해 이야기하고 싶다고 말하면 될 것 같은데요.

상담자: (베스에게) 베스 생각에는 얼마나 자주 집단으로 만나는 게 좋을까요?

베　스: 집단으로? 정기적으로 계획된 모임을 의미합니까?

상담자: (끄덕이며) 그래요.

베　스: 일주일에 한 번 정도면 충분할 것 같아요.

어　브: 필요할 경우에는 긴급 모임을 가질 수도 있습니다.

상담자: 그래서 일주일에 한 번. 다 괜찮습니까? (집단의 구성원들을 둘러보면서 일시 멈춤) 이제 각 집단의 회기가 얼마나 오래 동안 지속되기를 원하십니까?

비록 이러한 결정이 다소 기본적인 것처럼 보이지만, 집단 구성원에 대한 집단의 구조를 일부 통제하고 더 중요한 문제를 처리하기 위한 토대를 마련한다. 집단이 개방되어 있는가? 폐쇄되어 있는가? 집단원은 자신이 원할 때 오고 나갈 수 있는가? 아니면 매번 참석할 필요가 있는가? 집단의 구성원이 침묵하거나 관찰하거나 아니면 이야기하지 않을 선택을 할 수 있는가? 비밀유지 및 제한점은 무엇이며, 이 핵심 개념은 어떻게 정의될 것인가? 동일한 집단으로 다시 계속되는 내용이다.

상담자: 우리가 극히 사적인 일에 관해서 이야기를 한다면 어떨 것 같나요? 우리는 그러한 것을 밖으로 끄집어내어 집단에서 토론하는 경우, 어떤 위험이 있을 수 있다고 생각합니까?

휴　　: 좋은 생각일지도 모르지만 나는 여기가 안전하다고 느껴야 겠지만, 자동적으로 그렇게 느껴지지는 않을 것 같습니다.

상담자: 집단의 일부 구성원이 집단의 외부 사람들에게 당신이 말한 것을 가지고 토론한다고 가정해 보십시오.

캐　런: 그것은 좋지 못합니다.

상담자: 이것에 대한 보호를 어떻게 하면 될까요?

베　스: 우리가 집단 밖에서는 아무것도 말하지 않겠다고 맹세하거나 서약을 해야 합니다.

상담자: 이 서약이 여러분을 위해서 효과가 있을까요?

베　스: 항상 그런 것은 아닙니다.

캐　런: 그것은 어렵습니다. 내가 집단 밖에서 이야기하는 것을 상상한다면, 조금이라도 그렇다면 다른 사람들도 그렇다고 생각할 것입니다.

베　스: 하지만 누군가, 혹은 부모님이나 친구들이 나에게 무엇인가를, 묻는다면, 나는 사람들에게 우리가 토론한 일반적인 주제를 말할 수 있습니다.

어　브: 저도 그럴 것 같아요.

상담자: 누군가가 묻는다면, 우리는 그런 얘기를 했다고 말할 수는 있지만, 캐런이 이 말을 했고 어브가 저 말을 했다고 해서는 안 됩니다. 장난처럼 말하는 것이 상대에게 해를 입힐 수도 있다는 것을 알아야 합니다.

심리적 조사

아들러 학파의 심리적 조사(psychological investigation)는 집단 내에서 표현되고 행동화된 개인적 패턴과 동기뿐만 아니라 각 집단 구성원이 경험하는 사회적 맥락에 초점을 둔다. 그러한 탐색의 대부분은 집단원이 다양한 문제를 제기할 수 있도록 하는 주관적인 면접에서 시작되지만, 아들러 학파는 '질문', 가족의 구도, 또는 출생순위, 삶의 과제 평가 또는 초기 기억 등 좀 더 객관적인 조사를 도입할 수 있다. 자세한 내용은 나중에 자세히 설명하고자 한다.

처음에 집단 회기에서 집단원이 무엇을 논의할 것인가는 완전히 개방되어 있다. "우리는 무엇을 이야기해야 합니까?"라고 묻는 것부터 시작해도 충분하다. 청소년과 어린 자녀의 집단에서는 전에 토론된 주제의 범위를 알려 주기도 한다. "나는 여러분에게 매우 중요하고 적절한 어떤 것이라도 논의할 수 있다는 점을 여러분이 알기를 원해요. 과거에는 집단이 가족의 어려움, 성관계, 마약, 학교 문제, 절망감이나 소외감 등 모든 것을 이야기했어요." 성인, 특히 입원 또는 외래치료에 관련해서 우리는 진단, 처치 또는 치료에 이르기까지 다양하지만, 우리는 삶에서 나타날 수 있는 보다 큰 삶의 문제와 고민거리를 해결하기 위해 함께 노력한다.

집단의 지도자가 이러한 안내를 할 때, 집단 제안서는 검증을 받아야 한다. 주제가 선택 되더라도 각 개인의 삶의 이야기, 상호작용 과정 및 집단의 기여도를 경청하면, 항상 개인의 패턴과 동기가 드러난다.

집단의 초기 심리적인 탐색 중에 가장 일반적인 아들러 학파의 개입은 다음과 같다.

- 집단 구성원에게 그들이 의미를 부여하는 특정 사건을 집단에 제공하도록 요청하라.

- 집단 구성원에게 특정 상호작용이 이루어지는 과정에서 느끼는 바를 말하도록 요청하라.
- 집단 전체에 대한 개인적인 기여에 대한 효과를 지켜보라.

부모님이 절망적이며 자신과 대화를 할 수 없다고 불평을 하는 한 여자 집단원은 조사의 문을 두드렸지만, 어떤 것도 말하지 않아 불만사항 자체가 거의 알려지지 않았다. "마지막으로 엄마 또는 아빠와 이야기하려고 시도한 때가 언제였습니까? 그 시도는 어떻게 되었습니까?", "그들은 무엇을 했고, 당신을 무엇을 했습니까?" '마지막'에 대해 구체적인 질문을 하는 것은 그녀의 불만이 담긴 상호작용을 기술하기 위한 것이다. 이 질문에 대한 그녀의 대답은 부모의 반응에 대한 자신의 지각과 그 과정을 드러낸다. 그녀의 대답은 중요한 인물과 접촉을 하려고 시도하는 패턴을 개시하고 있음을 나타낸다. 또한, 이러한 중요한 다른 사람에 대한 그녀의 반응은 그녀가 첫 번째로 그 유형을 개시한 바로 그 이유(목적)이다.

"이 일이 벌어질 때 어떻게 느끼셨습니까?" 집단지도자는 집단원의 반응을 듣게 된다. 더 중요한 것은, 감정적인 반응은 종종 사람이 자신의 사건에 부여한 해석에 대한 단서를 제공한다. 이러한 패턴을 식별할 수 있으면, 집단 자체에서 가능한 상호작용을 이해하는 데 도움이 된다.

주관적 면접

주관적 면접(subjective interview)은 모든 집단원에게 중요한 각자의 이야기와 집단 합의를 이루려고 하는 것이다. 흔히 질문의 내용(언어)을 찾는 것이 이 과정의 첫 걸음이라 할 수 있다. 캐런(Karen)은 "요즘 한 가지 일이 나를 괴롭히고 있다."라고 말하면서 시작할 수 있다. 무엇이 그녀를 괴롭히는가는 중요한 문제다. 그러나 '괴롭힘을 당하는 것'이라는 말이 중요하다. 집단지도자는 캐런의 '괴롭힘'이 무엇인지 알고 싶을 것이고, 나머지 집단원도 같이 알고 싶을 것이다. "캐런은 교사의 태도가 자신을 괴롭힌다고 말했다. 여러분을 괴롭히는 것은 무엇인가요? 휴(Hugh)! 당신을 괴롭히는 것은 무엇인가요?"

개별 집단원의 이야기와 집단원 상호작용 간의 균형을 유지하는 것은 매우 중요하다. 여러 집단원이 자신을 드러낼 때 어떤 공통 요인을 발견하는 것은 집단에서 응집성을 구축하는 데 도움을 준다. 집단 구성원이 유사한 삶의 경험을 갖고 있지 않더라도, 개인적인 이야기가 그것을 말하는 사람에게 갖는 의미에 대해 추측하도록 요청받을 수 있다. 그 사람에게 중요한 것은 무엇입니까? 그것이 이야기하는 사람에 대해 뭐라고 말할까요? 그 사람에게 동기를 부여하는 목적이나 목표는 무엇입니까?

종종 집단성원들은 표면적으로 모순되는 것처럼 보이는 것을 말한다. 예를 들어, 그레이엄(Graham)이라고 하는 한 집단원은 "기쁘게 하려고 노력합니다."라고 말하지만, "자주 화가 나서 폭발합니다."라고 한다. 아들러 학파는 이 말을 두 가지 측면에서 다루려고 한다. 사실, 우리는 이 두 진술이 모두 어떤 것이 진실인지를 알기를 원한다. 그레이엄이 한 측면에서 다른 측면으로 이동하게 하는 것은 무엇이며, 그레이엄의 이러한 이동은 무엇을 말해 주는가? 이 예에서 그 단계는 다음과 같을 수 있다. ① 그레이엄은 집을 청소하기 위해 열심히 일한다. 그의 배우자가 집에 오면 매우 놀라워한다. ② 그레이엄은 자신의 노력에 대해 높이 평가받기를 원한다. ③ 배우자가 알아채지 못하거나 더 나쁜 경우 그가 잘하지 못한 부분을 지적한다. ④ 그레이엄은 다음과 같이 결정했다. "내가 하려고 하는 것에 대해 그녀가 감사해하지 않는다면, 나는 정말로 그녀가 감사해하는 것을 해 주지 않는 것이다." ⑤ 다음 기회에, 그는 그녀에게 화를 내고 폭발할 준비를 한다. 마치 자신이 분노를 제어하지 못하거나 자신이 하는 일을 잘 모르는 것처럼 이러한 흐름과 관계없이 첫 단계에서부터 이야기의 목적이나 패턴을 이해할 수 있다.

'질문'

아들러(Adler, 1927)는 내담자에게 "당신이 좋아지면 어떻게 될 것 같습니까?"라고 물었다. 드레이커스(Dreikurs, 1997)는 아들러 학파에서 잘 알려진 '질문(The Question)'을 다음과 같이 사용했다. "당신이 이러한 증상이나 문제가 없다면 무엇을 할 수 있을까요?" 또는 "이러한 증상이나 문제가 없다면 당신의 삶은 어떻게 달라질까요?" 드레이커스는 진단을 위해 '질문(The Question)'을 사용했다.

한 여자 내담자가 "저는 불안만 없었더라면, 학교에서 더 잘 지내고 친구를 더 잘 사귀었을 거예요"라고 말했을 때, 드레이커스는 그녀가 학교에서 잘 지내지 못하고, 친구도 없는 것에 대한 변명으로 불안을 사용하고 있다고 생각했다.

아마도 내담자가 더 나은 삶을 살려고 시도할 때마다 자신은 예상되는 실패로부터 완전히 물러나 있다. 이러한 의미에서 내담자는 '질문'에 대답할 때 삶의 문제에 대해 원하는 결과 또는 해결책을 내어 놓지 않는다. 오히려 그들의 증상은 잘못된 해결책으로, 자신에게 필요한 업무와 책임을 피하는 데 도움을 준다. 물론 내담자는 불안이 사라지는 것 외에는 어떤 것도 달라질 것이 없다고 대답할 수도 있다. 그러한 경우에, 드레이커스는 병리 또는 증후는 기관 이상일 확률이 매우 높을 것이라고 생각하고 의학적 평가를 위해 의사에게 의뢰했다. 다음은 '질문'이 집단작업에서 어떻게 자리를 잡을 수 있는지 살펴보겠다.

나(Jim)는 이전에 기본적인 양육 과정을 마친 어머니와 아버지로 구성된 부모들인 'C'집단 (Dinkmeyer & Carlson, 2001 참조)을 자문해 달라는 요청을 받았다. 집단원이 자신을 소개할 때, 부모 중 한 명인 제인(Jane)은 다음과 같이 말했다. "아이들과 함께 생활한 인생의 93%는 매우 훌륭했어요. 내가 이 집단에 참여한 것은 나머지 7%를 위한 것이에요." 이것은 매우 흥미진진한 소개이다. 나에게 즉시 떠오르는 몇 가지 질문이 있다. 자녀 양육이 그렇게 잘 되었다면, 여기에서 당신은 무엇을 하고 있습니까? 집에서 책을 써야 하지 않겠습니까? 그리고 왜 93%입니까? 왜 90% 또는 95%는 아닌가요? 그녀에게 일을 올바르게 하는 것이 왜 그렇게 중요한가요? 이것은 삶의 전반에 완벽주의가 있다는 것을 알려 준다.

집단이 진행됨에 따라 집단원들은 성공, 어려움 및 우려를 나누도록 요청받았다. 제인이 토론에 참여했을 때, 그녀가 사용했던 격려와 논리적인 결과는 엄청난 결과를 만들어 내었지만, 막내아들인 티미(Timmy)가 자신을 방해하는 것을 멈추게 할 수 없었다고 했다. 집단원들이 제인이 이미 시도했거나 놓친 것을 제안한 후에, 나는 그녀에게 '질문'했다.

"티미가 항상 당신을 방해하지 않았다면, 당신은 인생에서 무엇을 하고 있었을까요?"

제인은 "큰 딸의 결혼식 때문에 나는 여전히 사람들에게 빚을 지고 있는데 고마워하는 마음을 이제는 멈출 거예요. 그리고 다락방을 깨끗하게 청소를 할 것이고, 바이올린을 다시 연주를 할 거예요!"

나는 그녀가 고마워하는 것을 중단하고 다락방을 청소하는 것의 가치를 이해할 수 있었다. 나는 심지어 이 작업에서 그녀를 구해 준 티미에게 첫 번째 감사의 말을 전해야 한다고 생각했다. 하지만 바이올린은 뭐지?

"바이올린 연주에 대해 말해 보세요. 당신은 그것을 즐기나요?"

"글쎄요, 나는 오랫동안, 어쩌면 12년 동안 연주를 하지 않았어요. 제가 대학에 다닐 때 저는 콘서트 바이올리니스트였어요. 바이올린에서 수석주자였습니다."

여기서, '질문(The Question)'은 그녀의 삶에서 직면하는 문제의 가치를 드러낸다. 그녀는 자신이 정말로 하고 싶지 않은 일을 하지 않게 되었고, 더 중요한 것은 이제는 더 이상 바이올린을 완벽하게 연주하지 않아도 된다는 것과 더 이상 수석주자가 아니어도 된다는 사실을 직면하게 된다는 것이다.

객관적 면접

많은 아들러 학파의 상담자와 치료자는 주관적 면접이나 '질문'을 통해 집단 구성원에 대한 충분한 이해를 얻었을 때 객관적 면접을 건너뛰기도 한다. 객관적 면접(objective interview)은 여전히 집단상담에 매우 유용한 표준적인 아들러 학파의 평가 절차를 포함한다.

여기에는 집단 구성원의 가족 구도에 대한 이해, 삶의 과제에 대한 개인적인 접근(특히, 아들러의 첫 번째 세 가지: 우정, 직업, 친밀감) 또는 각 개인의 초기 기억에 대한 해석이 포함된다. 일부 치료자는 이러한 평가도구 중 하나 이상을 사용하여 추측했던 집단 구성원의 패턴과 동기를 확인한다.

그러나 일부 치료자는 생활양식에 대한 평가(Eckstein & Baruth, 1996; Powers & Griffith, 1987, 1986/1995 또는 Shulman & Mosak, 1988 참조)라고 하는 보다 집중적인 과정을 선호한다. 스타일의 변형을 허용하면서, 아들러 학파의 치료자가 이 객관적 면접을 집단의 초기 회기 중 하나에 소개하지 않는 것은 드문 일이다.

제2장의 집단 회기에서 존(John)은 그의 가족 구도(그의 가족 체계)에 관해 질문받았다.

존 : 올해 막 들어갔습니다. 나는 올해 중학교 2학년이며, 연극부에서 적극적으로 활동하고 있습니다. 저는 그다지 집에 있지 않고 밖으로 나가요. 집에서는 주로 먹고 자는 것을 많이 합니다. 그러나 어쨌든, 부모님은 오히려 그것에 대해 내버려두지 않아요. 나로서는 왜 그러신지 모르겠어요. 저는 학교에서는 괜찮게 지내요.

상담자: 존! 형제자매가 몇 명인가요?

존 : 저는 여동생 1명, 남동생 1명이 있습니다.

상담자: 누가 맏이인가요?

존 : 저예요. 저는 열여섯 살입니다. 저의 여동생은 열두 살, 남동생은 열 살입니다.

상담자: 그럼, 부모님께서는 남동생과 여동생을 어떻게 대하는가요?

존 : 부모님은 동생들에게 더 잘하는 것 같습니다. 저는 가족원 중에 골칫거리입니다. 부모님은 동생들을 더 잘 이해해 줘요. 저는 항상 부모님이 좋아하지 않는 일을 벌이고, 부모님은 저에게 화풀이를 해요. 그것이 내가 느끼고 있는 것이에요. 이상하게 보이겠지만 이것은 사실입니다.

이 제한된 정보에서 손스테가드 박사(Dr. Sonstegard)는 존의 이야기에 대해서 초기 가설을 세운다. 그 이야기는 발달에 대한 존의 해석과 연관된 개인적인 의미를 제시해 준다. 손스테가드는 다음과 같이 추측한다.

존은 여동생이 태어났을 때 네 살이었다. 아마 그는 누이동생의 출생으로 가족에서 자신이 원했던 위치를 잃어버렸다고 느꼈을 것이다. 존은 항상 다른 사람들의 주위에 관심을 가지고 있다. 10대 때에 드라마에 대한 관심이 그를 무대에 서게끔 했다. 그의 여동생이 태어났을 때 가족의 관심이 당연하게 신생아에게 옮겨지게 되고, 존은 엄마나 아빠를 바쁘게 하기 위해 보통의 아이들이 자주 하는 일반적인 장난을 쳤을 것이다. 여동생이 태어나기 전에는 문제가 별로 없었다. 그러나 그녀의 출생 후에, 아마도 부모는 혼란스러워 정신이 없었으며, 심지어 나이가 많은 존을 처벌하여 가족으로부터의 지위의 상실을 확실하게 느끼게 했다. 이러한 상처에 더해서 존이 학교에 입학을 하면서 부모는 세 번째 아이를 낳았다. 두 동생은 존의 행동에 대한 부모의 반

> 대를 빨리 감지할 것이고, 각각은 엄마와 아빠의 관심을 더 받을 수 있는 행동을 채택했을 것이다. 존이 나이를 먹으면서 부모님을 이겨낼 희망이 없다고 믿게 된다. 그래서 그는 가능한 한 멀리 부모님과 떨어져 있다.

존의 이야기 줄거리는 존이 그의 삶에서 내린 심리적 결론에 대한 이야기(내러티브)이다. 상담자는 가족 구도에 대한 평가, 존의 자료를 표현하는 방식과 분위기, 집단에서의 상호작용에 대한 스타일을 토대로 존에 대한 잠정적인 이해를 하게 된다. 전략과 시점(시기) 모두의 요구 사항을 고려할 때, 집단지도자는 그 정보를 후기 중재를 위한 지침으로 사용하거나 적절한 경우 잠정적인 추측으로 기술해서 집단에 제시하도록 할 수 있다. 이때 고려해야 할 사항은 집단 과정에 대한 적합성과 새로운 정보에 대한 존의 개방성이다.

가족 구도

가족 구도(family constellation)의 진단은 치료자로 하여금 다음 사항을 확인하게 한다.

- 내담자의 삶에 미치는 주요 영향
- 내담자의 가족 내에서 자신의 위치에 대한 해석
- 성정체성을 위해 가이드라인을 설정한 부모와 함께 있었던 경험
- 부모가 제공한 삶과 세상에 대한 해석

이러한 평가 내에서, 출생순위에 대한 내담자의 현상학적 해석이 가장 중요하다. 왜냐하면 문화 전반에 걸쳐서 형제와 자매관계는 성격 발달에 부모의 관여보다 더 큰 영향을 미치는 경향이 있기 때문이다(McGoldrick, Watson, & Benton, 1999). 가족 개개인의 주관적인 위치를 듣는 것은 상담자나 치료자가 내담자의 세상에 대한 전반적인 위치를 이해하는 데 도움이 된다.

가족 구도는 가족 체계에 대한 아들러(Adler, 1927/1957)의 생각이었다. 이 시스템에는 가족 분위기(부모–자식 시스템 내)를 포함하여 여러 가지 중요한 하위 범주가 있다. 가족의 가치(부모의 하위 시스템에서 수용되고 촉진된 것), 부모가 제시한 성별 지침과 관계 형성의 모델(배우자 하위 시스템), 출생의 순서(형제 하위 시스템 내에서의 과정)의 영향 등이 포함된다. 가족 구도에 대한 이러한 양상들 각각은 개개인의 발달에 영향을 미친다. 확실히, 이 영향력은 개인 생활에서 상당히 강력하다. 그러나 결과를 결정하는 것은 영향력이 아니라 영향력에 대한 개인의 주관적 해석이다.

두 사람은 '적자생존'이라는 규칙이 있는 정글과 같은 가족 분위기 속에서 성장할 수 있다. 한 사람은 직접적이고 명백한 행동으로 가장 강하고 강력해지려는 시도를 할 수 있다. 다른 한 사람은 약점을 통해 무력과 보호의 필요성을 선언함으로써 권력을 추구하는 시도를 한다.

마찬가지로 부와 모, 두 사람이 교육의 중요성을 촉진하는 가족 가치를 가질 수 있다. 두 부모가 모두 교사로서, 자녀가 지역사회에서 가장 교육을 잘 받는 사람이 되기를 바란다. 각 자녀들이 가족의 가치와 관련하여 입장을 취해야 할 경우에, 자녀가 자신에게 주어진 요구 사항을 어떻게 해석하고 자신의 의견을 어떻게 평가하는지 이해할 때까지는 그 입장이 무엇인지 알 수 없다.

가족 구도가 미친 모든 영향력 중에서 아들러(Adler, 1931/1959)의 출생순위와 그 영향에 대한 현상학적 개념화가 가장 잘 알려져 있다. 아들러 학파는 출생순위를 '우리가 인생을 바라보는 유리한 지점'으로 본다. 하나의 고정된 지점에서 인생을 바라보는 수많은 가능한 방법들이 있다. 사람이 할 수 없는 유일한 것은 자신에게 유리한 '지점 자체를 변화시키는 것'이다(Bitter, Roberts, & Sonstegard, 2002, p. 44). 아들러는 자신이 세부적으로 묘사한 다섯 개의 출생순위(외동, 첫째, 둘째, 중간, 막내)를 확인했다. 이러한 위치에 대한 아들러의 설명은 종종 구체적이고 고정되어 있는 것처럼 보이지만, 아들러는 실제로 각 위치가 갖는 가능한 영향을 설명하고 있다. 각 개인이 태어난 순서를 고려하여 그들이 무엇을 할 것인지 결정하는 것은 개인에게 달려 있다.

외동아이와 가장 나이 많은 첫째 아이는 부모를 모두 차지하는 경험을 갖는다. 가장 나이가 많은 아이의 경우 이것은 일시적인 경험일 수 있다. 이 두 아이의 공통점은 둘 다 높은 성취동기를 가질 수 있다는 것이다(Phillips & Phillips, 2000). 실제 성취는 개인의 해석에 따라 이 성취동기를 따를 수도 있고 그렇지 않을 수도 있지만, 이 동기는 거의 항상 존재한다.

외동아이는 결코 폐위되지 않는다. 외동아이는 다른 순위의 아이보다 훨씬 빨리 성인의 언어 시스템과 역량을 발달시키고 부모의 가치를 받아들이는 경향이 있다. 이들은 중도 과정을 거의 거치지 않는다. 이들은 순종하거나 아니면 반항할지도 모른다. 그러나 두 경우 모두 자신의 세계에서 성인들에게 반응하고 있다. 그들은 응석을 받고 지나치게 보호받으며 버릇없이 자랄 수 있지만, 높은 수준의 성공을 가져다주는 보호, 주의 및 자원을 제공받을 수 있다 (Grunwald & McAbee, 1985).

아동의 위치에서 첫 번째가 되거나 가장 큰 무엇이 되는 것은 가장 매혹적인 영향을 미치는 것 같다. 마치 산꼭대기에서 태어나 왕이나 여왕이 될 운명이라고 생각하는 것이다. 대부분 나이가 많은 아이들은 완벽주의 경향이 있으며, 신뢰할 수 있고 진지하며 책임감이 있는 사람이다. 자신의 위치가 위협받을 때, 민감하거나, 소심하거나, 쉽게 상처를 입을 수 있다. 하지만 대부분은 책임을 맡기를 좋아하고, 형제자매들은 종종 첫째를 '보스(boss)'라고 묘사한다.

둘째 아이는 가장 나이가 많은 큰 아들에 의해 주로 영향을 받는다. 첫 번째 위치가 어디에 있든, 두 번째 위치는 거의 항상 근본적인 방식으로 첫째에 반대하는 편이다. 이것은 쌍둥이도 마찬가지이다.[1] 그들은 항상 따라잡기 위해 힘쓰는 경주에 참가하고 있다고 느낄 수 있다.

중간 아이들은 가장 나이가 많은 아이와 막내 아이 사이에서 압박감을 느낀다. 이들은 종종 버려졌다고 말한다. 그들에게 인생은 불공평하다. 이들은 첫째가 누리는 특권이나 막내가 가진 돌봄과

1. 쌍둥이를 데리고 온 경우에도 우리는 각자가 쌍둥이로 살아오는 경험을 어떻게 지각하고 있는가에 관심을 가진다. 몇 초 또는 몇 분 만에 첫째 또는 둘째로 태어났는가를 알게 되면, 같은 가족 구도 내에서 순서가 매겨진다는 것을 알 수 있다. 예컨대, 쌍둥이가 첫째라면, 한 아이는 가장 나이 많은 아이(첫째)가 되고, 다른 한 아이는 둘째가 된다.

자유를 갖지 못한다. 이들은 다른 형제(자매)와 비교하는 데 많은 시간을 할애할 수 있다. 이 비교에서 시간이 짧은 경우, 단순히 인생은 불공평하다는 확신을 하게 된다. 중간에 위치한 아동이 불평을 많이 하면, 첫째와 막내는 중간 아이에 대응하는 전략으로 서로 동맹을 맺는 경향이 있다.

외동아이와 마찬가지로 막내 아이들도 결코 폐위되지 않을 것이다. 아이들과 달리 이들은 다른 형제들에게 둘러싸여 있다. 막내 아이들은 다른 사람들이 자신을 위해 봉사를 하게 하는 전문가로 만드는 것은 드문 일이 아니다. 이들은 다른 사람들이 자신을 돌볼 수 있도록 하기 위해 무기력하고 의존적으로 행동한다.

막내는 전형적으로 좋은 관찰자이며, 이 관찰을 활용하여 다른 모든 형제들을 더 밝게 하기 위해 노력한다. 이들은 종종 특별한 사람이 되기를 원하며 올바른 재능을 가진 사람은 유명한 연예인이 될 수 있다.

우리는 자신이 태어난 순위가 아니라 자신에게 부여된 출생순위에 대한 개인적 의미와 해석을 강조하고자 한다. 예를 들어, 병약한 첫째는 서비스와 보살핌을 확보하기 위한 수단으로 쉽게 무력한 응석받이가 될 수 있다. 건강한 두 번째 아이는 첫째의 심리적 출생순위를 취할 수 있다. 또는 중간의 아이는 거식증과 같은 질병을 사용하여 다른 사람으로부터의 보살핌과 같은 서비스를 요구할 수 있음을 발견할 수 있다. 사실, 중간 아이는 실제의 나이보다 더 젊다고 선언한다.

집단상담에서 자신의 가족에서 어디에 있는지에 관한 정보를 공유해야 하는 것은 흔한 일이다. 다섯 명의 젊은이인 타미(Tami), 앤절라(Angela), 리베카(Rebecca), 팻(Pat) 및 차드(Chad)의 각각의 출생순위는 다음과 같다.

① 첫째 아들	+7	② **첫째 딸 앤절라**	0	③ **첫째 딸 리베카**	0
둘째 딸	+5	둘째 딸	–1	둘째 아들	–3
막내딸 타미	0			막내아들	–5

④ **팻**과 ⑤ **차드**: 외동아들

해석은 실제 출생순위보다 더 중요하다는 것을 명심해야 한다. 특정 질문은 우리가 이 참여자들을 더 잘 이해하는 데 도움이 된다. 가족 중 세 명 이상이 있는 사람에게 "어느 형제와 가장 다른가? 어떤 방식으로 다른가?"라는 질문은 우리가 그 사람의 입장에서 그 위치를 볼 수 있도록 도움을 준다. 예를 들어, 타미가 오빠와 동맹을 맺을 것이라고 기대할 수도 있지만, 오빠가 그녀에게 못되게 굴었다는 것이 밝혀졌다. 실제 큰오빠는 매우 외로운 사람이었다. 타미의 언니는 타미와 관련하여 첫째 아이의 입장을 취했다. "언니는 항상 무엇을 해야 하는지 알고 있었다. 이에 비해 나는 아무것도 하지 않았다."

앤절라는 가족이 '천사'라고 부르는 여동생과 함께 자란 아이이다. 가족성원들은 앤절라가 가족 중에 가장 지배적이고, 보스의 자리를 잡고 있다고 생각한다는 사실을 추측하기는 그리 어렵지 않다. "나는 잘 지내기가 힘들었던 것 같아요. 하지만 인생에서 내가 원하는 게 뭔지는 알고 있어요."

리베카(Rebecca)도 또한 첫째 아이이다. 그녀에게 또 다른 유용한 질문을 했다. “너와 누가 가장 닮았니?” 그녀는 자신이 형제 중 누구와도 닮지 않았다고 대답했지만, 그녀는 막내 남동생을 좋아했다. 왜냐고 물었을 때, 그녀는 막내 남동생에게 자신이 더 필요할 것이라고 했다. 리베카와 막내 동생은 성공했지만 성공 영역은 서로 달랐다. 막내는 운동선수였고 아주 좋은 선수였다. 둘 다 학교에서 잘 했지만 리베카는 예술과 음악에서 뛰어났다. 그녀는 또한 가정을 돌봄으로써 그녀의 자리를 찾았다. 특히, 매우 바쁜 전문 직종을 가진 아버지와 어머니가 있는 집에서 막내 동생을 돌보아 주는 아이였다.

팻과 차드는 둘 다 외동아이다. 그러나 팻은 자신에 대한 사랑을 강조하고 학교 활동과 프로그램, 그리고 팻이 제시한 모든 꿈을 지원하는 부모에게 자랐다. 한편, 차드(Chad)는 분위기가 긴장된 가정에서 자랐다. ‘밤에는 정글처럼’, 그의 아버지는 술을 마시면서 차드의 어머니를 학대했다. 차드가 어머니를 방어하려고 몇 번이나 어머니를 대신해서 맞았다. 인생에서 가능한 것과 다른 사람들에게서 기대할 수 있는 것, 그리고 어떻게 나아갈 것인가에 대한 그들의 해석은 매우 다르다.

집단상담과 치료에서, 출생순위와 가족 구도에 대한 조사는 불가피하게 모든 사람이 자신의 고유한 상황에서 서로를 보도록 돕는 개인적인 이야기로 이어진다. 우리가 사람들의 배경과 그 배경과 관련하여 취해진 태도를 알게 되면, 그들의 요구를 간단히 처리해 버리는 것은 불가능하다. 집단에서 그들의 개인적인 목표는 매우 합리적이다. 공감과 격려는 자연스럽게 개발된다.

삶의 과제

삶의 과제(life task)를 평가하면 치료자는 다음을 할 수 있다.

- 개인이 삶의 문제를 다루기 위해 사용하는 대처 패턴을 발견한다.
- 일상생활에서의 지지 영역과 기능장애를 찾아본다.
- 집단의 행동에서 삶의 다른 부분과 관련하여 자신을 드러내는 정도를 살펴본다.

우정(friendship)은 실제로 협력적인 삶에 필수적인 사회적 과제이다. 우리는 지금까지 결코 혼자 살아남을 수 없는 상황에서 공동체의 일원으로 살아왔으며, 살아가고 있다. 친구가 몇 명인지, 이 친구와 어떤 위치를 유지하고 있는지, 그리고 자신이 친구에게 제공하는 것과 친구가 원하는 것 등은 모두 삶의 질에 중요한 영향을 미친다. 이 과제는 종종 우리가 누구인지에 대한 질문에 대답하는 데 도움이 된다.

직업(occupation)은 실제로 우리가 시간을 사용하는 방법으로 1시간, 하루, 한 달, 1년 동안 어떤 삶을 살아가는지를 이야기해 준다. 우리는 무엇을 하고 있고, 어떤 종착역을 향해 가고 있는가? 이것은 우리 모두가 똑같은 일을 할 수는 없으며, 같은 삶을 누릴 수 없다는 인식을 포함한다. 우리는 노동 분담과 공동생활에서 협력하기 위한 공헌의 역량을 개발해야 한다. 우리가 하고자 하는 것은 무엇인가? 인생이 끝나면 우리는 어떤 가치가 있을까?

친밀감(intimacy)이란 우리 삶에서 어떤 종류의 가까운 관계를 원하고 있는지와 관련이 있다. 그것은 우리가 우리 자신의 성별과 다른 성별과 얼마나 잘 지낼 수 있는지를 포함한 것이다. 우리에게 남자나 여자가 되는 것이 무엇을 의미하는가. 이것은 우리 자신의 존재를 넘어서서 계속되는 인간의 삶에서 우리가 만들고 싶은 공헌과 관련이 있다. 우리 인간은 남과 여의 성별로 구성되어 있다. 다음 세대를 낳고 양육하기 위해서는 남녀 간의 최소한의 협력이 필요하다. 역사를 통해 어려운 것으로 입증되었지만, 인생은 우리의 두 남녀가 서로 가깝게 지내는 것으로부터 배운다. 이들은 아들러(Adler, 1927/1957)의 세 가지 삶의 과제였다.

특히, 집단치료에서 우리는 아들러의 삶의 과제를 어떻게 다루고 있는가에 대한 질문을 한다. 친구는 누구이며 지역사회에서 어떤 생활을 하고 있는가? 당신의 친구는 어디에서 사는가? 당신은 그들과 무엇을 하는가? 그들과 당신의 역할은 무엇인가? 그들은 당신에 대해서 어떻게 생각을 하는가? 당신은 그들에 대해 무엇을 중요시하며, 그들이 당신에 대해 무엇을 중요시하는가? 또한 우리는 직업에 관해서 묻는다. 당신의 일과 활동, 삶의 구성 요소는 무엇인가? 그것이 당신에게는 어떤 의미가 있는가? 동료, 상사, 부하 직원과 어떻게 어울리고 있는가? 당신의 일에 대해 감사하게 생각하고 있는가? 그리고 친밀감의 과업을 파악하기 위해 우리는 다음과 같은 질문을 할 수 있다. 선택한 파트너와 정서적인 친밀감을 경험하는가? 다른 사람들로부터 사랑과 애정을 표현하거나 받는 데 어려움이 있는가? 남자와 여자를 어떻게 표현하는가? 남자 또는 여자로서 자신에 대해서 어떻게 생각하는가? 당신은 파트너에게 어떤 불평불만을 가지고 있는가? 당신의 파트너는 당신에게 무엇을 불평하는가? 이러한 삶의 과제는 각각에 대해 파워스와 그리피스(Powers & Griffith, 1987)에 의한 "당신의 삶이 이러한 분야에서 무엇을 향상시키고, 변화시키고 싶어 하는가?"(p. 59)라는 질문을 한다. 그것은 집단 과정의 일부가 될 수 있는 개인적인 목표를 이끌어 내도록 고안된 질문들이다.

20세기 후반, 아들러와 아들러 학파의 원래 목록에 적어도 세 가지의 다른 생활과제를 추가했다. 이것은 자기-사랑(self-care) 또는 자기 자신과 잘 지내기, 보살핌(kinkeeping), 그리고 영성(spirituality)이다(Bitter et al., 1998).

드레이커스와 모삭(Dreikurs & Mosak, 1967)은 '자기 자신과 함께 하는' 자기-사랑의 과제를 추가했다. 아들러 학파는 실제로 사람이 부분으로 분리될 수 없다고 생각하기 때문에 자신과 함께하는 자기-사랑은 다소 복잡한 개념이다. 별개의 실체로서 나 자신으로부터 뒤로 물러나서 어떻게 나와 잘 지내는 법을 배워야 하는가? 그럼에도 불구하고 사람들은 반성하고 반성적 평가를 할 수 있어서 자신을 고양시키거나 낙담시키는 결론을 이끌어낸다.

아주 간단한 형태로, 내가 담장 위를 보게 되었는데, 이웃에 있는 사람이 새로운 스포츠카를 가지고 있지만 나는 그 차가 없다. 내가 가지고 있는 1990년형 자동차가 그 차보다 좋아야 하지만, 그렇지 않아 기분이 좋지 않다. 반면에 내가 담장 아래를 보았는데, 노숙자가 식료품 장바구니에 자기 물건을 밀어 넣는 것을 보게 된다면, 그보다 나은 내 인생의 위치로 인해 기분이 나아질 것이다. 나는 내가 가진 선물에 감사하고 이 1990년형 자동차를 이 후에도 계속 타게 될 것이다.

다른 사람들과 자신을 비교하는 경향은 인간의 자연스러운 과정이다. 우리가 우리 자신과 잘 지낼 수 있는지를 결정하는 것은 이러한 반영적 비교에 우리가 부여하는 해석이다. 자기 비판적, 비관주의적, 불안감, 완벽주의, 죄책감이 있거나 너무나 불완전하고 약한 사람들은 자신과 함께 지내는 일에서 한발 물러서는 경향이 있다.

우리는 또한 핵가족 사회에서 어린이와 노인에 대한 보살핌은 더 이상 필요한 과업이 아니라는 것을 알고 있다. 그러나 우리 모두는 어린이를 양육하는 방법과 노인들을 모시는 방법에 대한 관심이 있다. 우리가 운이 좋다면 언젠가 모두 노인이 될 것이다. 우리는 여전히 중요하고 쓸모가 있을 것이지만 젊은 사람들에 의존할 것이다. 마찬가지로 지금 젊은 사람들은 우리의 지원과 돌봄에 의존할 것이다. 그러므로 보살핌은 사회적 관심과 관련된 활동의 일부이다. 다른 세대를 돌보는 것이 우리의 능력이다.

우리가 이러한 보살핌을 우주, 공동체의 역사 및 미래로 확장할 때 더 큰 맥락에서 우리는 많은 사람들이 가장 큰 의미라고 부르는 영성(Sweeney , 1998)이란 삶의 과제에 대처하게 된다. 이 삶의 과제는 우리가 하나의 인간으로서 우주의 아주 작은 부분이라는 것을 깨닫는 것으로 시작한다. 그러나 우리는 우리보다 큰 많은 것들과 연결되어 있다. 이러한 연결에는 역사, 환경, 전체로서의 인간, 삶, 손실, 죽음 그리고 어떤 경우에는 종교적 또는 영적 공동체와 공동체 생활에서 나오는 도덕적 규범(Mosak & Dreikurs, 1967) 등을 포함하고 있다. 아들러 학파의 경우, 기여(공헌)는 삶의 의미이다. 이것은 능동적이며, 우리의 세상에 대한 관심, 다양성의 수용, 사회적 요구의 옹호를 포함하고 있다.

여기서 우리는 고려해야 할 또 다른 보편적인 과제, 즉 삶의 변화에 대처하는 일(Pelonis, 2002)을 추가한다. 변화는 종종 스트레스와 고통과 관련되기 때문에 일반적으로 저항을 하기도 한다(Selye, 1974). 그러나 인생은 변화한다. 우리의 우정, 일, 친밀한 관계, 가족, 문화 및 지역사회 모두 일정한 상태의 흐름이 있다. 우리가 성장과 발전으로 인식하는 것은 변화이다. 사회적 관심을 가진 사람들은 변화를 기회와 때로는 도전으로 맞이한다. 그것은 삶의 일부이며 모험이다.

집단에서 삶의 과제는 집단 구성원이 자신의 삶에서 진정한 의미를 발견하는 곳이 어디인지, 다가오는 짧은 삶에 대해 어떻게 느끼는가에 대한 평가로 사용된다. 삶의 과제는 인생 전체에 걸쳐 인간에게 영향을 미치기 때문에 시간이 지남에 따라 삶의 과제에 대한 개인의 반응이 변하는 것은 드문 일이 아니며, 그 사람에게 더 발전적으로 성장할 수 있기를 희망한다. 집단원은 우리의 삶에 관한 준비를 점검한다.

우리가 이러한 삶의 과제를 성공적으로 대처할 때 우리는 본래의 소속감을 느끼게 된다. 우리의 동료와 함께 있다는 이 소속감은 공포, 외로움, 절망의 경험을 완화시켜 간다. 소속감에 대한 우리의 감각은 삶의 개인적 목표와 집단적 목표를 향해 나아갈 때 우리에게 많은 용기와 확신을 준다. 소속의 가장 강력한 감각은 친밀감이다. 이것은 적어도 한 사람으로부터 우리가 사랑받고 가치롭다고 여겨지며 안전함을 느끼는 감정이다. 다른 어떤 과제보다도 친밀감은 사회적인 평등을 특징으로 하는 긴밀한 관계를 필요로 한다(Dreikurs, 1946, 1971).

삶의 과제에 대한 조사는 개인이 '예(yes)', '예, 그러나(yes, but)' 또는 심각한 철회를 하고 있는 경우에는 '아니요(no)'로 응답하는 영역을 이끌어 낼 수 있다. 대부분의 사람들은 '예'와 '예, 그러나'라는 대답을 한다. 우리는 삶의 요구 중 어떤 것은 상대적으로 쉽게 받아들이고, 다른 것은 부적절한 느낌을 불러일으키는 도전적인 과제로 받아들이는 경향이 있다. 사회적인 관심이 부족한 사람들은 삶과 삶의 문제에 대비할 준비가 되어 있지 않다. 어려움에 직면했을 때, 그들은 자기이익으로, 또는 더 나쁘게는 자기 함몰로 후퇴를 한다. 그들은 용기를 잃는다. 두려움, 불안, 우울증, 물질 남용 등이 이 신경증적 후퇴에 관련한 모든 징후다. 그러나 이 중 어느 것에도 사회적 관심이 관여되는 것은 없다.

> 모든 경우에 사회적 관심의 압박감을 강조하는 '예'가 있지만, 그다음에는 더 큰 힘을 지니고 사회적 관심에 필요한 증가를 막는 '그러나(but)'가 뒤따른다. …… 치료의 어려움은 '그러나(but)'의 힘에 비례한다. 이것은 '예'가 거의 사라질 때 충격에 따라 자살과 정신병에서 가장 강력한 표현을 한다(Ansbacher & Ansbacher, 1956, pp. 156-157에 인용).

소속감에서 나오는 특성은 협력, 우정, 공감, 배려, 다른 것에 대한 관심, 용기, 자신감이다. 이 공동체 의식에 대한 우리의 역량은 우리의 정신건강의 척도가 되기도 한다. 사회적 관심을 가진 사람들은 이러한 일들을 유용하게 해결하려는 의지와 함께 이러한 일들을 충족시킨다. 그들은 치료 받기를 원하는 다른 사람들을 치료한다. 그들은 사회에 기여하고, 사회에 참여한다. 그들은 변화를 추구한다. "심리적 관용은 사회적 유대관계의 힘에 달려 있다" (Adler, 1923, p. 42).

집단상담 및 치료는 우리가 혼자가 아니라 다른 사람들의 안녕에 관심을 가지고, 다른 사람들이 우리에게 관심을 가지도록 도와준다. 사회적 관심은 집단 과정에 의해 강화된다. 우리는 다른 사람들의 지지와 도움에 힘을 얻는다.

초기 회상

아들러 학파의 치료자는 다음과 같은 서로 다른 목적으로 초기 회상(또는 기억)(early recollection)을 활용한다.

- 자기, 타인, 삶, 윤리적 입장에 대한 각 개인의 확신에 대한 평가
- 집단 과정 및 상담 관계와 관련하여 집단원의 입장 평가
- 대처 패턴 및 동기를 확인
- 각 개인의 삶에서 장점, 자산 또는 간섭하는 아이디어 또는 잘못된 개념 확인하기

아들러 학파는 투사기법(Mosak, 1958)으로 초기 회상을 사용하기 때문에 개방 질문으로 도입을 한다. "당신의 매우 어린 시절을 생각하고 당신에게 일어난 일에 대해서 말씀해 주십시오." 사람들은 어린 시절(8세 이하)에 관한 기억을 여섯 개에서 열두 개 정도 가지고 있다. 이 기억은 개인이 자신과 삶에 관한 불변의 감각

을 유지하기 위해 사용하는 자기 선택에 관련된 이야기이다(Adler, 1927/1957). 기억의 내용은 내담자가 가지고 있는 다양한 '이유(why)' 만큼 중요하지는 않다. 내담자의 기억에서의 삶의 위치는 종종 기억을 도덕적인 이야기(특정 의미)로 생각하는 것처럼 드러난다. 해석은 집단 내에서 협력적으로 이루어진다. 우리는 가능한 한 의미에 대한 추측을 집단원에게 요청을 한다. 결국, 각 개인은 개인적인 의미가 있는 해석에 동의를 하거나 인정한다.

아들러(Adler, 1930, 1938)는 이러한 초기 기억(early memory)이 우연적인 것이 아니라 목적에 따라 스스로 선택한 것이라고 지적했다. 집단에서 우리는 초기 회상을 요청할 때 일반적으로 각 참가자에게 "9세 이전보다 훨씬 더 어렸을 때를 생각해 보십시오. 한번 일어난 일을 기억해 주십시오."라고 한다. 또한 우리는 기억하는 시점에 그 사람의 나이가 얼마이며, 그 경험 당시의 어떤 느낌이나 반응을 알고 싶어 한다. 이 접근법은 투사적 회상의 특성에 해를 끼치지 않도록 구성되어 있다. 예컨대, 우리는 좋아하는 기억이나 여러 번 일어난 일에 대해서는 묻지 않는다. 또한 우리는 특정 시간('학교가 시작했을 때')이나 특정 사건('마음에 드는 생일')에 대한 제안을 하지 않는다. 우리는 빈 공간으로 시작하여 자신에게 독특한 기억을 불러일으키기를 원한다.

초기 회상은 거의 100년 동안 상담과 치료에 효과적으로 사용되어 왔다. 그들은 다양한 방법과 환경에서 활용되어 왔다(Clark, 2002). 초기 기억은 개인의 입장을 밝히고, 과거의 사건을 현재의 경험과 연결시키고, 어려운 감정의 함정을 풀기 위해 사용될 수 있다. 초기 회상은 또한 집단 성원과 지도자 간의 관계를 탐구하는 데 사용될 수 있다. 기억은 원하는 변화와 목표를 향한 발전을 측정하는 데 사용할 수 있다. 특히, 집단 과정이 시작될 때 기억을 탐색하고, 집단의 종결 시에 다시 그 기억을 요구하기도 한다.

경험과 실습은 아마도 초기 회상에서 밝혀진 의미를 잘 이해하는 최선의 방법일 것이다. 상담 및 치료 훈련생들에게 25~30명의 많은 사람들로부터 200~300가지의 기억을 수집하도록 요구하는 것은 우리에게는 흔한 일이다. 이것은 일반적으로 좋은 시작으로 각 기억을 전체적으로 볼 수 있도록 한다. 어떤 의미가 두드러지나요? 기억에서 어떤 결론을 끌어낼 수 있습니까? 이 기억이 신문 기사라면, 헤드라인은 무엇이 될까요? 또한 이 과정의 초보 사용자가 6~12개의 기억을 제시할 때 나타나는 새로운 의미나 아이디어를 생각해 보도록 한다. 클라크(Clark, 2002)는 '초기 회상 해석 워크시트'(p. 131)를 개발하여 치료자로 하여금 기억이 자기, 타인 및 생활 사건에 대해 밝히는 것을 포함하여 여러 관점에서 초기 기억을 고려하는 데 도움을 주고 있다.

그러나 우리는 생활양식 평가라는 좀 더 큰 맥락, 그리고 유능한 상담자 또는 치료자의 감독 아래에서 초기 기억의 해석을 배우는 것이 가장 중요하다는 것을 강조하고자 한다. 일반적으로 한 과목의 수강이나 한 권의 독서로는 충분하지 않다. 모든 투사기법과 마찬가지로 잘못된 해석이나 열정이 넘친 과도한 제시로 인해 해를 입을 수도 있다. 제6장에서 기술하는 효과적인 슈퍼비전은 초기의 기억에 대한 잘못된 해석을 방지하기 위한 최상의 보호 장치이다.

타미, 앤절라, 리베카, 팻 및 차드와 함께한 집단으로 돌아가면, 기억이나 회상의 사례는 다음과 같다.

타 미: (나이 6세) 나는 한 소녀의 생일파티에 초대받았다. 그녀는 나와 같은 반이었다. 그녀는 내가 준 선물이 마음에 들지 않았다. 그녀는 다른 사람들 앞에서 나를 놀렸다. 나는 더 이상 거기에 있고 싶지 않았다. 아무도 나를 좋아하지 않았다.

(나이 7세) 나의 이웃 사람들은 야구할 편을 짜고 있었다. 나는 거기에서 가장 어린 사람이었고 전에 야구를 한 적이 없었지만 야구를 하고 싶었다. 그러나 아무도 나를 선택하지 않았다. 나와 같이 놀 수 없으며 집으로 되돌아가야 한다는 말을 들었다.

앤절라: (나이 1세) 나는 여동생이 어머니와 함께 병원에서 집으로 오는 것을 기억한다. 여동생은 매우 어렸고, 잠이 들어 있었다. 그리고 나는 달려가서 인형에게 하는 것처럼 동생에게 뽀뽀를 했다. 나는 여동생 보는 것을 좋아했지만, 여동생이 집에 계속 머물러 있을 거라고 생각하지 않았다. 그런 생각이 들었을 때, 나는 여동생과 함께 있는 것이 그렇게 행복하지 않았다.

(나이 5세) 학교생활 첫날이었다. 나는 아침 식사를 하기 위해 내려갔다. 그리고 엄마는 내가 원했던 것을 먹을 수 있다고 말했다. 나는 아침 식사로 아이스크림을 원한다고 말했고, 엄마는 나에게 그것을 주었다. 그것은 특별했다. 나는 그날을 사랑했다.

리베카: (나이 4세) 나는 여름에 햇볕을 피하지 않고 야외 활동을 해

왔다. 내가 입고 있었던 것은 수영복뿐이었지만, 난 피부를 정말 많이 태웠다. 나는 엄마와 엄마 친구들이 앉아 있는 집으로 들어갔다. 엄마는 나를 불러서 내 바지를 조금만 내리고 사람들에게 내가 얼마나 황갈색으로 태웠는지 보여 주려고 했다. 나는 그들이 웃고 기분이 좋아하는 것을 보았다.

(나이 4세) 나는 여름 이후에 어머니에게 학교 근처에 있는 큰 아이들이 다니는 상급반에 가고 싶다고 부탁을 했다. 나는 내 사촌이 갔던 낮은 학급이 아니라 상급 학급에 올라가고 싶다고 말했다. 큰 학교는 고등학교였고 거기에는 한 칸에 양호실이 있다. 우리 엄마와 나는 함께 "좋아."라고 말했다.

팻 : (나이 7세) 나는 아버지의 낡은 기타를 가지고 연주하는 법을 배웠다. 삼촌이 나에게 화음과 노래를 가르쳐 주었고, 나는 할 수 있었다. 나는 부모님을 위해 연주했고 그들은 놀랐다. 나는 스타가 된 것처럼 느꼈다. 그것은 멋있었다.

(나이 8세): 어머니는 나와 함께 학교에 갔다. 철자 맞추기가 있어서 나는 교실에서 일등을 했다. 나는 네 살 때부터 알파벳을 썼다. 우리 엄마는 우쭐해했고, 나는 매우 행복했다.

차 드: (나이 6세) 우리는 예방 접종을 받아야 했다. 아마 학교생활이었을지도 모르겠다. 어쨌든, 나는 상처를 가지고 집에 갔다. 이웃의 아이들 몇 명이 나를 중심으로 뛰어다녔고, 그들은 내 아픈 팔을 자꾸 건드렸다. 그들은 그것을 더욱 악화시켰다. 나중에 내가 아빠한테 말하자 아빠가 말했다. "그게 뭐

> 야? 치울 수 없니?" 그런 다음, 아버지는 내 팔을 두 번 더 때렸다. 아빠와 아이들이 모두 무서웠다. 나는 팔을 다쳤지만 아무도 내가 우는 것을 보지 못하게 했다. (차드는 두 번째 기억에 대해서는 보고를 하지 않았다.)

이러한 기억에 대한 최소한의 해석조차도 우리가 이 집단의 구성원을 조금 더 잘 이해하는 데 도움이 된다. 타미의 거절에 대한 두려움은 각각의 기억에서 극적으로 드러난다. 그녀가 모든 것의 일부가 되고자 하는 욕구가 초기 기억에 포함되어 있다.

앤절라의 기억은 그녀의 특별한 소망을 암시한다. 앤절라의 여동생이 병원에서 퇴원해서 집으로 왔을때, 어른을 기쁘게 하기 위해 자신이 해야 할 일을 알고 있었다. 하지만 아기인 여동생이 머무르고 있다는 사실을 발견했을 때 태도가 달라졌다는 메시지를 전달하고 있다. 앤절라는 어머니의 유일한 아이가 되고 싶어 한다. 그녀의 두 번째 기억에서 그 모습이 강조되어 나타난다.

리베카는 첫째 아이지만 약간 노출되었을 때조차도 다른 사람들 앞에서 더 편안함을 느낀다. 그녀는 감사함을 느낀다. 그녀는 또한 자신에게 일어나는 일에 대해 말하기를 원한다. 일반적으로 삶은 잘 풀릴 것이고 자신이 소중하게 여겨질 것이라고 느낀다.

팻은 외동아이다. 리베카처럼 팻도 성취를 이루고 무대의 중심에 서 있다. 팻에게 성취는 중요하다. 한편, 차드는 육체적 · 정신적 정글에서 산다. 자신이 쓰러지면 상황이 더욱 악화될 것으로 기대한다. 남성에 대한 그의 느낌은 '남자들은 상처를 입히고 위험하다'는 것이다. 차드는 희생자이다. '진정한' 남자란 거칠어야 하는데, 자신은 진정한 남자가 아니다.

심리적인 노출

심리적인 노출(psychological disclosure)은 집단 과정의 어느 시점에서나 발생할 수 있다. 초기의 노출은 집단지도자가 하는 경향이 있지만, 최대한 빨리 집단원을 참여시키는 것이 중요하다. 이 집단에서는 서로 협력하고 원하는 변화를 고려하는 기초로서 각 성원의 삶의 의미를 조사하도록 초대한다. 심리적인 노출은 다음과 같은 목적으로 사용된다.

- 무의식적 과정을 의식화하여 이해하기
- 집단에서 의미 없는 상호작용에 직면하기
- 행동 뒤에 숨은 동기를 탐색하기

모든 행동, 감정, 가치관 및 신념은 본질적으로 사회적인 목적을 가지고 있다. 집단원의 행동에 대한 사회적 결과를 이해하는 것이 목표와 목적을 발견하는 가장 쉬운 방법일 것이다. 노출은 종종 앞에서 기술한 객관적인 면접의 평가에서 나온다. 다음은 제2장에서 언급한 동일한 청소년으로 다른 집단을 실시한 회기의 사례이다.

어　브: 아빠가 나에게 무엇을 해야 한다고 말하면 나는 참을 수 없습니다. 아빠는 정말로 자신이 말하는 것을 알지 못하며 다른 사람의 말을 듣지 않습니다. 나는 아버지가 무언가 일이 잘못 되었을 때가 좋아요. 특히 내가 말할 수 있는 위치에 있다면 그걸 지적해요.

상담자: 어브! 어렸을 때를 다시 생각해 볼 수 있습니까? 그때 일어난 일을 기억합니까?

어 브: 어떤 것이라도? (상담자는 고개를 끄덕인다.) 제가 1학년 때였는데…… 대학생이 나에게 와서 지능검사지를 주었습니다. 그는 실습을 해야 했는데…… 그는 내가 퍼즐을 풀기를 원했어요. 심지어 그는 매뉴얼을 갖고서도 그것을 자기 스스로 하지 못하는 것입니다. 그래서 나는 그가 한참 동안 씨름하는 것을 지켜보고 있다가 내가 그것을 해결하는 방법을 알게 되었어요. 그래서 그에게서 그것을 가져 와서 제가 그것을 해 냈습니다. 나는 앉아서 내가 대단하다고 느꼈습니다. 나는 그보다 똑똑했습니다.

상담자: 여러분은 이것이 어브에게 어떤 의미가 있다고 생각하나요? 그가 말한 것을 어떻게 봐야 하나요?

여러 가지 다른 해석이 집단 성원들에 의해 제공되었지만, 어브에게 가장 잘 맞는 것으로 보이는 것은 가장 솔직하고 직접적인 것이었다.

캐 런: 어브는 다른 모든 사람보다 낫다고 생각합니다. 어브는 항상 자신이 옳고 다른 사람들은 잘못되었다는 사실을 다른 사람들이 알아야 한다고 생각합니다. 이것은 어브가 최상위에 머물러 있는 방법입니다.

강하게 말했지만, 캐런의 해석은 어브에게 가장 의미가 있었다. 어브는 이 의미가 있는 다른 사건을 거의 즉각적으로 확인할 수 있었다. 어브가 캐런의 해석을 받아들일 수 있었던 또 다른 이유는 그것이 비판이나 부정적인 판단의 표시가 없는 목소리로 들렸다는 것이다. 일반적으로 집단 구성원이 하는 해석은 상담자나 치료자가 제공하는 해석보다 더 큰 영향을 미친다.

아들러 학파의 치료자가 이 과정에 추측을 추가하기로 결정했다면 일반적으로 드레이커스(Dreikurs, 1961)의 심리적 노출의 공식을 사용한다.

- "당신이 왜 그렇게 하는지(느끼는지, 행동하는지) 알고 있나요?"
- "나에게 어떤 생각이 있는데 당신은 이것을 듣고 싶나요?"
- "아마 그것은 _____할 것 같은데요?"

심리적인 노출은 집단 내에서의 협력을 이끌어 낸다. 이러한 의미에서 노출이 잘못된 추측이라 할지라도 가치가 있다. 집단원은 치료자가 이해하려고 노력하면서 잘못될 위험을 감수하고 있는 것을 보려고 한다. 또한 잘못된 추측이 사라지면 더 나은 해석이 가능해지고 집단성원들은 치료 과정에서 상호 존중을 경험할 수 있다.

심리적인 재정향 및 재교육

심리적인 재정향(psychological reorientation)은 집단 구성원의 삶

의 자세를 변화시키는 것이다. 그것은 사람들이 생활 방식에 능숙하게 대처하고 도움을 주는 것이다. 아들러 학파는 이 유용성을 다음과 같이 정의한다.

- 공동체에 소속되고 소중하다는 느낌
- 공동체적 감정과 사회적 관심의 개발을 향해 자기몰입, 철수, 격리 또는 자기 보호로부터 멀어지는 움직임
- 용기, 불완전성의 수용, 자신감, 유머감각, 기여하고자 하는 의지, 다른 사람들의 복지에 대한 관심 및 사람들에 대한 친절한 접근과 같은 공동체 감정과 관련된 특성의 구현(Ansbacher & Ansbacher, 1956; Bitter & West, 1979)

때때로 심리적인 재정향은 재구성, 동기의 수정, 새로운 의미의 창출, 새로운 가능성과 선택안의 개발을 통해서 이루어진다. 그러나 집단에서 가장 일반적인 재정향 과정은 집단 문제해결이다.

집단 문제해결

성공적인 집단 문제해결은 어떤 문제에 관련되어 자신과 다른 사람에 대한 심리적인 이해를 확립한 데에 달려 있다.

제2장에 있는 한 청년인 존에게 돌아가서 부모님과 싸우거나 집에 머무를 곳이 없어 집을 떠나야 한다고 느낄 때 상담원은 다음과 같이 묻는다. "자! 지금 상황에서 존이 무엇을 할 수 있다고 생각합니까?"

베　스: 글쎄요, 존은 부모님이 자신에게 말한 것을 행하기 시작해야 한다고 생각하지 않아요. 왜냐하면 그것은 자신을 좌절시킬 것이기 때문이죠. 그러나…….

존　　: 글쎄요, 어쨌든 저는 그럴 생각을 하지 않았어요. (웃음)

상담자: (존에게) 존은 그것에 대해 무엇을 하고 싶어요? 아니면 부모님과 계속 싸우고 싶나요?

존　　: 저는 부모님과 싸우는 것을 좋아하지 않습니다. 그러나 부모님은 항상 옳고 저는 항상 틀렸다고 생각하는 것 같아요. 그리고 나는 그냥 뭔가를 해서 부모님을 열받게 만들어 부모님에게 보여 주려고…….

상담자: 부모님에게 존이 힘이 있다는 것을 보여 주려고…….

존　　: 네, 맞습니다. 글쎄요, 부모님은 힘을 조금밖에 갖고 있지 않습니다.

상담자: (웃음) 존은 부모님에게 약간의 믿음을 보여 줘야 해요. 부모님은 존에게 매우 너그러워요.

존　　: 저는 부모님이 그 너그러움을 조금만 보여 주도록 할 거예요.

어　브: 그런데 너는 어디서 먹고 잘 거니?

존　　: 저는 남들이 자선을 베풀도록 해요.

상담자: 그러나 존이 다소 괴로울 텐데. 존은 싸우는 것을 좋아하지 않는다고 말하지만, 힘은 존이 어떤 위치를 차지하게 되는 수단이에요. 존은 "내가 강력하지 않으면 나는 아무것도 아니야."라고 생각하고 있어요.

(집단을 향해) 그 누구든 아무것도 아닐 수 없습니다. 그래서 존은 부모를 함정에 빠뜨리고, 부모를 굴복시키고는 책략

을 사용하여 자신의 위치를 확보하는 거죠. 그러나 그것은 자신의 위치를 찾는 데 쓸모없는 방법이에요. 그것이 쓸모없는 과정이라는 데 동의하나요?

캐 런: 그래요, 하지만 존이 뭔가를 하지 않는다면 존은 궁지에 몰릴 거예요.

상담자: 다른 말로 하면, 존은 자신의 권리를 고수해야 한다고 느끼고 있어요. (캐런은 고개르 끄덕인다.)

휴 : 나는 잘 모르지만 부모님은 자신들이 존경받을 부분을 갖고 있다고 봅니다. 여러분이 부모님에게 존경심을 보여 주어야 한다고 생각해요. 그러나 나는 존이 하는 방식에 대해 잘 모르겠어요. 어쩌면 이따금 우리가 부모님을 위해 뭔가를 하고 있을 수도 있어요.

캐 런: 나는 부모라는 이유로 자연스럽게 자녀로부터 존경을 받아야 한다고 생각하지 않아요. 부모가 존경을 받으려면, 스스로 노력해야만 해요.

베 스: 부모가 아이를 존중하지 않는다면, 그것은 아이에게 존중을 가르치는 것이 아니에요. 부모님은 항상 권위를 가지고 있고, 모든 책임을 지고 있지만, 그 외 다른 무엇을 해야 할지 모르세요.

상담자: 존경받기 위해 무엇을 할 수 있을까요?

베 스: 나는 가끔 거실에 들어가서 "부모님께 할 말이 있는데, TV를 끄고 저의 이야기를 좀 들어 주셔요."라고 말합니다. 부모님은 제 말을 따라 줍니다.

상담자: 존이 이렇게 할 수 있다고 생각하나요?

베　스: 존도 시도할 수 있을 겁니다.

상담자: 어떤 것도 완벽하게 작동하지는 않지만 어쩌면 시도해 볼 가치가 있을 거예요. (일시 중지) 존은 그 밖에 무엇을 할 수 있을까요?

휴　　: 어쩌면 존은 자신이 현재의 모습으로도 자신의 위치가 있다고 느끼기 시작하면, 중요하다고 느끼는 힘을 가질 필요가 없다고 생각합니다.

상담자: 다른 건 없을까요?

존　　: 어쩌면 제가 부모님을 위해 지금 당장이라도 무언가를 해 준다면 상처를 받지 않을 거예요.

상담자: 네, 때로는 부모님이 조금 더 고맙게 생각하시는 경우로 조금은 바뀌기도 하죠. 이것은 배우기가 어려워요. 우리가 누군가를 바꾸고 싶다면 우리가 먼저 변해야만 해요. (일시 정지) 자, 오늘은 끝낼 수 있는 자연스러운 상황 같네요.

이러한 집단 과정에서 존의 관심이 주목되었고 집단의 지도자는 집단의 구성원들이 해결책을 찾는 데 도움이 될 만한 가능성을 제시한다. 집단의 문제를 해결하고 새로운 가능성을 창출하는 경향이 있다. 어떤 의미에서 집단 문제의 해결 단계는 처음부터 집단 과정의 일부였다. 그들은 다음을 포함한다.

- 안전과 상호 존중의 분위기를 조성한다.
- 집단 구성원의 상호작용에 대한 심리적 이해를 명확히 하고 실제 문제를 찾아낸다.

- 집단원에게 다른 사람들로부터 의견을 수렴할 수 있는지를 묻는다.
- 가능한 한 많은 선택을 만들어 낸다.
- 내담자에게 적합한 건설적인 가능성을 확인한다.

결국 존은 제시된 가능성 중 어느 것이 자신을 위해 적합하다고 생각하는지를 가려낸다. "어쩌면 내가 부모님을 위해 때때로 다른 일을 한다면 상처를 입지 않을 것입니다." 새로운 가능성의 실행은 거의 항상 지지와 격려를 필요로 한다. 아들러 학파가 제안한 해결책을 실천하도록 돕기 위해 역할놀이 및 기타 심리치료 기술을 사용하는 것은 드문 일이 아니다(Corsini, 1966). 지원과 격려는 또한 '모퉁이에 서 있으면서', '당신을 믿는다'는 또래 집단을 형성할 때 나타난다. 또한 한 집단에 속해 있다는 것이 성공만 경험할 필요가 없다는 것을 의미한다. 상담 및 치료 집단은 집단원의 성공을 기념하기에 이상적인 곳이다.

대부분의 집단 회기는 자연스럽게 멈추는 지점에 도달하는 것처럼 보이지만 집단지도자는 시간을 인식하고 회기의 작업이 끝날 때 새로운 자료 또는 과정을 생성하지 않는다. 실제로 대부분의 집단이 진행 중이더라도 아들러는 각 집단을 하나의 실체로 취급을 한다. 즉, 회기를 위한 집단 과정은 목표 또는 목적을 달성하거나, 하나 이상의 집단 구성원을 위해 일부 작업을 제안 또는 완료하거나, 새로운 학습 또는 의미를 촉진할 수 있다. 회기의 성과를 요약함으로써 집단 자체가 언젠가 끝날 것이라는 결론을 내릴 수 있다.

많은 집단의 구성원들이 불규칙한 비율로 입장하거나 퇴장하는 경우에도 이것은 계속되는 집단 진행의 일부이다. 항상 가능하지는 않지만, 아들러 학파는 집단의 변화에 주목하고, 새로운 집단원을 소개하고, 집단원이 떠날 준비가 되었을 때 집단원의 중요성과 손실을 인정함으로써 집단에 참여하고 함께 해 온 일을 존중하려고 한다. 특정 목적을 위해 형성된 집단은 일반적으로 시간이 제한된다. 그러한 집단은 종결에 도달하기 전 1~2회기가 필요하다. 이 회기에서 경험을 평가하며, 미해결된 작업을 완료한다. 그리고 여전히 도움과 지원이 필요한 사람들을 위한 추수 모임을 계획한다.

일부 시간 제한 집단은 6개월 또는 1년 내에 단기간에 다시 모일 가능성을 모색한다. 이 과정을 통해 집단 구성원은 서로 점검하고 삶의 진전을 표시 할 수 있는 공식적인 방법을 사용할 수 있다. 정식적으로 후속 모임으로 구성된 경우, 아들러 학파의 집단 심리치료는 공식적으로 종료될 수 없다. 이것은 간헐적인 치료의 한 형태이며 단지 '일시 중단된' 것일 뿐이다(Bitter & Nicoll, 2000, p. 38).

요약

이 장에서 우리는 아들러 학파의 집단상담 및 치료에 대한 구조와 흐름을 제안하기 위해 단계별 흐름 차트를 사용했다. 그 과정에서 우리는 상담자가 할 수 있는 다양한 선택과 개입에서 벗어나기 위해 고안된 방식으로 필수적인 아들러 이론을 통합했다. 관계 형성, 심리적 조사, 심리적 노출, 재정향 및 재교육을 수행하는 아들러 학파의 4단계 구조가 집단 구성원을 만나는 과정을 보다 신중하게 설명하기 위해 확대되었다. 계약 체결, 목적과 패턴을 발견하는 것을 목표로 한 주관적인 인터뷰, '질문(The Question)'을 사용하여, 가족 구도, 삶의 과제 및 초기 회상(어린 시절의 기억)의 해석된 영향을 조사한다. 효과적인 문제해결에 집단을 참여시킨다.

아마도 집단상담과 개인상담에서 가장 중요한 차이점은 집단 구성원들이 새로운 가능성을 창출하고 지원을 제공하며 격려를 함으로써 변화에 대처하도록 돕는 데 있다. 격려라는 말은 글자 그대로 '용기를 북돋아 주는 것'을 의미하며 의기소침과는 반대이다. 일반적으로 아들러 학파의 용기는 강점, '한 부분이 되는 것,' 그리고 내부 및 외부 자원과의 접촉에서 형성되는 것이라고 믿는다. 집단은 이러한 모든 자원을 제공할 가능성이 크다. 격려는 집단원들 서로 간에 가지는 믿음, 집단 지지들로부터 오는 희망, 그리고 집단원과 상담자 또는 치료자로부터 오는 배려의 소통에서 나온다. 집단은 새로운 가능성을 시도하고 새로운 선택을 고려하는 곳으로, 미리엄 폴스터(Miriam Polster, 1999)가 '안전한 비상사태'(p. 107)라고 불렀다. 집단은 사회적인 상호작용에 진정한 의미를 부여한다. 집단은 각 집단원을 도울 뿐 아니라 다른 집단원을 도우려는 욕구를 불러일으킬 것이다. 이전에 언급했듯이, 집단원이 다른 집단원에게 도움을 제공하면, 우리는 즉시 다음 두 가지를 알게 된다. ① 도움을 제공하는 사람은 이미 집단에서 위치를 찾았으며 그는 더 큰 세상에서 자신의 위치를 찾을 수 있을지도 모른다. ② 제공되는 도움은 사회적 관심과 자아존중감을 향상시킨다.

CHAPTER 04

아들러 학파의 집단상담 및 치료의 실제[1]

이 장에서 다룰 주요 내용

1. 일반적인 집단의 역사, 아들러 학파의 집단상담 및 치료
2. 우리가 적용하는 집단상담과 집단치료의 차이
3. 아들러 학파의 집단상담 및 치료의 실행과 아들러 학파의 이론
4. 집단의 자원 준비
5. 아들러 상담 모델에서 집단 지도성에 요구되는 필수적인 특성 및 능력에 주목하기
   - 현재성
   - 주장과 확신
   - 용기와 위험
   - 수용, 관심, 배려
   - 모델링과 협력
   - 적응성과 유머감각
   - 목적론적으로 경청하기
   - 전체론적 유형으로 작업하기
   - 집단 과정 살펴보기
6. 집단지도자의 윤리적 실천의 기초로써 공동체 의식과 사회적 관심에 대한 아들러의 개념

1. 이 장은 Sonstegard, M. A. (1998b)의 논문과는 다른 형식으로 제시하였다. The theory and practice of Adlerian group counseling and psychotherapy. *Journal of Individual Psychology, 54*(2), 217-250. 텍사스 대학 출판사의 허가 아래 재판으로 나온 것이다.

여기에 제시된 집단상담의 접근법은 아들러 학파의 상담, 아들러 학파의 심리학, 개인심리학(Individual Psychology) 및 목적론적 접근법(Manaster & Corsini, 1982; Sweeney, 1998)이라고 불리는 이론적 지향성을 갖는다. 이름에 관계없이 이 접근법은 알프레트 아들러(Alfred Adler, 1931, 1927/1957)와 루돌프 드레이커스(Rudolf Dreikurs, 1950/1953, 1960)의 기존 연구에서 확장되었는데, 이미 언급한 것처럼 아들러는 비엔나의 아동상담센터에서 대규모 집단 과정과 재교육을 시작했다(Terner & Pew, 1978). 이 대규모 공개포럼 집단모델은 드레이커스와 그의 동료들이 미국과 캐나다에서 개발한 가족교육센터의 기초가 되었다(Christensen, 1993; Dreikurs, Corsini, Lowe, & Sonstegard, 1959).

아들러 심리학은 전체론적이다. 아들러의 모델은 상담자와 치료자가 인간 유기체를 전체(whole)로 이해할 것을 요구하고 있다. 즉, 인간을 주어진 맥락, 역사상 특정한 시간, 독특한 문화 속에서, 그리고 유전, 성별, 출생순서에 의해 제공되는 위치에서 세상을 인식하면서 살고 있는 완전한 전체로서의 인간(human as a whole)으로 이해할 필요가 있다고 했다. 이런 의미에서 아들러는 최초의 체제론적 치료자였다. 개인을 이해하기 위해서는 그 개인이 기능하는 전체 영역에서 그 사람을 알아야 할 필요가 있다.

아들러는 또한 바이힝거(Vaihinger, 1924/1968)의 '허구(fictions)' 개념을 자신의 심리학적 동기에 적용했다(Adler, 1920/1959). 프로이트의 추동이론(또는 본능[2])을 거부하면서, 아들러는 인간을 행동

2. 프로이트 이론 중 충동과 이론에 관해 설명한 Gay(1989)를 보라.

과 발달 모두에 동기를 부여하는 즉각적이고 장기적인 목표를 창조하는 존재로 보았다. 이러한 목표들, 특히 장기적인 목표는 계획된 완성(또는 자기실현)을 향한 움직임, 때로는 완벽을 향한 움직임으로 나아가도록 했다. 사람들은 완성이나 완벽함에 거의 도달하지 못하기 때문에 목표는 항상 허구적이며, 이러한 성취에 대한 그림은 '마치 ~인 것처럼(as if)'이 절대적이고 진실인 것처럼 받아들여졌다.

인간의 목적론에 대한 아들러의 믿음은 20세기 초 과학의 '원인과 결과'라는 결정론으로부터의 급진적인 이탈이었다. 그러나 세기 중반경, 많은 분야에서 목표 지향성이 밝혀지고 있다. 브로노프스키(Bronowski, 1973)는 수백만 년 동안 이어온 전두엽의 경이적인 발전을 강조하였는데, 전두엽은 인간이 문제 해결, 계획 및 예상 결과에 사용한 두뇌의 한 부분이다(Ratay, 2001 참조).

개인의 목표 형성이 상대적으로 일찍 시작되기 때문에(아들러는 5세 또는 6세까지 생각했다.) [Ansbacher & Ansbacher, 1956] 상대적으로 소수의 사람과 상황이 각 개인의 목표와 행동의 발달에 영향을 미친다. 부모와 가족 구성원(Gottman, 1997), 사회 경제적 지위(Hart & Risley, 1995), 또래 및 교육 경험이 가장 큰 영향을 미치는 것으로 보인다.

그러나 이 모든 것들은 각 개인의 창의적인 해석의 대상이 된다. 20세기 말, 개인적인 해석학에 중점을 둔 아들러의 사회목적론적 접근은 집단작업을 위한 완벽한 토대를 제공하고 있다.

가장 엄격한 의미에서 집단상담과 치료는 비교적 최근에 개발된 것이라고 볼 수 있다. 가즈다(Gazda, 1989)는 파슨스(Parsons)가

1908년경에 시작한 조기교육운동의 기원을 추적했으며, 집단역동성은 1970년대에 전성기를 맞이했다는 점을 지적했다. 그러나 오랜 시간 동안 집단방법은 잘 알려지지 않았다. 그리스 철학자들은 집단경험의 긍정적 효과를 언급하였고(Copleston, 1959), 집단접근법이 에티오피아 성직자에 의해 사용되었다는 증거가 있다. Sade 후작은 크렌톤(Chorenton) 정신병원에 입원 당시 극을 쓰고 수감자들과 함께 연극공연을 수행하였는데 그 당시 이것은 치료적인 것으로 주목받았다(Corsini, 1957).

실제로 정치 또는 사회민주주의가 출현하면서 집단 과정의 절차가 시작되었다. 집단상담은 "번영을 위해 자유와 평등에 기반한 사회를 요구하면서 동시에 그 이상을 지속시키는 민주주의의 자녀이자 조산소이기도 하다"(Sonstegard, Dreikurs, & Bitter, 1982, p. 508).

정의 목적론적 분석이란 방향에서 보면 집단치료와 집단상담의 과정은, 특히 청소년과 성인이 구성원일 경우 매우 유사하다. 두 가지를 구분하고자 한다면 집단치료가 더 완전하며 구성원들의 잘못된 생활양식이나 성격을 변화하는 데 더 중점을 둔다. 집단치료는 병원과 지역사회기관 또는 진료소에서 더 흔하게 사용되며 더 낙담하고 불안한 내담자를 대상으로 한다. 반면 집단상담은 성격을 변화시키려는 노력보다는 즉각적인 상황에 초점을 두고 자기 개념과 개인 동기의 발견을 강조한다. 이 정의를 감안할 때, 집단상담은 대부분의 청소년과 일반 성인에게 널리 사용되는 방법이다. 이것은 거의 항상 즉각적인 목표를 가진 어린이에게 유용한 집단 과정이며(Dreikurs, 1950/1953, 1948/1958), 따라서 이들의 목표가 더 쉽게 발견되고 수정되거나, 전환될 수 있다. 동기 수정은 인간이 실수를 하지만, 잘못된 개념과 의도는 때때로 교정될 필요가 있다는 인식에서 비롯된 것이다. 우리는 태어나서 집단에서 대부분의 삶을 살아가기 때문에, 이런 동기 수정의 방법은 인간의 재정향을 이루어낼 수 있는 가능성을 지니고 있다.

동기가 변경되면 자연스럽게 행동의 변화로 이어진다. 사실, 집단성원의 다양한 패턴과 목표에 초점을 두면 종종 전체 행동의 변화가 생기게 된다. 성격의 통일성은 동기와 행동의 변화가 내부적으로 일관되고 연속적이라는 것을 보장한다(Adler, 1926/1972). 그러므로 행동은 그 순간에 완전한 삶에 대한 하나의 표현으로 이해된다. 인간의 삶을 전체론적으로 바라볼 때, 개인의 행동은 그 사람 자체보다는 더 중요하지 않다.

아들러 학파 집단상담의 이론적 배경

우리는 아들러 학파가 인간은 그의 모든 의사소통, 행동, 기분이 목적을 갖고 있는 사회적 존재라는 사회목적론적(socio-teleological) 관점을 주장한다는 것을 이미 이야기했다. 아들러(Adler, 1920/1959)는 이러한 전체론(holism)을 강조하기 위해 개인심리학(individual psychology)이라는 용어를 사용했다. 폴스터(Polster, 1995)의 생각과 마찬가지로, 아들러 학파는 개인이 사고 과정, 기분 및 정서, 행동 패턴, 기질 및 성격, 발달을 지속하는 자기, 완성된 정신 기능을 갖고 있다고 인식한다. 인간은 현실 세계와 현실의 사회적 맥락 안에서 해석, 선택, 창조, 운동하는 독특한 존재이며 여전히 이 모든 것의 총합 이상으로 존재한다. 인간은 개인적 목표를 설정하고, 자신만의 움직임을 결정하며, 상황에 따라 자신을 다르게 표현한다. 하지만 과거의 경험, 현재의 태도, 미래에 대한 기대와 일관성을 갖는다. 이러한 사회목적론적 관점은 자기-결정력이 있음을 시사한다.

대부분의 신체적·심리적 활동에는 의식이나 자각이 요구되지 않는다. 인간은 자신이 원하는 것이나 알 필요가 있는 것에만 의식적으로 깨어 있듯이 경제적으로 기능하는 경향이 있다. 실제로 무의식은 종종 활동의 유동성을 촉진한다. 왜냐하면 모든 능력과 기능은 개인의 의도를 위해 봉사하기 때문에 몸과 마음은 함께 기능한다(Dreikurs, 1997). 즉, 사고하고 느끼는 능력은 의식적 요구 없이도 이루어질 수 있다.

아들러는 매슬로(Maslow)에게 의미 있는 영향을 주었을 것으로 보인다. 동기화 과정에 대한 아들러와 매슬로의 개념화는 놀라운 유사점을 가지고 있다. 매슬로(Maslow, 1954/1987)의 욕구 위계는 아동이 생리적 욕구와 안전을 가장 먼저 생각한다는 것을 제안한다. 그다음으로 소속감이 주로 초기 행동을 동기화한다. 이러한 과정에서 개인은 자기존중감이 생겨나고 자아실현의 길에 이르는 인지적·심미적 욕구와 만나는 것이 가능해진다.

그러나 아들러와 드레이커스가 무엇이 초기 아동기 발달을 동기화하는가를 강조할 때는 매슬로의 관점과 미묘하게 다르다. 생존과 기초 생리적 욕구 및 안전 욕구를 충족하려는 투쟁에서 아동은 열등감을 느끼고 보상을 추구하며, 이를 극복하려고 시도하며 더 나은 위치를 차지하려고 노력한다. 이것이 아들러의 입장이다(Ansbacher & Ansbacher, 1964/1979). 드레이커스(Dreikurs, 1950/1953)는 아동의 소속에의 욕구, 특히 가족 안에서의 소속 욕구에 더 방점을 둔다. 어느 경우에나 인간은 타인을 향한, 또는 타인을 멀리 하려는 움직임으로써 사회적 삶을 표현하며, 자신의 자질을 개발해 나간다.

사람이 나이 들어감에 따라 완성에 대한 자기 창조적이고 허구적인 최종적인 목표(자기실현 또는 완성)는 성격을 통합시키고 보상(우월을 위한 투쟁)이나 개인의 주요 동기인 소속에의 요구 모두를 대체한다. 한 사람의 삶의 가치, 목표와 패턴은 '공동체 감정(community feeling; Ansbacher, 1992)'과 공동체적 감정에 따른 행동, 사회적 관심(social interest)이 스며 있는 정도에 의해 결정된다(Ansbacher, 1992). 이러한 감정은 풍부한 사회적 상호작용을 허용하고 자극한다.

아들러는 이러한 감정이 선천적인 것이라고 생각했다(Ansbacher & Ansbacher, 1956, 1964/1979). 이러한 감정은 오직 자기 몰두, 타인과의 관계에서 열등감 및 우월감의 과장된 감정, 실패에 대한 두려움에 의해 제한되었으며, 이 모든 것은 집단 내 자신의 위치에 대해 의구심을 갖게 만들어 낸다. 사회 집단에 참여하는 데 자유롭지 못하고 제한된 사람은 광범위한 사회적 요구에 대항해 스스로를 방어하도록 강요받는다고 느낀다. 부적응과 역기능은 타인과의 관계에서 좌절을 느낌으로써 초래된다. 실제로 증상을 보이는 행동은 종종 명예의 상실, 예상되는 실패 또는 반사회적이거나 비사교적 의도가 공개적으로 드러나는 것을 막기 위한 안전장치다(Adler,

1996a, 1996b).

의도에 대한 자기기만은 인간의 정상적 과정이다. 우리의 동기에 대한 자각은 거의 항상 변화를 이끌어 낸다. 무의식적인 주관성은 통합된 삶의 패턴을 뒷받침하고 우리가 사회적 삶에 쉽게 참여하도록 한다. 우리는 모든 목표를 향한 확신으로 움직이기 위해서 편향된 통각을 필요로 한다. 그러므로 우리는 해석학적 존재(hermeneutic beings)이다. 우리의 전체적인 성격은 삶에 대한 주관적인 해석에 기초한다. 세상과의 관계에 관련된 자기에 대한 기본적 개념, 사회적 삶을 향한 개인적 지향성은 인식될 수 있는 패턴으로 표현된다. 아들러(Adler, 1920/1959, 1927/1957, 1931)는 이러한 패턴을 생활양식(life style)이라고 했다. 기본 개념, 신념, 가정들은 생활양식 패턴의 기저를 이루고, 사람이 활동하는 데 있어 사적 논리(private logic)를 형성한다. 아들러 학파 상담자는 사회적으로 유용한 삶을 촉진하기 위한 노력을 지원하는 패턴과 논리를 가지고 작업을 한다.

아들러 학파의 집단: 과정과 실제

집단상담은 상담자의 방향과 이론적 배경에 따라 그 과정이 달라진다. 많은 다른 과정이 유용한 것으로 입증되어 왔다(Corey, 2000, 2001; Corey & Corey, 2002; Yalom, 1995). 아들러 학파의 집단은 잘못된 생활 패턴을 재조정하고 유용한 상호작용과 협력을 자극하는 원리에 대한 이해를 심어 주기 위한 세심한 시도로 특징지어진다. 이는 각 개인이 발달시키고 유지해 온 잘못된 개념과 동기를 수정하는 것을 통해 이루어진다. 또 현재의 삶의 상황과 직면한 문제에 대한 집단원의 태도 변화와 재정향(reorientation)으로 구성된다. 이러한 의미에서 재정향은 교육적 경험이며, 재교육(reeducation) 또는 재학습(relearning)이다.

아들러 학파의 집단상담에서 학습은 행동에 의해 일어난다. 집단 참여는 치료적 효과를 위해 필수적이다. 참여는 기본적으로 언어적 또는 비언어적으로 이루어진다. 한 집단원이 무엇을 말하는가는 그 사람이 집단 과정에 가지고 오는 관심, 현재성, 자각만큼 중요하지는 않다. 다른 집단원, 집단지도자 그리고 집단 과정에 관심을 가짐으로써 말을 잘하지 않는 집단원일지라도 집단으로부터 문제를 명료하게 파악할 수 있다. 또한 아들러 학파의 집단지도자는 집단의 초기에 심리 조사 수행, 심리적 노출, 집단의 평가와 피드백을 하는 것에 매우 적극적인 편이다. 이러한 개입은 듣기만 하는 집단원에게도 새로운 통찰을 제공할 수 있다. 비록 집단원에게 가장 넓은 의미의 참여가 요청되지만 결코 언어 표현이 강요되거나 요구되지는 않는다.

집단기법은 개인의 권위가 집단의 권위로 대체되는 민주 사회에서 더욱 필수적이다(Sonstegard, 1998a). 수 세기 동안 정치적 민주주의를 가져왔지만 사회 민주주의를 구현하는 데는 아직 갈 길이 멀다. 계급 체계는 여전히 살아 있고, 미국 내에서 여전히 기능하고 있다(Hart & Risley, 1995). 우리는 아직도 귀족 역사의 잔재와 투쟁하고 있는 사회에 살고 있으며 명성에 높은 프리미엄이 부여된다. 집단경험은 자기-고양의 필요성과 중요성을 최소화한다. 집단경험은 사람의 허영심이나 지위에 대해 갖는 불안을 줄이고자 시도한다. 이것은 집단원이 다른 사람에 대해 끊임없이 자기를 수직적으로 비교하는 것으로부터 자유롭게 하도록 돕는다. 집단 과정은 존중하고 협력하며 민주적인 삶에 요구되는 유용한 사회적 가치를 만들어 낸다.

집단상담과 치료는 구조를 갖고 있어야 한다(제3장). 왜냐하면 집단 과정은 집단원의 참여와 상호작용에 의존하기 때문에 구조는 집단 단계보다도 상담자/치료자를 위한 지침으로 더 많은 역할을 한다. 모델링과 개방적 질문의 자유로운 사용은 구조를 구현하고 안내하는 데 가장 중요한 절차이다. 아들러 학파 집단상담자는 ① 집단 관계의 수립과 유지를 도모해야 하며, ② 집단원의 행동에서 목적과 패턴을 조사해야 하고, ③ 개인이 추구하는 목표와 이에 기반이 되는 사적인 논리를 노출하도록 하고, ④ 집단원의 공동체적 감정과 사회적 관심을 증가시킬 수 있는 재정향을 수행해야 한다.

관계성

민주주의와 사회적 평등은 '똑같음'을 가정하지 않는다(Dreikurs, 1961/1971). 각 집단원은 다른 집단원과 다르고, 지도자도 참가자들과 다르며 이는 리더십에 있어 특히 중요하다. 민주주의와 사회적 평등이 요구하는 것은 상호 존중과 참여이다. 효과적인 집단은 집단원이 원하는 대로 하는 것으로 특징지을 수 없다. 이것은 단지 혼돈과 무정부상태를 만들 뿐이다. 민주주의 국가에서는 숙련되고 단호하지만 친절한 리더십에 의존한다. 가장 좋은 리더십은 더 많은 경험과 민주적 절차를 아는 집단원이 경험이 적은 집단원을 지도할 때 이루어지며, 이러한 리더십은 모델링을 통해 가장 잘 성취된다.

접촉과 라포의 형성은 매우 중요하게 기능하지만 **관계성**(relationship)은 그 이상이다. 집단상담자는 집단원에게 말하도록 강요하지 않으면서 집단원 각자의 목소리를 낼 수 있는 기회를 만들어야 한다(Gilligan, 1982). 집단상담자는 각 집단원의 목소리 개발에 참여할 때 집단은 앎의 공유를 위한 분위기를 자연스럽게 발달시킬 수 있다(Goldberger, Tarule, Clinchy, & Belenky, 1996). 이러한 과정은 집단상담자가 집단원의 협조를 얻어야 하는 일반적인 과업의 개발을 지원한다. 집단 과정은 협동과 협력을 용이하게 한다. 이를 유지하려면 끊임없는 주의가 요구된다.

사회적 연결성은 집단상담과 치료의 일반적인 결과이다. 집단원이 다른 집단원의 개인적 문제를 들음으로써 새로운 이해와 자각이 촉진될 수 있다. 이는 집단 과정에서만 특별하게 관련된 현상이다. 개인치료의 일대일 관계에서는 종종 방어하지 않고 듣는 것이 어려우며, 결혼 및 가족치료에서 가족 단위로 상담 회기를 진행할 때에도 각 구성원은 관계와 시스템 내에서 요구되는 위치를 유지하려는 의도 하에서 듣는 경향이 있다. 실제로 집단 과정을 사용하는 가족모델[예: 반영 집단(Andersen, 1991) 또는 공개 포럼의 아들러 학파의 가족상담(Christensen, 1993)]에서는 진정한 듣기가 일어나는 치료적 '일시 정지' 순간을 만들어 낼 수 있다. 타인과의 동일시, 감정 이해, 다양한 의견의 수용으로 인해 경험과 어려움을 나누는 유대감을 갖게 된다. 이러한 유대감은 차례로 더욱 깊은 참여와 보편성을 느끼며, 집단 응집력을 더욱 단단하게 한다.

심리적 평가

아들러 집단상담자는 다양한 **평가 기법**(assessment techniques)을 사용한다. 이 기법의 대부분은 개인 심리학으로부터 발달되었다. 우리는 평가(assessment)라는 개념을 사용하는데, 이는 일부분을 분석하는 것과 달리 전체에 대한 이해를 내포하기 때문이다. 실제로 사회목적론적 관점에서 평가의 모든 부분이 각 사람의 목표, 목적, 생활양식에 대한 단서를 제공해야 한다. 아들러 학파는 항상 가족 구도, 출생순위, 초기 기억, 대인관계 어려움, 꿈에 대한 평가를 하고, 개인의 움직임을 이해하기 위해 미술작업도 실시한다. 더 최근의 발견으로는 '**질문**'('The Question')(Dreikurs, 1997, pp. 165-168)에 기반한 차별적 진단, 몸의 움직임과 성격 우선순위(personality priorities)의 평가(Kfir, 1981; Schoenaker & Schoenaker, 1975), 기억된 동화와 민속 설화 등이 있다. 이러한 일련의 조사들은 집단원의 자기, 삶, 세계에 대한 해석과 이러한 해석과 관련된 잘못된 개념을 드러낼 수 있다.

다음의 집단 과정은 목적론적 평가 과정 동안 드러날 수 있는 의미를 설명한다. 집단상담에서 린(Lynn)은 자신이 "삶에서 더 효과적이고 더 많은 것을 얻을 수 있다"고 생각한다고 말했다. 집단원이 그녀에게 왜 그렇게 느끼는지 묻자, 그녀는 자신이 꾸었던 어떤 반복되는 꿈을 말했다. 각각의 꿈에서 그녀는 어린아이로 선생님, 엄마 또는 아빠 앞에 서 있었는데 그녀가 무엇을 하든 상관없이 그들 중 아무도 행복해하지 않았다.

상담자는 린이 어린 소녀일 때 일어난 일을 회상할 수 있는지 물었다. 린은 몇 가지 초기 회상을 꺼냈는데, 한 가지는 다섯 살 때 어머니의 친구들을 위해 노래하라는 요청을 받았던 시간이었다. 그녀는 입을 열었지만 아무 말도 나오지 않았다. 상담자는 집단원에게 그녀의 기억이 무엇을 의미하는지 물었다. 아무런 대답이 나오지 않자 상담자는 "아마도 린이 다른 사람을 기쁘게 하고, 자신을 호의적으로 반영해 줄 것이라고 알고 있는 활동에만 제한을 한 것"이라고 제시했다. 린은 주의 깊게 들었지만 답변을 하지는 않았다. 다른 집단원은 상담자의 이러한 의견에 동의하지 않으면서 린이 매우 독립적이고 균형 잡히고 자기 확신이 있는 사람이라고 말했다. 린은 리더로 여겨졌으며, 활동을 추구하는 '적극적이고 역동적'이었다.

그러나 이후 회기에서 린은 자신에게 의미 있었던 내용을 공개했다. "나는 그것이 사실일 수 있다고 생각해요. 저는 남을 기쁘게 하는 일만 하는 경향이 있다고 느껴요. 나는 내가 어떻게 보일까 하는 이미지에 대해 걱정을 많이 해요. 나는 이미지에 대해 덜 걱정하고 싶고 다른 사람이 어떻게 느끼는지 신경 쓰지 않으면서 올바른 일을 하고 싶어요."

청소년과 성인 대상 집단상담 및 치료는 집단원에 의해 주도되는 토론을 통해 용이하게 진행될 수 있다. 정상적인 대화 과정에서 리더는 심리학적 이해를 끌어낼 수 있는 일련의 질문을 개발할 수 있는 많은 기회를 발견할 것이다.

반면에 어린이를 위한 집단에서는 더 엄밀하게 초점을 맞추어야 한다.

아들러 학파는 아동 집단에서 전형적으로 **잘못된 목표**(mistaken

goals)에 대한 질문을 가지고 초점을 맞춘다(Dreikurs, 1940, 1941). 드레이커스의 네 가지 목표(관심 끌기, 힘겨루기, 보복하기, 가장된 무능함/장애)와 이들에 대한 언급은 여러 문헌에 제시되어 있다(Dreikurs, 1948/1958; Dreikurs & Soltz, 1964). 이러한 목표는 아동에 대한 대부분의 잘못된 행동을 설명할 수 있다. 왜냐하면 아동들이 네 가지 목표 달성을 위해 의식적으로 하기보다는 무의식적으로 행동하기 때문이다. 나(Jim)는 드레이커스의 네 가지 목표를 확장하여 아동의 어떤 **의식적인 동기**(conscious motivation)[1]를 제안했다. 의식적인 동기는 자기-상승(self-elevation), 갖기(getting), 회피(avoidance)이다(Bitter, 1991).

비록 아동상담이 주로 가족치료에서 이루어지지만, 집단상담은 종종 집단원들과 함께 아동의 패턴을 엿볼 수 있는 기회를 제공한다. 상담자가 가족 안에서나 개인적으로 아동에게 직접적으로 얘기할 때 경험되는 제한된 상호작용과는 달리, 집단은 행동하는 아동을 볼 수 있는 경기장을 제공한다. 아동은 어른들과 함께 있으면서 '적절하게' 행동할 수 있을지도 모르지만, 아동이 감추기 위해 사용하는 대부분의 겉포장은 집단 상황에서 벗겨진다.

다음 장에서 아동과 함께 하는 집단상담에 대해 더욱 자세하게 설명할 것이다. 여기에서는 단지 아동 집단상담의 이점을 입증하는 사례를 제시하고자 한다. 이것은 '자기-상승(self-elevation)'이라는 아동의 의식적인 목표 발견을 보여 준다(제5장 참고).

---

1) 역자 주: 세 가지 의식적 동기(목표)에 자세한 설명은 제5장 어린이를 위한 집단상담(pp. 217-218)에서 기본 개념과 사례가 제시되어 있다.

제인(Jane)은 밝고 매력적이었다. 대부분의 교사는 제인을 좋은 학생이라고 느끼고 있다. 제인은 독단적이었지만 결코 문제를 일으키지 않았다. 제럴드(Gerald)는 제인과 초등학교 때 같은 학급에 있었다. 제럴드 역시 밝은 성격이었지만 교실에서 '방해자'로 알려져 있다. 제인과 제럴드는 모두 같은 상담 집단에 있었다.

집단 회기가 시작될 때 상담자는 다른 상담자가 하루 동안 집단에 들어와도 되는지를 물었다. 집단은 동의했고, 제인은 즉시 자신의 옆자리로 새로운 상담자를 초대했다. 제인은 주도권을 잡고 제럴드가 자신에게 호의적인 동안에도 미묘하게 제럴드를 조롱하기 시작했다. 이것은 제럴드를 방해했고, 그래서 제럴드는 행동으로 옮기기 시작했다. 제럴드의 주도에 따라 다른 소년들도 따라 합세했다. 제인은 자기-상승이라는 목표를 달성했고, "걔들이 얼마나 나쁜지, 나는 얼마나 착한지 보자."라고 말하는 듯한 표정으로 편히 기대고 앉았다.

상담자는 "나는 여러분 중 누가 여기서 방금 일어난 일을 알고 있는지 궁금해요."라는 질문과 함께 소년들의 혼란에 개입했다. 상담자와 동료 상담자는 제인의 목적을 개방하고 소년들이 얼마나 쉽게 '나쁜 아이'라는 함정에 걸려드는지에 대해 이야기하는 토론을 이끌었다.

제인의 기술, 목적, 패턴은 개인상담이나 가족상담 회기에서는 결코 발견되지 않았을 것이다. 그녀는 도전받지 않았을 긍정적인 면으로 자신을 드러낼 수 있었을 것이다. 아무도 제인에게 불평하지 않았기 때문에 오직 집단 상황에서만 그녀의 방식이 드러날 수 있었다.

알아차림과 심리적 노출

인간은 집단 안에서 살아가고 사회적 상황에서 행동한다. 이러한 환경에서 각 개인의 삶의 패턴은 의미를 갖는다. 사람은 개인적으로 신념이나 확신을 유지할 수 있으며, 다른 사람의 일반적인 인식과 얼마나 일치하지 않는가는 문제되지 않는다. 사적인 면에서 말하고 믿는 것과 행동하는 것은 관계가 없을 수도 있다. 그러나 집단에서 집단원은 한 사람이 행동하는 것에 더욱 주의를 기울이고 공언하는 것과 행동 사이의 부조화는 도전받게 될 것이다. 아들러학파 상담자는 어떤 진정한 변화는 **알아차림**(awareness)으로부터 시작해야 한다고 믿는다. 통찰의 한 가지 형태인 알아차림은 자각 없이, 비의식적 또는 무의식적으로(우리는 이러한 용어를 함께 사용함) 일어나는 것을 새로운 수준의 명료화, 초점, 이해로 끌어올린다(Polster, 1995; Polster & Polster, 1973). 일반적으로 이러한 알아차림만으로 변화를 일으키기에 충분치 않으나 변화의 시작을 위해서는 필요한 것이다.

알아차림은 집단의 여러 수준에서 촉진된다. 상담자와 치료자들은 **심리적 노출**(psychological disclosure)을 통한 동기와 패턴을 제시할 수 있다(Dreikurs, 1967). 한 집단원에 대한 심리적 노출을 나누는 것은 '듣기만 하는' 다른 집단원에게도 의미를 줄 수 있다. 집단원들은 서로에게 피드백을 제공해 줄 수 있다. 집단에서 올바른 상호작용에 대한 평가는 또한 새로운 이해를 가져올 수 있다.

개인치료에서 알아차림과 통찰은 종종 치료자의 기술과 관계 정도에 달려 있다. 집단에서 알아차림은 동료 집단원의 반응과 지지를 통해 규칙적으로 이루어진다. 집단원의 진술과 의견은 상담자가 말한 것보다 더 쉽게 무게감을 전달할 수 있다. 청소년과 성인 집단에서 피드백이 동료 집단원으로부터 나올 때 저항이 적을 수 있다. 집단 합의(group consensus)는 변화에 대한 격려와 더불어 정중한 직면에서 강력한 영향력을 발휘할 수 있다. 알아차리기가 어려운 것이라도 다른 사람들과 나누게 되면 부담이 덜 된다. 이러한 동질감은 경험의 의미를 더 잘 느끼도록 한다.

고등학교 1학년인 한 여학생은 다른 한 집단원과의 토론을 통해 자신에 대해 알 수 있었다. 피드백이 요청됐을 때, 그녀는 "나도 제니퍼(Jenifer)와 같아요. 나는 항상 선생님을 돕고 있고, 내가 옳은 일을 하고 좋게 보이려고 해요. 나는 집에서도, 학교에서도, 밖에 돌아다닐 때도 그렇게 해요, 내가 좋게 보이기를 원하기 때문이죠. 나는 사람들이 나에 대해 나쁜 점을 생각할까 봐 항상 걱정해요." 라고 말했다. 한 집단원으로부터 나온 이러한 반응은 제니퍼와 그녀 모두에게 도움이 되었다. 이것은 이 이야기를 처음 꺼낸 집단원에게 그녀가 혼자가 아니라는 것과 다른 사람도 같은 방식으로 느낀다는 것을 말해 준다. 또한 이것은 유대와 변화를 추구하는 다른 '전문가' 자원을 이끌어 낸다.

심리적 이해와 관계없이 집단원들의 반응은 알아차림, 통찰, 재정향이 달성되는 데 중요한 차이를 만든다. 집단원이 그 안에서 타당성을 발견하지 못한다면 상담자가 제공할 수 있는 것은 없다. 집단원 간에 동등성이 있다고 느끼기 때문에 집단원은 서로에게 개입하는 것을 수용한다. 상담자 개입은 집단의 적극적 지지가 이루어졌을 때에 교정하는 영향력을 발휘할 수 있다.

부모 집단에서 한 아버지가 자신도, 그의 아내도, 아들 벤(Ben)을 감당할 수 없음을 이야기했다. 벤은 밖에 나가 놀기 전에 집에 와서 옷을 갈아입어야 하는데 그러지 않았다. 부모는 아이를 때려도 봤고 권리를 빼앗아보기도 했지만 아무런 효과가 없었다. 격분 속에서 아버지는 벤에게 다음에 먼저 집에 와서 옷을 갈아입지 않고 친구들과 놀러나갈 때는 "너의 모형 비행기를 바닥으로 내려 짓밟을 거야."라고 말했다.

또 다른 부모가 소리쳤다. "당신은 그렇게 하면 안 돼요! 그건 너무 나쁜 행동이에요."

또 다른 부모는 벤의 행동에 그럴 만한 이유가 있을 수 있음을 다음과 같이 제안했다. "나는 내 아들이 그저 옷을 갈아입는 규칙 때문에 친구들과의 활동에서 제외되는 것을 원치 않아요."

상담자는 질문했다. "당신은 이것에 대해 어떻게 생각하나요?"

아버지: "나는 전에는 그런 방식으로 생각해 본 적이 없는 것 같아요. 그런데 그것은 일리가 있습니다. 벤은 친구들을 사귀는 데 약간의 어려움이 있었거든요."

또 다른 집단원: "당신은 이 나이대 아이들을 통제할 수 없어요. 아

마도 어떤 나이라도요. 이 문제를 아들과 의논하는 건 어떨까요?"

다른 집단원: "당신에게 더 중요한 것은 무엇인가요? 친구와 함께 있는 아들, 아니면 깨끗한 옷을 입은 아들?"

(부모 집단 'C'의 더 자세한 내용은 Dinkmeyer & Carlson, 2001 참고)

집단지도자가 집단에서 영향력을 얻는 방법에는 여러 가지가 있는데, 이후에 논의될 것이다. 심리적 노출은 특별한 관심 영역이다. 상담자가 심리적 노출을 주도하는 것은 집단 과정을 방해하거나 길을 잃게 만들 수 있으며 집단의 저항을 야기할 수 있다.

심리적 노출은 비효과적이거나 잘못될 경우 굳이 할 필요는 없다. 너무 이른 시기에 노출이 되면 받아들일 토대가 마련되지 않았기 때문에 실패한다. 드레이커스와 잘 알려진 아들러 학파는 신속한 평가와 적절한 노출을 통해 시연하는 데 능숙했기 때문에 빠를수록 좋은 것이라고 생각했다.

그러나 대부분의 사례에서 집단상담자와 치료자는 집단원들이 서로에게 가능한 동기와 패턴에 대해 토론하고 생각해 보도록 요청하는 것이 훨씬 좋다는 것을 알 수 있다. 집단원들이 어떠한 실제적 통찰을 제공하는 것은 드문 일이 아니다. 이때 상담자는 단지 그것을 확인할 필요가 있다. "사람들이 의견을 제시할 때 당신을 지켜보았는데, 내게는 에이미(Amy)의 지적이 정말로 당신의 정곡을 찌르는 것으로 보였습니다."

상담자 노출은 집단원의 기여가 본질적인 의미를 갖지 못하는 경우에 필요하다. 집단의 초기에서 종종 집단원의 생각과 의견은 말하는 사람에게 일어난 투사이기도 하다. 이러한 집단원의 초기 발언의 투사적 측면에 주목할 만한 가치가 있으나 초점이 된 집단원에게 도움이 되지 않을 수 있다.

아들러 학파 집단상담자가 목적론적 가설 세우기를 가급적 빨리 시작하는 것도 중요하지만, 경험적으로 노출을 제공하기 전에 먼저 많은 사례를 수집하고, 반복되는 패턴을 찾고, 집단 내에서 만들어진 패턴까지 발견하는 것이 현명하다. 그럼에도 불구하고 아들러 학파는 잠정적으로 노출/직면 과정을 길게 가져가는데, 이는 집단지도자의 집단원에 대한 상호 존중을 유지하고, 집단 초기에 보이는 지도자의 역할이 더욱 권위와 힘을 갖도록 하기 위해서이다. 모든 집단원의 생각을 경청한 후에 상담자는 드레이커스(Dreikurs, 1967)의 노출 과정을 사용하는 것이 좋을 것이다.

> "나는 제시된 것과 좀 다른 생각을 갖고 있습니다. 들어 보시겠습니까?"
> 노출 선택은 다음과 같이 시작한다. "아마도……."
> "~할 수 있을까요?"
> "나는 ~ 인상을 받습니다."

이러한 과정의 장점은 집단원이 전문가의 최종적인 말에 대해 감정 없이 자유롭게 생각해 볼 수 있다는 것이다. 그것이 적합할 경우, 집단은 새로운 이해를 표현하고 확인하는 말로 응답한다. 그것이 적합하지 않을 때에 집단은 거의 항상 더욱 정확한 해석을 찾고자 한다. 두 가지 경우 모두에서 집단은 단순히 사회 집단이 아닌 심리적 이해를 위한 집단으로 나아가고 있다는 것이다.

심리적 노출에 참여하는 상담자는 수반되는 위험을 항상 감수하고 있다. 집단에 대한 신뢰성은 해석의 정확성과 수용도에 따라 오르락내리락 한다. 노출의 시점과 균형감도 상담자가 개발해야 할 중요한 특성이다. 한 회기에 상담자가 너무 많은 노출을 하면 개방의 영향력이 줄어든다. 다루기 어려운 주제를 논의할 때, 아무것도 제시하지 않는 것은 혼란과 혼돈을 불러일으킬 수 있다. 충분한 사례를 자료로 모으고 다른 집단원이 그들의 의견을 제시하도록 하거나 집단지도자의 가설이 집단 상호작용에서 확인되었을 때, 지도자가 틀리거나 부정확한 언어를 사용할 위험성은 줄어든다. 그래도 여전히 노출은 위험성을 갖고 있다.

재정향

재정향(reoriention)과 재교육(reeducation)은 아들러 학파 상담 및 심리치료의 종착역이다. 아들러 학파 아동 집단상담은 집단원의 잘못된 목표를 재설정하도록 설계된다. 아들러 학파의 청소년과 성인 집단상담은 집단원이 자기, 인생, 타인과의 관계에서 잘못된 개념을 버릴 수 있도록 돕는다. 부모와 교사는 아동의 동기를 이해하고 미성숙한 아이들에게 영향을 끼칠 더욱 효과적인 방법을 찾도록 도움을 받는다. 실제로 부모와 교사가 자신들의 접근 방식을 바꿀 때, 아동의 형제자매와 친구들, 성인과의 관계가 전반적으로 향상된다. 이 집단은 행동의 변화가 아닌 동기 수정에 초점을 맞추기 때문에 이러한 변화들을 일구어 낼 수 있다.

집단원의 행동과 상호작용 안에서 목표와 의도가 표현되고, 개인의 사회적 지향성이 드러난다. 아들러 학파는 이러한 상호작용에 체계적으로 초점을 맞추려고 한다. 아동과 많은 성인들에게 정신내부의 무의식적인 심리적 과정을 찾는 것은 불필요하며 오히려 해가 된다. 실제적인 문제는 개인이 활동하는 사회적인 장 안에 존재한다. 목적은 내면보다는 행동의 결과에서 더욱 많이 드러난다.

많은 사람들—특히 청소년—은 외로움을 느낀다. 사회적 고립을 경험한 청소년은 성인의 노력으로도 없앨 수 없는 부정적인 자기 개념을 발달시키는 경향이 있다. 집단 과정은 이러한 상황의 반대편에 자리한다. 참여를 통해 다른 생각에 대한 수용성을 증가시키도록 하는데, 새로운 사실, 개념 또는 경험에 대한 생각이나 이전의 자신의 사고와는 어긋나는 가치를 받아들이는 것이다.

"오늘은 이번 학년 우리 집단의 마지막 날이기 때문에 엄마와 나누었던 대화를 여러분에게 말하려고 합니다. 나는 엄마에게 내가 더 이상 멍청하다고 생각하지 않는다고 말했어요. 엄마가 이유를 물었고 저는 집단의 모두가 나를 똑똑하다고 생각하는 것 같다고 말했어요. 이 집단에 참여하기 전에는 나는 내가 바보라고 생각했어요. 엄마도 여러분처럼 해야 했었어요. 사실 여러분 모두가 내 얘길 들어야 하는 건 아닌데도, 여러분은 나의 이야기를 들어 주었고, 그것이 의미 있는 것 같아요."

개인의 결점과 인식된 실패를 고치고자 하는 모든 노력에서 격려(encouragement)가 필수적인 요인이다(Dinkmeyer & Dreikurs, 1963 참고). 사람들이 열등감을 느낄 때 공동체에서 자신의 자리가 없어졌다는 느낌을 갖는다. 경쟁 문화는 사회가 요구하는 것에 도달하지 못할 위험을 증가시킨다. 이것은 부모와 교사, 또래들까지 더 높은 수준으로 성취하라고 청소년들을 점점 더 압박을 가하는 학교에서 특히 두드러진다. 깊이 낙담한 사람은 모든 상담 회기의 대부분에서 안도감을 필요로 한다. 이것은 의도적으로 성취될 수도 있고 회기 자체의 부산물로서 얻어질 수도 있다. 집단상담자의 성공은 많은 부분 격려를 제공하는 능력에 달려 있다. 우리에게 완벽한 회기란 격려가 되는 방향으로 지속적으로 작동될 때이다.

재정향과 재교육에는 집단 구성원들에 대한 신뢰의 회복이 필요하다. 다시 말해 자신과 서로에 대한 신뢰, 개인적인 강점과 능력의 실현, 존엄성과 가치감 등이 필요하다. 변화는 희망의 출현에 의해 촉진된다. 여기서 희망이란 여러 기회들이 있고, 다른 방식들이 존재하고, 삶이 잘 풀려 갈 수 있다(낙천주의)고 보는 것을 말한다. 신뢰와 희망은 사람들이 매일 노출되는 부정적인 사회적 영향과 배치된다. 동료의 격려는 종종 재정향에서 가장 중요한 역할을 한다. 집단 구성원은 때로는 새로운 선택을 하고, 새로운 해결책을 만들어 내며, 다른 사람들의 강점을 인정하고 평가하며 성취를 축하함으로써 무수히 많은 방식으로 서로에게 영향을 미친다. 집단에 참여하는 것은 무의식적으로 상호 간 도움을 주고받는다. 집단은 개인이 새로운 행동과 접근법을 시도할 수 있는 장이 되기도 하는데 역할극이나 직접 경험을 통해 집단원들은 스스로 시험할 수 있게 된다.

아마도 집단원 간에 차이가 있음에도 불구하고 집단에서 수용될 수 있을 것이라는 느낌은 가장 큰 지지와 격려가 될 것이다. 집단상담자의 지도하에 집단원들은 어려움과 불일치를 다루며 대처능력을 배우게 된다. 대부분의 경우, 이런 새로운 소속감은 다른 삶의 다른 영역(예: 집, 직장 또는 학교)에서 긍정적인 상호작용으로 연결된다.

재정향과 격려는 집단 구성원들의 자신감을 높이고, 더 결정적이면서도 신중하게, 그리고 솔직하게 행동하게 한다. 격려로부터 뻗어나간 자신감은 결코 자만과는 다르다. 즉, 이것은 인지된 열등감에 대한 보상이 아니다. 이것은 우리가 가치 있는 사람이고 다른 어떤 것으로도 대체될 수 없으며, 다른 사람들에게 필요한 존재로서 우리는 잘하고 있고, 다른 사람의 동료이자 진정한 친구라는 확신을 말한다(Ansbacher & Ansbacher, 1978, p. 125).

집단 과정의 실행계획

여기에서는 아들러 학파의 집단상담 및 치료에 관한 중요한 부분을 다룰 것이다. 이 부분은 이론이나 연구에서 다루어지지 않는 것으로서 집단을 구성하고 시작할 때 반드시 다루어야 할 부분이다. 이 영역에는 집단 구성원 선발, 집단 구성, 집단 크기, 집단 환경, 회기의 길이 및 빈도가 포함된다. 이 분야의 대부분의 연구에서 집단의 효과를 입증해 주는 결정적인 결과는 없다. 아들러 학파의 이론이나 기법들은 이러한 한계를 정하지 않는다. 우리가 제공할 수 있는 최선의 방법은 이 영역의 각각을 다루면서 우리가 실시하는 과정들을 제시하는 것이다.

집단원 선발

집단은 여러 방식으로 구성될 수 있다. 선발과정은 다양한 상황과 그 상황의 필요에 따라 다를 수 있다. 어떤 집단은 참여에 대한 선택의 여지가 없는 참가자로 구성된다(예를 들면, 초범 또는 집행유예자들의 법원위탁). 이런 상황에서는 일반적으로 저항이 심하기 때문에 성공적인 협력을 이끌어 내기 어렵다. 지도자는 인내심이 있어야 하며 모든 사람이 집단에서 도움을 잘 받을 수 있도록 해야 한다는 태도를 취한다. 어떤 집단은 구체적인 요구를 충족하기 위해 형성된다. 여기에는 우울증, 섭식장애 또는 정신건강 문제가 있는 사람을 돕기 위한 지역센티와 학습부진을 돕기 위한 학교에서 이루어지는 집단 등이 해당된다. 이들 집단은 집단원들이 갖고 있는 어려움을 공유하여 응집성을 구축하고, 지도자는 이러한 응집성을 통한 동질감을 최종목표가 아니라 출발점으로 활용하도록 집단원을 조력하는 데 에너지를 쏟아야 한다. 어떤 집단은 집단교육을 통해 더 나은 관계를 성취할 수 있도록 돕기 위해 구성될 수 있다. 이러한 교육집단의 예로 부모 공부 모임, 학부모 집단, STEP 및 APT(적극적 부모교육), 열린 포럼 가족 교육 집단, 개인 성장 집단 및 성인 부부 집단 등이 있다. 이러한 집단은 구조화된 형식을 갖고 있으며 중요한 것은 프로그램 목표와 참여자의 목표가 일치하는가의 여부이다.

학교는 여전히 집단상담이 이루어지는 주요 장소이다. 학교에서의 집단상담은 개별상담보다 눈에 잘 띄기 때문에 상담자는 종종 동료 교사로부터 더 많은 저항을 받는다. 교사는 학생이 수업을 떠나 집단 프로그램에 참여하는 것에 불쾌감을 느낄 수 있고, 집단 내에서 교사 자신의 통제가 불가능한 무언가가 일어나고 있다고 느낄 수 있다. 비밀유지의 문제는 이러한 반응을 부채질할 수도 있다. 또는 학생들에게 집단상담을 의뢰하고 즉각적인 결과를 얻지 못하면, 그 과정이 쓸모없다고 판단할 수 있다. 교장 및 다른 관리자가 집단은 학교 시스템에 중대한 혼란을 주는 학생으로 구성되어 있다고 말하는 것은 드문 일이 아니다.

일반적으로 학교에서 집단상담의 가치가 잘 알려질 필요가 있다. 이 과정에서 상담자는 학교 내에서 도움이 되는 사람으로 잘 알려질 필요가 있다. 개인상담으로 시작하여 교사와 학부모와 효과적인 자문을 제공한 상담자는 집단상담 프로그램에 대한 지원을 받기가 더 쉬울 수 있다. 개인상담 회기에서 집단경험을 기꺼이 시도할 수 있는지를 학생에게 물어볼 수 있다. 소집단은 친구나 동급생을 초대함으로써 확대될 수 있고, 이러한 초대는 또한 초기 회기에서 집단원에게 안전 장치를 제공한다.

일반적으로 이질 집단은 대부분의 환경에서 더 잘 작동하는 경향이 있다. 인생은 다양성으로 가득 차 있으며, 집단 내에서도 이러한 다양성은 집단원의 경험을 더 실제적으로 만들고 많은 도움을 받을 수 있다. 동질집단은 '주어진 문제가 있거나 문제를 일으킨 모든 사람들'로 구성될 수 있다. 동질 집단에서는 거의 모든 사람들이 자신의 행동을 정당화하고 다른 사람들을 비난하는 데 사용하는 표준유형을 가지고 시작한다. 상담자는 궁극적으로 그릇된 생각에 도전할 수 있는 유일한 사람이다. 보다 이질적인 집단에 있는 사람들은 공동체 또는 동료들과 다른 관점을 듣게 될 것이며, 상담자는 이러한 다양성을 편견 없이 통합하려는 의지를 보여 줄 수 있을 것이다.

청소년이 자주 묻는 질문 중 첫 번째 질문은 "우리는 왜 집단을 구성하는가?"라고 물으면, "사람들이 집단으로 이야기할 기회가 있으면 대개 도움이 됩니다."라고 답을 한다.

"왜 우리가 선발 되었습니까?"에 대한 답은 "모든 사람이 자신에 대해 이야기할 수 있는 장소를 갖기를 원하지만 상담자가 충분하지 않습니다. 집단에서는 가장 많은 도움을 받을 수 있다고 생각하는 사람을 초대합니다."라고 한다.

와턴버그(Wattenburg, 1953)는 상담 분야에서 "누가 상담을 필요로 하는가?"와 "누가 그 혜택을 볼 것인가?"라는 질문을 처음으로 한 사람이었다. 거의 25년 후에, 올센(Ohlsen, 1977)은 이 같은 질문이 집단을 형성하는 과정과 밀접한 관계가 있다고 제안했다. 현재 사전 선별과 '집단 준비'를 위한 모임은 우리의 전문적인 기준(Corey, 2001; Corey & Corey, 2002; Corey, Corey, & Callanan, 2003; Yalom, 1995)에서조차도 요구하고 있는 사항이다.

사전 선별은 성공적으로 도움을 받을 사람이 집단상담이나 치료에 참가해야 한다는 개념에 입각하고 있다. 사전 모임과 관련된 접수면접 절차가 집단원을 잘 준비시키는 과정일지라도, 선별 과정 자체는 집단을 가장 필요로 하는 사람들에게 기회를 제공하지 못할 수도 있다. 고립되고, 비대화적이거나 혼란을 주는 집단원이야말로 집단 내에서 자신의 문제에 대한 진정한 해결책을 찾을 수 있다. 이러한 사람들을 집단에서 제외시키거나 동질한 구성원들로만 구성하는 것은 역기능적인 패턴을 거의 바꾸지 못한다. 우리 모두는 일상생활에서 어려운 사람을 다양한 각도에서 만나며 그 안에서 대처하거나 또는 대처하는 법을 배우기도 한다. 곤란을 겪는 사람들로부터 집단 구성원을 보호해야 할 특별한 이유는 없다. 사실 집단환경은 우리가 일상생활에서 발견하는 다른 장소보다 새로운 대처 전략을 발견하는 데 훨씬 더 적합하다.

가능한 경우 집단은 ① 어떤 사람도 집단 참여를 강요받지 않아야 하고, ② 참여하기를 원하는 어떤 사람도 거부되지 않을 때 가장 잘 운영이 된다. 이전 장에서 언급했듯이, 개인에게 집단 구성원이 될 기회를 막는 것은 민주적인 기본 전제와 상반되는 것이다 (Sonstegard, 1998b; Sonstegard, Dreikurs, & Bitter, 1982).

집단 구성

아들러 학파는 이질 집단이 특히 장기 치료에서 더 효과적이라는 조력전문가의 일반적인 의견에 동의하고 있다. 얄롬(Yalom, 1995)은 동질성이 응집력을 촉진한다고 제안했으나, 그 이점과 긍정적인 치료 결과가 반드시 동일하지는 않다.

> 동질적 집단은 더 단단해지고, 응집력을 높이고 집단 구성원을 즉각적으로 지지하며 더 잘 적응하고, 갈등을 줄이며, 보다 신속하게 증상을 완화시킨다. …… (중략) …… 그러나 동질 집

> 단은 이질 집단과 달리 표면적인 수준에 머물러 있으며 성격 구조를 변화하기에 덜 효과적인 수단이다(p. 255).

얄롬(Yalom)은 집단치료보다 집단상담에서 동질성이 더 적절하다는 것을 분명하게 이야기하고 있다.[3] 동질적인 집단은 학교 문제, 실업 상태, 잠재적 중도 탈락 아동을 대상으로 성공적으로 실시되었다. 동질 집단은 부부 및 부부관계, 법 진행 유예자 또는 초범자, 물질 및 알코올 남용, 슬픔과 상실, 외상 후 스트레스, 경미한 외래 환자의 임상 질환에 유용하다. 이와 같은 염려나 문제의 동질성은 주어진 문제에 너무 매달리게 하는 단점을 줄여 준다.

아들러 학파가 집단상담의 참여를 누구에게나 개방하고 있더라도, 몇몇 고려사항은 명심할 필요가 있다. 집단이 특별히 성별에 맞도록 설계된 경우가 아니라면 남성과 여성 또는 소년과 소녀의 수가 고른 것이 좋다. 이러한 배치는 집단 내 각각의 성별에 대한 지지를 제공하고 남녀 간의 평등성 개발을 가능하게 한다. 집단은 항상 우리가 살고 있는 더 큰 사회, 어떤 면에서 여전히 성차별주의 사회를 반영하고 있다. 따라서 집단상담자는 여성과 특히 어린 소녀들이 집단 과정에서 인정하고 존경받는 목소리를 낼 수 있도록 특별한 책임을 져야 한다.

---

3. 여기서 언급한 집단상담과 집단치료의 차이점은 과정, 실제, 훈련 혹은 상담자 또는 치료자의 기술 수준에서 중대한 차이를 제시하려고 의도한 것은 아니다. 오히려 집단상담은 좀 더 기능적이고 단지 재방향성이 필요한 사람들을 대상으로 고안되었다. 집단치료는 그들 스스로 역기능적이라고 생각하거나 자신의 삶의 방식을 재구성해야 할 필요가 있는 사람들에게 바람직하다.

이 같은 원칙은 다양한 문화, 민족, 성적 지향, 신념 및 사회 경제적 수준에 적용된다. 가능하다면 다양성의 균형을 장려하고, 그 다양성의 목소리를 내는 것이 좋다. 집단이 상호 이해를 이루었을 때, 민주주의에 대한 약속이 진전된다. 많은 공동체의 구조와 그 안에 있는 제도는 모두 동질적인 문화로 너무 제한되어 있으며, 이 공동체에서의 집단은 그 공동체의 문화를 반영한다. 어린이와 청소년 사이의 연령대가 너무 다르지 않도록 해야 한다. 특정 연령대가 다른 연령대보다 우수하다는 증거는 없지만, 개인적인 임상 경험에 따르면 유치원 및 초등학생은 최대 3년 이내가 가장 좋다. 청소년과 청년은 최대 5년간의 차이를 두기도 한다. 젊은 세대의 발달이 더 압축적이기 때문에 나이가 더 가까운 어린이와 청소년은 비슷한 삶의 경험을 갖고 있으며 종종 서로 관련시키는 것이 더 쉽다. 성인은 종종 자신보다 훨씬 젊은 사람들과 관계를 맺을 수 있지만 자신의 현재 경험을 앞으로 10년 이상의 미래로 투사하는 것이 어렵다는 것을 알게 된다. 집단 구성에서 기질과 활동 수준은 우리에게 문제가 되지 않는다. 예를 들어, 같은 집단에서 극도로 철회된 아이들이 상대적으로 공격적이거나, 행동으로 표현하거나, 주의를 끌려고 하는 젊은이들과 함께 섞여 있으면 참여하는 모든 집단원들에게 도움이 된다.

집단 크기

일반적인 임상적 견해로는 효과성의 측면에서 최대 인원 제한이 10명에서 12명이고, 가장 선호하는 인원은 8명이다. 하다못해 12명인 경우에 대해서 얄롬(Yalom, 1995)은 치료 집단에서 치료의 효과가 어느 정도 감소했다고 지적했다. 반대로, 아들러 학파들은 30명 이상으로 된 집단을 대상으로 어느 정도 효과를 보여 주는 집단상담 회기를 실시했다. 집단의 최대 크기는 상담자의 숙련도와 경험에 크게 의존하고, 집단상담을 위해 가능한 시간의 양, 그리고 어느 정도는 집단의 성격과 목적에 따라 달라진다.

1975년부터 1977년까지 웨스트버지니아주 세인트 올번스 미성년자 법정에서 초범자들과 그들의 부모를 위한 개방 집단이 열렸다. 안쪽 원에는 어린이와 청소년과 함께 집단이 진행되었고, 그들의 부모는 참여하지 않는 바깥 원에 있었다. 회기 중간에 원을 뒤바꾸어서 아이들이 듣게 하는 가운데 부모에 대한 집단 회기가 진행되었다. 집단원의 수는 15명 이상이었고, 종종 30명이 넘게 참여하기도 했다. 18개월 동안의 상담 기록에 따르면, 초범들 중 단 한 명만이 재범으로 체포되었고, 부모와 어린이 모두 서로에 대해 더 잘 이해하게 되었음을 보고했다.

집단의 최소 크기는 집단 기능이 어느 정도 필요한가에 따라 결정된다. 얄롬(Yalom, 1995)은 5명이 효과적인 집단상담을 위한 최소치라고 제안했다. 5명 이하의 숫자로는 동료 내담자들이 지켜보는 가운데, 개인상담 및 치료를 하는 경향이 있다. 우리는 5명의 숫자도 동기 수정과 필요한 상호작용을 위해서는 충분하며, 변화와 재교육을 위한 집단원의 격려를 제공하기에도 충분하다고 믿는다.

교육적인 것에 초점을 둔 집단들은 100명 이상의 인원이 참가한 회기들에서도 성공적으로 적용이 되었다. 그런 집단들은 부모와 가족 교육 그룹(Christensen, 1993), STEP 집단(Dinkmeyer & McKay,

1997), 적극적 부모 훈련(Popkin, 1993); 가족 재건 집단 같은 심리적인 집단(Satir, Bitter, & Krestensen, 1988), 그리고 아들러 학파의 사회적 치료 경험 집단(Schoenaker & Schoenaker, 1975) 등이다. 또 우리는 수많은 청중과 함께 경험적인 학습을 하기 위해 개발된 절차들이 큰 가치가 있음을 보아 왔다(Satir를 보라, 1983). 이런 집단은 분명한 공통점을 가지고 있었다. ① 대부분의 참가자는 성인이었다. ② 집단 과정에서 모든 집단원은 기능적이고 공통의 관심사를 나누었다. ③ 모두 새로운 정보와 경험으로 자신의 삶이 개선되기를 기대했다.

집단환경

집단상담 혹은 치료실에서의 분위기를 살펴볼 만한 가치가 있다. 집단환경은 집단 과정을 지원하고 보강해 주거나 아니면 흩뜨릴 수 있다. 일부 기관에서 이상적인 장소를 제공하지 못한다고 하더라도, 최소한의 몇 가지 사항이 필수적으로 요구된다. 이 요건은 ① 사생활 보호, ② 외부 소음에 대한 합리적 통제, 실내 기온과 조명, ③ 참가자가 원으로 앉을 수 있는 공간 등이다. 붐비는 학교나 기관, 우리는 창고, 보일러실 밖, 강당의 무대 그리고 격리된 복도 등에서 집단상담 회기를 실시하기도 했다. 그러나 이런 환경은 집단이 최상으로 기능할 수 있는 장소는 아니다.

이상적인 모임 공간은 안락함과 방음을 위해 카펫이 깔린 곳이다. 조명은 모든 사람이 눈부심 없이 쉽게 볼 수 있을 만큼 충분히 밝고, 햇빛이 들어온다면 더할 나위 없다. 의자는 참가자들의 신체

크기에 적당하고 편안해야 하지만, 참가자들이 졸음을 느낄 만큼 지나치게 안락하지 않아야 한다. 의자들 사이의 간격은 30~60cm 정도, 참가자가 둘러앉은 원과 방의 벽 사이 간격은 1.2~1.5m 정도 되어야 한다. 사생활 보호(일반적으로 잠긴 문)와 더불어 집단의 환경은 구내전화(인터콤), 음악과 외부의 활동(예: 다른 집단의 상담 혹은 치료 회기; 실내 체육관과 운동 혹은 요가 수업; 이론 혹은 실습 훈련 수업; 밴드, 합창단, 혹은 오케스트라 연습)에 의해서 주의가 산만하지 않아야 한다. 또 우리는 테이블 주의를 둘러앉는 것을 피하도록 해야 하는데, 집단 과제에 적합하도록 제작된 원형 테이블도 적절하지 않다. 직사각형 테이블도 집단원이 서로의 접촉을 유지하는데 어려움을 준다. 구석에 앉은 일부 사람들의 접촉이 제한되기도 한다.

대학들, 지역사회 기관들, 병원들, 훈련 센터와 심지어 몇 학교들에는 관찰실을 구비한 많은 현대식 시설들이 있는데, 대부분 일방 거울이나 비디오 모니터를 갖추고 있다. 이런 시설은 학생과 상담자 혹은 훈련 중인 치료자, 다른 동료 그리고 심지어 반영팀(reflecting teams)이 사용할 수 있다. 관찰자가 있으면, 집단의 지도자는 집단원에게 사용하는 시설의 모든 부분을 보여 주고, 장비를 작동하고 사용하는 방법을 설명해 주는 것이 중요하다. 이러한 노출은 집단에 참여할 사람인지 아니면 참여하지 않고 관찰에 참여할 사람인지를 집단원에게 소개하는 것도 포함된다. 사람은 의심이 가거나 잘 모르는 사람에게 자신을 드러내지 않는다. 충분히 설명한 후 동의를 받는 것은 집단의 개개인을 보호할 뿐만 아니라 집단 안에서의 불필요한 걱정거리를 제거해 준다. 대부분의 경우 참가자로부터 어떤 해방감을 갖도록 하는 것이 필요하다.

관찰 과정이 포함될 때는 언제든지 초기 산만함이 있기 마련이다. 대부분의 이런 산만함은 아주 짧은 시간 후에 사라진다. 얄롬(Yalom, 1995)이 제안한 것에 대해서 우리가 동의하는 것은 관찰하는 사람의 수가 적을 때는 관찰자가 집단 회기 중인 방에 앉아 있도록 하는 것이다. 집단은 시작 시점부터 관찰자가 참여하는 방식을 알고, 관찰자가 그 합의에 충실하도록 하는 것이 중요하다. 또 관찰자가 집단에 함께 있을 때는 이들의 참석도 집단의 지도자가 참석하는 것과 같이 항상 규칙적이어야만 한다.

집단 회기의 빈도, 길이와 지속 기간

집단 과정의 다른 많은 실행 분야처럼, 시간과 관련된 정보는 산발적인 결과를 양산해 왔다. 비록 과거에 시간이 연장된 집단들(예: '마라톤', 주말 집단, 주간 그룹)이 아들러 학파에 의해 운영되어 왔다고 하지만, 이러한 집단의 인기는 1970년대 초반부터(Yalom, 1995) 사라져 갔다. 학교, 사회 기관, 병원 그리고 교정 시설에 속한 많은 집단은 지속적으로 구성원들이 바뀌는 개방 집단이다. 이런 집단은 지도자와 집단성원에게 어느 정도의 유연성을 요구하고, 회기 간의 변화에 대해 알고 있어야 원만한 전환이 이루어진다. 폐쇄 집단(비개방 집단)은 일반적으로 두 가지를 제한한다. 회원 자격은 집단 회기의 시작 시점에 정해지고 변경되지 않는다. 그리고 분명한 상담 종료 시점과 함께 정해진 몇 주(weeks) 동안이라는 구체적인 회기의 횟수가 정해진다. 폐쇄 집단은 외부 생활이 요구하는 것들로부터의 피난처, 즉 구성원들이 재보충을 기대하며 방문하는 곳이 될 수 있다.

또한 시간 자체가 폐쇄 집단 과정에 영향을 끼치는 일은 종종 있다. 폐쇄 집단에서 분명한 상담 종료 시점과 함께 구체적인 지속 기간에 정확한 회기의 횟수를 정하면 집단경험의 경계가 정해진다. 초기의 회기에 제기되는 문제들(예: 문제, 증상, 기능장애 대처법, 심지어 장애들)이 신속히 감소되거나 동시에 사라질 수 있다. 시간이 많이 있다고 느끼는 집단 구성원은 집단 내에서 관계를 구축하고 자신의 위치를 찾는 데 집중할 것이다. 집단상담 회기의 중간 즈음에 이르면, 집단원이 시간이 부족하다는 느낌에 따라 집단 내의 증상과 문제들이 다시 대두될 수 있다. 집단의 실제 심리적인 작업은 후기 단계에서 일어나지만 상담 종료(termination) 이전에 이 작업이 마무리된다.

집단의 가장 보편적인 형태는 12주에서 14주 동안에 걸쳐 각각 1~2시간 동안 시행되는 주간 회기이다. 1시간 미만 집단은 준비하는 시간도 부족하고 유용한 결과도 가져오지 못한다. 2시간 이상 집단은 집단 구성원들과 지도자 모두에게서 피로감을 준다. 학교와 같은 환경에서 한 학기는 흔히 집단의 지속 기간에 해당한다. 학교 행정 직원은 종종 집단을 단일 수업 기간으로 제한하려고 애를 쓴다. 한 학기 진행은 일반적으로 유치원과 초등학교에는 충분하지만, 중학교나 고등학교에서는 너무 짧은 시간이다. 사춘기와 청소년기에 있는 이런 집단의 경우에 상담자는 집단이 두 학기로 연장될 수 있는 지원을 받아야만 한다.

학교에서 정해진 시간 일정을 준수하는 것은 특히 중요하다. 시간 준수는 집단 과정에서 노력의 진정성을 확보하고 남은 학기 동안 혼란스럽지 않고 효과적으로 그 날에 주어진 요구사항을 충족할 수 있도록 해 준다. 학교 내에서의 집단상담 프로그램은 교사와 학교 행정 직원의 지원 없이는 결코 지속될 수 없었다. 모임의 시간과 빈도에 관한 합의를 깨뜨리는 것은 외부의 지원으로부터 단절되는 가장 빠른 방법 중 하나가 될 수 있다.

집단상담 혹은 치료자의 역할

상담과 치료는 치료자의 인격이 전문가의 실행에서 필수적이라는 점이 다른 몇 직업과 비슷하다. 효과적인 집단지도자가 되려면, 상담자/치료자는 자신이 누구인지뿐만 아니라 집단에 사용되는 기술을 지속적으로 발전시켜야 한다. 아들러 학파의 모델에서 사람과 실제는 분리할 수 없다. 이것은 하나의 접근법을 가진 단일 유형의 사람만이 아들러 집단지도자가 될 수 있다는 것을 의미하지 않는다. 실제로, 광범위한 성격을 가진 사람들이 성공적일 수 있다. 그러나 이 모든 사람들은 어떤 개인적 지향성을 공유하고 일에 대한 헌신을 하는 경향이 있다.

상당수의 저자들이 기본적인 집단상담자(Corey & Corey, 2002; Yalom, 1995)와 일반적인 상담자와 치료자(Corey & Corey, 2003; Mozdzierz, Lisiecki, Bitter, & Williams, 1986; Satir, 1983)의 기본적인 가치, 특징과 기술에 관해 책을 썼다.

다음 단락에서는 많은 상담자들이 아들러 학파의 관점에서 비롯되었음을 설명한다. 이러한 설명의 대부분은 직접적으로 아들러의 사회적 요구, 즉 그의 공동체 감정과 공동체 감정의 행동 방식인 사회적 관심과 유사하다(Adler, 1938; Ansbacher, 1992; Ansbacher & Ansbacher, 1964/1979).

현재성

집단상담자는 집단 내의 사람과 집단 과정에 대해 주의를 기울이는 것으로 시작해야 한다. 사티어(Satir, 1983)는 가족치료와 마찬가지로 사람을 이해하기 위해 자신의 모든 감각을 사용하는 것이 집단 과정에서도 중요함을 강조했다. 우리 자신을 사람과 당면한 과제에 관심을 집중시키는 것이 필요하다고 생각한다.

- 누가 원 안에 앉아 있는가?
- 그들의 얼굴 표정으로 무엇을 말하려고 하는가?
- 그들의 몸으로 취하는 태도는 무엇인가?
- 누구의 몸짓이 누구의 몸짓과 짝을 이루는가?
- 사람들은 인사에 어떻게 반응하는가?
- 사람들이 누구와 앉아 있는가?
- 누가 누구에게 말하고 있는가?
- 서로 공통점이 있어 보이는가?
- 어떤 사람이 조용하고, 소극적이고, 적대적이며, 의심이 많거나 고립되어 있는 것처럼 보이는가?

이 모든 질문들은 지도자로 하여금 집단원 개개인에 대한 이해와 집단 과정의 초기 흐름에 적응할 수 있도록 한다. 표면적으로 상담자가 자신에 대해 가지는 관심이나 집단에서 다루어야 할 쟁점들로부터 벗어나 심리적 접촉을 하도록 한다.

나아가 집단의 지도자는 선천적이든 논란의 여지가 있든 간에 진심으로 사람을 좋아하고 다른 사람과 함께 하는 것에 편안함을 느끼고, 과정의 현재성을 수용하고, 서로 주고받는 것(상호작용)을 즐겨야 한다. 다른 사람에 대한 감사의 표현도 가능하면 적절하게 이루어져야 한다. 이런 태도는 상담자와 치료자가 상호 관계에서 확고하면서도 친절할 수 있도록 해 준다. 집단의 지도자는 "다른 사람에게 믿을 만하고, 의지할 수 있거나 일관성이 있다고 인식되어야만 한다."(Rogers, Kirschenbaum & Henderson,, 1989, p. 119에서 인용)

주장성과 확신감

집단의 지도자나 치료자가 지녀야 할 만한 특별한 유형의 성격은 없지만, 수줍어하거나 과묵한 사람이 성공적인 경우는 흔치 않다. 특별히 어린이들과 10대들에게 적용하는 집단상담에서는 어느 정도의 단호한 주장(assertiveness)이 필요하다. 주장은 지시적이 된다거나 조종하는 것과는 다르다. 이것은 집단에 흥미롭고 복잡한 현재성을 가져오는 것과, 분명한 어조와 목소리로 말하고, 자기 방어를 하지 않으면서 관심사를 전달하는 것과 관련이 있다. 심리적 자유에 범위의 한계를 정하고 질서를 확립해 주는 것은 자발적 의

지에 의해 이루어져야 한다. 이것은 집단지도자로서 지위에 고집하기보다는 편안하게 지도력을 발휘하는 것이다.

유용한 주장은 통합된 자기-확신(self-confidence), 즉 낙관주의에 기초한 자신감으로부터 자연스럽게 흘러나온다. 집단상담자는 다른 사람에 의해 검증되고 도전받고 무너지는 두려움 없이 상담과정과 난감한 상황에서도 침착하게 통제할 수 있다는 자신의 능력에 대한 믿음을 가져야 한다. 이러한 확신감의 전달은 특히 어린이, 청소년, 낙담한 집단원 그리고 초기 안정감을 얻기 위해 지도자의 강점에 이끌려 가는 사람에게 중요하다.

어떤 내면화는 상담자의 낙관주의에 기반한 확신감과 효율성을 앗아간다. 확신감은 종종 초점을 어디에 두느냐의 문제이기도 하다. 현재성과 심리적 접촉에 반하는 다음과 같은 질문들은 이러한 확신감을 갖지 못하도록 한다. "제가 잘하고 있습니까?", "다른 사람은 저에 대해 어떻게 생각합니까?","제가 다른 사람이 하는 것만큼 잘해야 합니까?", "제가 집단을 바른 방향으로 이끌고 있습니까?" 상담자는 결코 이러한 자기 반성과 관련이 있는 기준에 부응할 수 없다. 이것은 한밤중 어두운 길에 자동차 헤드라이트 불빛에 사로잡힌 힘없는 동물처럼 우리 자신을 어쩔 수 없게 만든다. 우리는 상황을 평가하거나 바른 결정을 내릴 수 없는 움직이지 못하는 상태가 된다. 처음 집단 지도력을 학습할 때 어느 정도 자기-관심을 가지는 것이 일반적이지만, 그렇다 하더라도 아주 실용적인 내재화를 사전에 계획하여 집단에 초점 맞추는 것이 도움이 된다. 다음과 같이 질문하라.

- 나는 누구와 이런 경험을 나눌 수 있는가?
- 그들에 대한 나의 관심사는 무엇인가?
- 내가 먼저 해야 할 것은 무엇인가?

용기와 위험감행

일반적으로 용기(courage)는 자기 주장과 확신을 위한 토대이다. 집단상담자는 자신이 확신하는 바에 대하여 항상 용기가 필요하다. 여기서 주의할 필요가 있는데, 그 이유는 용기와 확신은 하나님 역할, 권위 부여, 혹은 절대적인 입장을 취하는 것과는 다르기 때문이다. 확신은 존경심과 함께 하는 것이다. 만약 상담자가 자기 자신을 존중하지 않는다면, 집단의 구성원으로부터 그런 존경심을 기대할 수 없다. 집단 과정의 건전성에 대한 확신은 상담자가 방해 없이 이야기를 듣고, 집단 상호작용의 역동성과 집단원의 언어 및 비언어적 참여를 관찰하는 동안 침착하고 편안한 상태를 유지하도록 한다.

아들러 학파의 심리적 개입의 핵심은 집단 안에서 개인의 행동과 경험에서 이해할 수 있는 가능한 동기 혹은 경향을 추측하고 제안하는 것이다. 아들러 학파의 상담자는 가벼운 직면, 즉 존중과 신중함을 가지고 노출(disclosures)에 참여한다. 여전히 반성, 질문, 정의 혹은 해석이 있든 없든, 모든 개입은 잘못될 가능성인 위험(risk)을 가지고 있다. 집단 과정의 본질상 지도자가 후기 회기보다 초기 회기 동안 좀 더 자주 개입할 필요가 있다. 다시 말해서, 초기의 지도와 집단을 현재성으로 활성화하는 것은 위험을 동반한다. 그리고 위험감행은 용기를 필요로 한다.

아들러 학파의 접근을 실행하기 위해 집단상담자는 심리적 변화의 과정에서 본보기, 해석하는 사람 그리고 안내원으로서 봉사할 책임이 있음을 전제로 한다. 이것은 필요할 때마다 집단의 상호작용을 의미 있는 흐름으로 이끌어 가는 역할이고, 무엇이 일어나고 있는지를 이해하는 것이다. 만약 상담자가 이런 역할을 이해하지 못하면, 사소한 대화로 전체 회기를 낭비해 버릴 수 있다.

상담자는 가지고 있는 모든 능숙한 기술을 상담 과정에 사용하고 훈련받은 직관을 신뢰해야 하는데, 이는 집단원이 자신의 탐구에서 지도를 받지 않고 계속해 나갈 수 있는 허락이 필요할 때와 언제 안내가 필요한지를 감지하기 위함이다. 적절한 순간에 적절한 질문을 하는 것은 일반적으로 경험에서 우러나는 기술이다. 보통 이런 질문은 집단의 상호작용을 활성화하고 일반적인 것을 좀 더 구체화하고, 집단의 토론을 심리적인 탐구로 전환시키거나, 지도자가 추구하는 선택사항을 재구성하도록 해 준다.

아들러 학파 집단상담자의 목표는 합리적인 위험을 유지하는 것이다. 동기, 목표, 혹은 양식을 공개하기 전에, 여러 간접적인 방식으로 가능성을 시험해 보는 것이 도움이 된다. 동기 혹은 목표가 서로 다른 장소, 입장 혹은 상황에서 집단원의 행동을 안내하는 것처럼 보이는가? 대처하는 방식 혹은 살아가는 방식이 시간이 지나면서 반복되는가? 동기 혹은 과정을 이해하는 것이 지도자가 집단의 태도와 행동을 예견하는 데 도움이 되는가? 만약 상담자가 초기에 목적론적 가설을 세우고 이것을 전체 회기 동안 규칙적으로 점검한다면, 심리적인 노출의 정확성이 보장된다.

개입에 대한 용기는 드레이커스(Dreikurs, 1970)가 말한 불완전해지는 용기에서 나온다. 용기는 잘못할 수 있거나 실수를 인정하는 것이다. 다른 사람의 반대를 경험하고, 왜곡된 인상, 해석 혹은 자신의 언어 개입들을 재고하거나 수정하는 것이다. 집단상담자들이 이런 용기를 가질 수 있는 이유는 집단에서 생성된 민주적이고 평등한 분위기 때문이다. 집단원의 삶을 변화시키는 과정은 한 사람에 달려 있지 않다.

수용, 관심 그리고 배려

인간은 비판과 권위적 구조로 가득 찬 시스템과 기관 속에서 많은 시간들을 보낸다. 가족, 학교, 종교, 업무 환경 그리고 지역사회는 이런 가혹함이 빈번한 대표적인 예다. 집단상담과 치료는 항상 이러한 부정적인 경험과 상황에 대해 해독제가 되어야 한다. 아들러 학파의 집단상담은 비판적이고 부정적인 판단을 공감적 이해로 대체한다. 아들러는 사람과 함께 일하기 위한 자신의 모델을 설명하면서 이름이 알려지지 않은 영국 작가의 말을 인용했다. 즉, 이것은 "다른 사람의 눈으로 보는 것, 다른 사람의 귀로 듣는 것, 사람들의 마음으로 느끼는 것"(Ansbacher & Ansbacher, 1964/1979, p. 42)이다. 공감적 이해의 의사소통은 집단성원이 수용(acceptance)의 느낌을 갖도록 하는 토대를 마련한다. 집단 안에서는 무엇이든 말할 수 있고, 어떤 것이든 표현할 수 있고, 아마도 많은 사람이 듣고 이해하려고 노력할 것이다.

집단원이 심각하게 처벌하는 환경에서 살았거나 그런 경험이 있을 때, 대안으로써 집단에 대한 신뢰를 쌓기에는 오랜 시간이 걸린다. 우리는 1년 넘게 여러 해 동안 천천히 그리고 신중하게 작업하면서 '최후의 수단'으로 학교에 배치된 청소년을 수용할 수 있는 안전한 장소를 구축했다. 이곳은 대형 구금센터가 아닌 작은 곳이다.

아들러 학파의 관점에서 수용(acceptance)은 로저스가 이론적으로 완전히 실현될 수 있다고 인정한(Kirschenbaum & Henderson, 1989) 무조건적인 긍정적 배려와 조금은 다르지만 여전히 동일한 특성을 많이 공유한다. 긍정적이거나 도움이 된다고 보이지 않는 집단원이 선택하거나 취할 수 있는 태도 혹은 행동들도 있다. 집단 회기에서 집단원들이 듣고 있으며, 다른 집단원들이 동의하지 않는다 할지라도 집단 내에서의 자기 위치를 상실하지 않는다.

어린이, 청소년 그리고 낙담한 사람은 종종 자신의 행동에 대해 싫어하는 것과 개인적으로 싫어하는 것을 구별하는 데 어려움을 겪곤 한다. 상담자가 동기부여를 이해하는 데 초점을 두면, 집단원은 자부심이나 자존심 상처를 받지 않고도 배우거나 성장할 수 있다. 실제로, 목적론적 탐구에 관심(interest)을 둔 상담자는 '좋다, 나쁘다, 옳다, 틀리다'와 같은 비판적인 평가를 피한다. 집단원은 누군가가 자기를 돌보고 자신의 안녕과 복지에 관심이 있음을 경험한다.

모델링과 협력

앞서 다룬 이 모든 특성들은 상담자들에게 자연스러우면서도 완전히 융화되어야 한다. 민감성, 돌봄, 관심, 수용, 자신감 그리고 용기는 진정성이 있어야 하고, 영향력을 발휘하기 위해서 적극적으로 집단지도자가 모델(modeling)이 되어야 한다. 건설적인 집단 과정은 종종 가르침에 의해 형성되기보다는 집단지도자에 의해 이루어진다. 지도자의 개입이 긍정적인 효과를 주고 있음을 계속 느끼는 한 집단원은 서로가 지도자와 같은 방식의 개입을 사용하기 시작한다.

또한 집단원은 상담 과정이 협력적이냐 혹은 지도자 중심이냐를 아주 빠르게 느낀다. 집단이 시작된 후에 초기 회기들이 어떻게 관리되느냐는 대부분의 집단경험 유형을 결정한다. 만약 지도자의 개입만이 중요하게 되면, 집단원은 아주 빠르게 참여를 멈추고 만다. 초기 과정에서 집단원의 의견과 공헌이 의미 있게 되면 집단은 다른 방법으로는 불가능한 응집력과 개방성을 만들어 낸다. 흥미로운 아이디어나 공헌에 주목하고, 다른 사람이 생각하는 것을 물어보는 것, 다른 집단원이 또 다른 집단원에 미치는 영향을 강조하는 것, 집단의 문제해결에 집단원이 참여하는 행동 등에 의해서 집단 안에서의 협력(collaboration)이 장려된다.

적응성과 유머 감각

집단 과정은 거의 대부분 선형적으로 진행되지 않는다. 사람이 숨을 쉬는 것처럼, 집단은 가끔 수축되기도 하고 확장되기도 한다. 때로는 초점이 잡힌 명확함이 있고, 가끔은 도움이 될 법한 조사 방식도 혼란스러워진다. 때로는 집단이 집단원의 상호작용에 어떤 진지한 의도를 부여하기도 한다. 그러나 나중에는 그런 진지함을 유머(humor)로 바꿀 수 있다. 개방성과 정직함이 중요하지만 적절한 순간과 재치도 중요하다.

이와 유사하게, 집단의 지도자는 때때로 '흐름과 함께 가야' 하고, 때로는 상담 과정에 좀 더 유용하고 생산적인 활동으로 방향을 돌리기도 한다. 단지 집단에서 상황의 요구에 적응하는 것은 우리가 하는 하나의 선택이 아니라 필수적인 것이다. 일단 집단이 형성되면, 지도자보다 집단원들이 과정, 방향 그리고 움직임에 더 영향을 미치게 될 것이다. 지도자가 집단에 참여하는 시스템을 잘 알고, 유머를 나누고, 잘 적응하되 자신을 너무 심각하게 받아들이지 않을 경우 일반적으로 더 쉽게 지치지 않는다(Corey & Corey, 2002).

목적론적으로 경청하기

아들러 학파의 집단지도자가 다른 상담자와 구별되는 점은 목적과 동기에 대한 심리학적 이해에 전념한다는 것이다. 아들러 학파의 상담자는 어떠한 문제에 대한 설명이라도 그 개인의 경험으로부터 나온 의미에 대한 첫 번째 시도라는 점을 수용하고 있다. "부모님께 말씀드릴 수 없다"라고 말하는 것은 무언가에 꼼짝없이 붙잡혔다는 느낌과 부모를 어려워한다는 것을 의미한다. 이 단계에서는 어떤 수정도 결코 이루어지지 않는다. 상담자가 구체적인 예를 들어 보라고 질문하면서 일반적인 설명은 상호작용의 형식으로 변형된다. 아들러 학파의 상담자는 이러한 상호작용 안에서 집단원의 동기와 목적을 찾고자 한다. 우리는 '이러한 상호 교환에서 무엇을 얻고 있는가?'를 질문한다. 만약 사회적 상호작용 행위들이 거의 없다면, 이런 상호작용을 이끌어 내거나 성취하도록 설계된 것은 무엇인가? 빈번하게 획득한 반응(관계적, 감정적, 혹은 행동적으로)은 우리가 정확히 추구하던 바로 그것이었다.

목표와 목적은 이해할 수 없는 것처럼 보이는 것을 이해하도록 한다. 개인이 중대한 의미를 부여하는 목표와 목적은 개인의 삶에 있어 동기와 요구를 강화하는 유형을 개발하도록 한다. 반복적인 유형과 동기는 항상 서로 얽혀 있다. 하나를 풀면, 다른 하나가 한 발짝 더 나아갈 뿐이다.

전체성과 유형론적 작업

아들러 학파의 상담자는 사람의 모든 것이 삶의 목표를 정하는 개인적인 과정, 즉 완성, 성취, 실현 그리고 어떤 경우에 완벽함을 추구하는 종착점으로 통합된다고 믿는다. 모든 사고, 감정, 행동 그리고 상호작용은 일관성이 있는 삶의 태도와 유형에 기여하는 것으로 이해될 수 있다. 가끔, 개별적인 관찰에서 서로 정반대인 것처럼 보이고, 심지어 역설적이기도 한다. 드레이커스(Dreikurs, 1966)는 아들러 학파의 상담자가 한 선상에 있는 두 개의 점처럼 그런 독특한 사건들을 보도록 가르쳤다. 그 선은 바로 어떤 유형을 드러낸다.

이전 장의 그레이엄(Graham)을 기억하는가? 앞에서 살펴본 사례 중에, 우리는 끊임없이 다른 사람들을 기쁘게 하려고 노력하면서 다른 한편으로는 다른 사람들이 발끈하도록 성질을 부리는 사람이 있었다. 그 유형은 어떤 것인가? 선은 아마 다음의 단계들로 설명

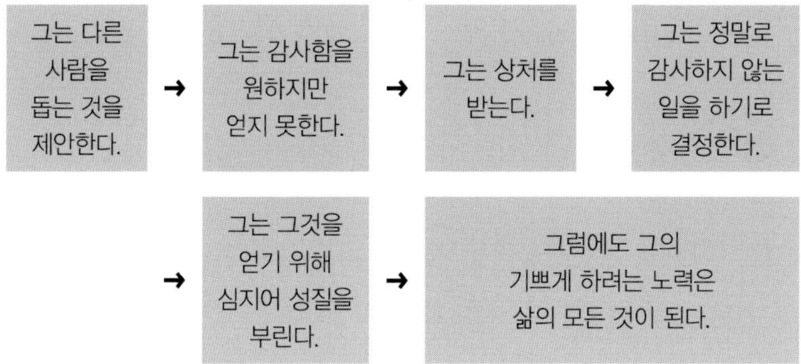

될 수 있을 것이다.

모든 사람을 기쁘게 하려는 동기는 그 과정의 모든 부분에서 의미가 있다. 또한 그는 상담자에게 '당연히 받아들여지는' 것이나 혹은 집단 안에서 감사함이 부족한 것에 대해 얼마나 예민한지에 관한 실마리를 제공한다. 목적론적 관점에서 아들러 상담자들은 그의 인생에 결과적으로 너무 많은 사람들을 기쁘게 하려는 것과 그 자신이 동떨어져 있음을 느끼게 된다는 것을 추측할 수 있다. 그는 아마 거절을 두려워할지 모른다. "아니요."라고 말하고 싶을 때 "예"라고 말한다. 그리고 다른 사람의 요구에 부응하기 위한 변화가 너무 많아서 그 자신의 정체성을 상실하게 만들 수 있다. 길리건(Gilligan, 1982)의 말에 의하면, 그가 기쁘게 하고 싶은 사람들의 목록에 그 자신의 이름을 추가하도록 하는 도움이 필요하다고 본다.

집단 환경에서는 공통점이 없는 행동이 드러나고 조사될 수 있어 목적을 발견하고 이해할 수 있는 토론의 장을 제공한다. 또한 집단은 어떤 유형이 재현할 수 있는 수많은 상호작용뿐만 아니라 새로운 선택 사항들과 다른 접근법을 사용하는 안전한 실험을 위한 장소를 제공한다.

집단 과정 관리

궁극적으로 집단상담자는 집단의 유용성과 집단상담 과정에 대한 신뢰를 가져야 한다. 지도자로서 상담자는 집단을 형성하거나 관리함에 있어 가능성 있는 개입이 무시되는 것을 허용해야 할 때가 있다. 때로는 모델링, 집단원의 개입과 참여, 집단의 응집력 그리고 민주적인 토론이 자리 잡는 것은 어떤 특정한 개인을 돌보는 것보다 더 중요하다. 그러나 개입을 허용하는 것이 개개인들의 개인적이고 심리적인 요구를 잃어버리게 하는 것은 아니다. 종종 지도력은 한 회기에서 추구하거나 발전시키고, 성취해야 할 것과 후에 어느 정도의 시간과 주의가 필요한 것에 대해서 즉각적인 결정을 할 필요가 있다.

일반적으로 아들러 학파의 집단상담자는 각각의 회기를 마치 그것이 마지막인 것처럼 이끌어 간다. 비록 집단원이 다양한 상호작용을 시작한다고 할지라도, 만약 초점, 새로운 의미 혹은 이해, 새로운 가능성의 생성과 종결이 이루어져야 한다면, 상담자의 지도력이 필요하다.

집단 과정의 안전장치와 합의

모든 집단은 규범적인 행동으로 표현되는 존재의 방식을 개발시킨다(Yalom, 1995). 대부분의 시간 동안, 규범은 지도자와 집단원 사이의 상호작용을 통하여 생성된다. 이런 규범은 여러 회기가 진행되는 가운데 발생하는 복잡한 상황 속에서 집단원의 행동을 안내하고 제한한다. 규범은 암묵적이고 잠재의식적이거나 또는 말로 표현되고, 명료화되고 분명해질 수 있다.

좀 더 중요한 규범은 종종 집단의 규칙 혹은 기본 원칙으로 불린다(Corey & Corey, 2002; Gazda, 1989; Yalom, 1995). 이미 언급한 것처럼, 우리의 집단 안에서는 더 이상 이런 언어를 사용하지 않는다. 민주적 사회에서 우리는 서로 합의를 한다. 때때로는 이런 합의에 대해 하나의 형식 혹은 다른 형식으로 성문화하는 것이 중요하다. 그 이유는 이런 합의가 사람의 목숨을 살리거나 자기, 다른 사람 혹은 재산상의 심각한 피해를 피할 수 있도록 도와주기 때문이다(예: 교통 법규).

비록 집단지도자의 능력과 기술의 특성에 따라 집단의 문화와 규범을 형성하는 데 중요한 영향을 끼친다는 것을 지적했을지라도(Yalom, 1995), 아들러 학파의 집단상담자는 집단원이 필요한 지침을 제시하고 수립하는 방식으로 집단 합의를 발전시키고 장려하도록 할 수 있다.

집단 합의에 대해 논의를 시작하는 것이 드문 일은 아니지만, 합의에 이르는 것은 집단의 책임이다. 집단원에 의해 합의내용이 만들어지는 것은 항상 중요하고 존중되어야 하고, 그 과정은 함께 참여하고 민주적인 분위기의 토대 위에서 이루어진다(제1장과 제2장을 보라). 전형적인 합의는 개인의 기본적인 권리를 보호하고 집단원 간의 상호작용 흐름을 향상시킨다. 효과적이려면, 제정된 합의 숫자가 적은 것이 낫고 명확하게 기술되고 정의되어야만 한다.

몇 가지 합의는 다른 것보다 좀 더 자주 표면화된다. ① 집단원들은 원하는 것은 자유롭게 말할 수 있지만, 또한 다른 사람이 자유롭게 말할 수 있는 권리도 존중해야 한다. 우리가 아는 한 이 합의는 개인이 말하지 않는 것과 말하도록 강요를 당하지 않는 권리도 포함한다. ② 집단에서 논의된 모든 것은 비밀이 유지되어야 한다. 다른 집단원을 다치게 하거나 당황하게 만들 수 있는 이름이나 집단의 관심사를 공개할 가능성이 있는 집단의 외부와의 상호작용을 하지 않는 비밀 보장을 언급하는 지혜가 있어야 한다. 이런 합의는 집단이나 집단 토론의 비밀을 유지하는 것과는 다르다. 이것은 각각의 집단원이 다른 집단원에게 해를 끼치지 않고, 그들의 이익, 복지 및 사생활을 안전하게 유지하는 집단원의 도덕적 판단을 필요로 한다. ③ 집단원은 정기적인 집단 회기에 참석하는 것에 동의해야 한다. 말할 필요도 없이 이러한 합의의 이행을 위해서 모임 시간을 정하는 것이 필요하다. 집단원들은 누군가 집단을 떠나기로 결정하는 것, 집단이 공개적이거나 비공개적이든 그리고 집단 회기의 빈도와 길이에 대한 합의에 이르도록 토론할 수 있다.

윤리적 고려사항

규칙으로서 윤리는 도덕과 훌륭한 삶을 영위하는 것을 이야기하곤 했다(Aristotle, 1985, or Cicero, 1991를 보라). 다른 분야에서 현대적 삶에 이런 토론을 재도입하려는 몇 번의 훌륭한 시도들이 있었다(Bellah, Madsen, Sullivan, Swindler, & Tipton, 1985; Bellah, Madsen, Sullivan, Swindler, & Tipton, 1991). 상담과 심리학은 인간의 기능과 상태에 직접적으로 관련되어 있는 전문 분야이다. 그리고 여전히 상담과 심리학은 윤리 규정을 발전시켜 왔는데(Corey, Corey, & Callanan, 2003), 이 규정은 인간의 선함, 품위, 가치 그리고 삶의 질과 연관된 주제들을 다루고 있다. 사실 이런 문서가 '윤리 규정'이라는 이름으로 확장되었다. 이것들은 근본적으로 과실을 막기 위해 만들어진 전문가적인 실천을 위한 규정이었다(Austin, Moline, & Williams, 1990).

제1차 세계 대전으로 황폐화된 후 아들러(Adler, 1927/1957, 1938)는 공동체 감정(사회적 관심, gemeinschaftsgefuehl)의 개념—과거, 현재, 미래의 모든 인류와 다른 사람들의 복지와 이익에 대한 관심과 연관된 감정—을 소개했다. 아들러는 이런 연결, 공동체 감정은 타고난 것이고, 발달이 되면 이것은 실제적인 사회적 관심으로 나타날 것이라고 믿었다. 공동체 감정(사회적 관심)은 사회적 고립, 자기몰두, 과도한 개인적 관심사, 심지어 임상 및 성격장애에 대한 해독제이다. 이것은 용기, 낙천주의 그리고 궁극적으로 자신감을 가능하게 한다. 사회적 관심을 가진 사람들은 그들이 세상에 대한 소속감과 역사의 흐름 안에 하나의 공간을 차지하고 있다고 느낀다. 퍼트뮬러(Furtmuller, 1964/1979)는 아들러에 관한 그의 저서에서 윤리에 관한 사회적 관심과 정신건강과의 관계를 다루었다.

> 사회적 관심 그 개념 자체의 성격은 바뀌었다. 아들러가 처음 자신의 생각을 이론에 소개했을 때, 그것은 생물학적 사실, 즉

다른 사람과의 협력하려는 접촉을 수립하려는 자기 삶의 첫 순간부터 일어나는 개인의 준비성이다. 이제 사회적 관심은 완성[4]을 향한 인격체, 즉 개인과 인류 모두에게 정신적인 건강성의 방향이 되었다. 아들러는 이 새로운 정의로 사회적 관심이 생물학의 경계를 벗어나 형이상학에 접어들었다는 것을 완전히 인식하게 되었다.[5]

아들러로 하여금 자신의 이론을 개발하도록 이끈 한 가지 이유는 의심의 여지없이 환자에게 윤리적인 원리에 기초한 안내문을 제공하지 않고서는 심리치료자가 될 수 없다는 것이었다. 이 안내문은 아마도 언뜻 보기에 윤리학과 완전히 다른 것일 수 있다. "정신적으로 억제하지 말고 당신의 길을 가되, 제정된 법률이나 관습과의 위험한 충돌을 피하도록 주의하라." 이런 안내문은 윤리적 허무주의에 근거한 것일 수 있지만, 반면 철학적이기도 하다. 왜냐하면 개인 심리학자를 위한 안내문은 분명히 협력으로 이끌어 갈 수 있어야만 한다.

그러나 이게 다가 아니다. 개인 심리학은 신경증에서 개인의 모든 활동이 전반적인 목표, 즉 환상적인 개인의 우월성을 지향

---

4. 여기서 완전함(perfection)에 대한 다른 단어는 완성(completion) 혹은 실현(actualization)일 수 있다.
5. 퍼트뮬러(Furtmuller)의 본문에 대한 안스바허(Ansbacher)의 각주: "아들러는 사람에 관한 기본적인 가정과 같은 존재론적 관점에서 형이상학이라는 용어를 사용했다"(Ansbacher & Ansbacher, 1979, p. 389).

하도록 지시를 받는다는 것을 보여 주었다. 치료가 개인의 신경질적인 목표를 '삶의 유용한 측면'으로 전환되도록 유도하는 것은 자연스러운 일이었다. 이것은 모든 심리적 활동의 목적론적 성격에 특별한 중점을 두어 왔던 개인 심리학의 이론적인 입장과 일치하였다.

윤리적 원칙으로 형이상학적 사회적 관심 혹은 이와 관련된 개념은 상당한 윤리적 체계와 종교적 교리에 뿌리를 두고 있다. 주로 열등감에 대한 보상적인 반응 때문에 사회적 관심에 대한 고유한 잠재력이 개발되지 않으면 정신건강으로부터 멀어진다는 통찰은 오로지 아들러의 덕분이다(pp. 388-389).

사용될 수 있는 모든 것은 오히려 오용될 수 있다. 이것은 누군가를 돕는 대부분의 직업 활동들뿐만 아니라 집단 과정에도 적용된다. 30년 동안 우리는 어떤 집단의 경험이 부정적으로 참가자에게 영향을 줄 수 있고, 그런 결과가 집단상담 과정에 대한 집단지도자의 관리와 직접적으로 관련이 있음을 항상 알고 있었다(Lieberman, Yalom, & Miles, 1973). 가즈다(Gazda, 1971)는 집단지도자가 정신병적 방어기제 상실을 초래하는 폭력적인 상황을 용인한 사례를 보고했다. 집단 지도력은 사회적 관심 위에 기초하고 목적론적 관점은 대체로 집단상담 과정에서 그러한 오용을 배제한다.

아들러 학파의 집단상담과 치료에서 어떤 안전장치들은 윤리적 실천을 보장하도록 도와준다. 지도자는 집단원의 기여(사고, 가치, 확신, 감정, 행위 그리고 상호작용)에 대해 듣고 인식하면서도 초점은 동기와 개인의 삶에 대한 이해에 둔다. 인간 표현의 한 수준이 다른 수준으로 높아지지 않는다. 대신 지도자는 집단이 어떻게 모든 것들이 하나의 방식으로 어울리는지를 보도록 강조한다.

부모 학습 집단과 가족 교육 센터를 제외하고는 조언과 추천이 제공되지 않는다. 선택 사항이 제안되고 고려되지만, 자신에게 맞는 것을 선택하고 나머지를 내버리는 것은 각각의 집단원에게 달려 있다. 집단이 활동하는 데 어떤 수준에서 개방성이 요구되지만, 설사 그 방식이 조용히 듣는 것이라 할지라도 집단원은 자신의 방식으로 참여하도록 격려를 받는다. 만약 집단이 안전하다고 느끼면 일반적으로 평소보다 더 표현적(자기 개방)이 되고 이후 경험의 의미를 회상하도록 집단원을 격려할 수 있다(Lieberman et al., 1973). 또 정직은 중요하지만 특히 피드백을 제공하는 것과 관련해서 사회적 관심의 요구에 순응해야 한다. 즉, 정직은 재치와 적당한 시기와 부합해야 한다.

아들러 학파의 집단상담자 혹은 치료자가 심리적 노출에 직면하거나 이것을 제공할 때, 항상 가정의 형식으로 오는데, "아마도 당신이 생각하기에 ……" "…… 일 수 있습니다" 혹은 "저는 …… 한 인상을 받습니다"와 같이 시작한다. 이런 주저함은 집단원의 개인적인 공격이나 과도한 압박으로부터 집단원을 보호하고 게다가 어떤 형태의 자아 파괴를 최소화하거나 제거한다. 또 이것은 사회적 평등의 분위기에서 상호 존중을 위한 모델을 제공한다.

집단상담자를 위한 윤리적 지침(집단상담 전문가협회, 1989)은 집단원 선별 과정을 추천한다(주어진 이론적 모델 내에 실습이 허락될 때). 이 개념은 아들러 학파의 상담자들이 집단에 자발적으로 참여하려는 모든 사람들을 수용하도록 한다. 안타깝게도 미국상담학회(American Counseling Association: ACA, 1995)는 최근의 규정에 집단 활동을 포함시키면서, 이러한 이론적인 예외는 언급하지 않았다. 사실 규범화된 표준은 특별히 심사를 의무화하고 있는데, 한 가지 목적(다른 목적 중)은 집단원이 집단 과정을 방해하지 못하도록 보장하는 것이다. 다행히 향후 표준 개정판은 심사 과정에 대해 아들러 학파의 정당한 이의제기에 주의를 기울여 ASGW 표준에 이와 유사한 이론에 관한 주석을 삽입하게 될 것이다.

결론

이 장에서 우리는 아들러 집단상담과 치료의 실제를 지지하는 기본적인 이론을 살펴보았다. 집단 환경에서 사회적 공동체 내에 있는 개인 이해에 관한 아들러 학파의 주안점은 전적으로 실현되고 있다. 한 집단 안에서 집단원은 동료와 상호작용하면서 한 인간으로 경험한다. 이런 삶에서의 차이는 개인적이든 혹은 문화나 성별이 어떻든지 고려할 수 있는 선택사항을 만들고, 독특성에 대한 평가를 가능하게 한다. 집단의 수용(장소를 찾는 것)은 그 자체로 치료 효과가 있다.

게다가, 집단은 직접적인 개입을 통해서나 다른 사람의 토론을 들음으로써 통찰력을 얻고, 자신의 문제를 이해하는 수단이 된다. 개인적인 행동 혹은 상호작용은 이해되고 의미가 있으며 심지어 통합적이다. 배움은 변화를 가능하게 한다. 집단은 새로운 가능성을 시도해 볼 수 있는 안전한 장소이다. 이런 관점에서 집단경험은 개개 집단원을 도울 뿐만 아니라 이들이 다른 사람을 돕고자 하는 욕구를 불러일으킨다. 집단은 진정한 의미를 지닌 사회적 상호작용을 투자한다. 경험 많은 지도자의 안내를 따라, 집단은 긍정적인 (사회적으로 유용한) 가치와 규범을 형성하는 대리인이 된다.

또한 우리는 이 장에서 몇 년 동안의 우리 경험을 토대로 한 집단 실천의 실행 계획을 어떻게 다룰 것인지를 지적했다. 이 토론에는 집단원의 선택을 위해 고려할 사항—집단의 크기, 집단 환경 그리고 빈도, 길이 그리고 집단 모임의 지속 기간—이 포함되었다. 더불어 우리는 현재성을 위한 역할들을 포함해서 우리가 믿는 집단지도자의 역할에 필요한 특성과 능력에 관해 이야기했다.

우리는 집단 과정의 온전성을 위해 필수적인 안전장치와 공동체 감정, 집단상담과 치료에서 윤리적 실제를 위한 기초로써 사회적 관심의 고려사항을 가지고 이 장의 결론을 지었다. 이 책의 다른 어떤 장에서보다 우리는 아들러 학파의 집단지도자가 여기서 제시된 자료를 통합하는 그들의 노력으로 구분된다고 믿는다.

CHAPTER 05 어린이를 위한 집단상담[1]

이 장에서 다룰 주요 내용

1. 아이들을 위한 집단지도(group guidance), 집단상담(group counseling) 및 집단치료(group therapy)
2. 아이들의 행동과 상호작용의 동기를 이해하기 위한 기초로서 아이들의 잘못된 행동의 네 가지 목표
3. 아이들의 잘못된 행동들에 대한 세 가지 의식적인 목표
4. 아이와 어른의 깨트릴 수 없는 패턴으로 유용하지 않는 상호작용을 이해하는 수단으로 사용하는 아이들에 대한 어른들의 잘못된 개념
5. 어린이를 위한 아들러 학파의 집단상담의 실제에 직접적으로 관련된 아들러 상담의 단계

---

1. 이 원고는 Sonstegard와 Bitter(1998)의 논문[Sonstegard, M. A, & Bitter, J. R. (1998). Counseling children in groups. *Journal of Individual Psychology, 54*(2), 251-267. Reprinted with permission from University of Texas Press]에 나온 내용과 다른 것이다.

인간이 되기 위해서는 공동체에서 '살아 있어야' 한다. 유아는 가족이라는 집단에서 태어나 다른 사람의 돌봄과 양육 없이는 생존할 수 없다. 대부분의 어린이는 가족 내에서 첫 집단경험을 한다. 그러한 집단경험은 아이의 발달에 결정적이며, 많은 영향을 준다(Hart & Risley, 1995). 아이가 성장하면서 가족이나 형제로부터 벗어나 새롭고 더 넓은 또래 집단으로 이동한다. 가족과 또래 안에서 아이는 말을 배우고 자신의 의견을 표현한다. 아이는 스스로 자신의 위치를 찾고 자기존중감을 규정하고 자신의 삶의 경계 내에서 할 수 있는 것을 발견한다. 아이가 집단 안에 참여하는 것을 보면, 그 아이에게 미치는 집단의 영향을 쉽게 관찰할 수 있다.

집단은 아이가 기능하는 실재이기 때문에 아이들에게 봉사하는 사람들(부모, 교사, 상담자, 행정가, 종교와 지역사회 지도자)은 집단과정과 집단역동에 익숙해야만 한다. 불행하게도 성장하는 아이들을 미성숙하게 발달하도록 하는 것은 권위주의 방식이 잘못 적용된 것 때문이다. 21세기의 시작부터 우리는 과거 권위주의의 부정적인 유산과 싸우고 있다. 정치적 민주화를 사회적 민주화로 변혁하려면 사회적 평등의 실현이 되어야 한다(Dreikurs, 1961/1971). 집단상담은 어린이들에게 사회적 평등을 연결시켜 주는 가장 좋은 기회를 제공한다.

이 장에서 우선적인 관심은 아들러 학파 모델을 사용한 어린이와의 집단상담이다. 구체적인 이야기를 하기 전에 몇 가지 용어를 정의하고 이 모델의 적용에 대한 기준을 제시하고자 한다.

정의

집단지도, 집단상담 그리고 집단치료 같은 용어들은 문헌 곳곳에서 다양한 방법으로 쓰인다(Corey, 2000; Corey & Corey, 2002; Gazda, 1989; Yalom, 1995). 집단지도, 집단상담, 집단치료의 영역이 이론과 실제에서 매우 중복되어 있더라도 아이들에게 이것을 적용하려면 좀 더 정확하게 기술될 필요가 있다.

집단지도

집단지도(group guidance)는 학교에서 실행되는 집단 과정으로 가장 일반적으로 많이 언급되고 있지만, 이것은 아동을 집단으로 교육하는 성인에게도 적용될 수 있다. 집단지도에서는 아이와 집단토론을 실시하여 아이가 자신의 일을 관리하도록 격려하고, 아이에게 일상생활의 문제를 해결하는 방법을 제시한다.

부모, 교사, 보육교사 그리고 그 외 아이와 함께 생활하는 어른은 아동이 배우고 싶어 하는 것보다 아동이 배울 필요가 있는 것을 학습하도록 자극하여 이를 집단지도에 활용한다. 집단지도는 아이의 정서적 구조와 성장을 자극하는 데 사용될 수 있고, 아이의 생각, 신체적 성장과 인간의 동기부여와 같은 인간 발달에 중요한 과정이다(Gottman, 1997; Gottman, Katz, & Hooven, 1997).

오늘날 초등학교를 비롯한 많은 학교가 잘 구성된 지도 프로그램을 가지고 있다. 학교상담자는 과외 활동으로 사용할 수 있는 다양한 프로그램에 접근할 수 있다. 그러나 아동의 발달은 아동의 일상생활과 통합될 때 가장 잘 일어난다. 우리는 학생이 일상의 학업을 추구하는 동안 교사는 학생과 신뢰관계를 형성하고 격려하며, 아이의 잠재성을 긍정적이고 고무적으로 사용하도록 한다. 교사와 유아교육자가 교실 내에서 함께 협력하며 생산적인 학급풍토를 만들었을 때, 형성된 하위 집단을 이해하고 함께 작업할 때, 그리고 통합된 교실의 연결고리를 만드는 방법을 알게 될 때 집단지도는 더 잘 이루어진다(Albert, 1996; Dreikurs, Grunwald, & Pepper, 1982; Popkin, 1994).

집단으로 아이를 교육시키는 부모 역시 집단지도 절차를 사용한다(이러한 개입의 훈련을 위해 다음을 참조하라. Dinkmeyer, McKay, & Dinkmeyer, 1997; Dinkmeyer, McKay, Dinkmeyer, Dinkmeyer, & McKay, 1997; Popkin, 1993, 1996).

많은 가족, 학교 그리고 다른 아동 보호 기관은 아직도 위계적 모델에 의해 세워져 있고, 권위적인 입장이 주입되어 있기 때문에 어른은 아이에 대한 그릇된 생각을 갖고, 다음에 언급하는 개념으로 사용할 수 있다. 어른의 잘못된 생각은 아이의 그릇된 목표에 맞물려, 중단하기 어려운 상호작용 유형을 만들기 때문에 이것은 아이뿐만 아니라 어른의 잘못을 적합하게 재방향 짓기 위해 집단지도와 집단 자문을 하는 사람에게는 매우 중요한 것이다(Dinkmeyer & Carlson, 2001을 보라).

집단상담

집단지도에서 사용되는 것의 대부분은 집단상담(group counseling)에서도 이용될 수 있다. 이 둘의 차이는 주로 집단원의 수와 강조점에 있다. 집단상담은 보통 5~10명 정도의 소집단으로 이루어진다. 아들러 학파의 집단상담은 그릇된 목표의 재정향에 초점을 두고, 집단원의 동기 변화에 역점을 둔다. 집단 과정은 집단관계 형성으로 시작해서 목표를 드러내고 해석하고, 재교육의 노력으로 종결한다(Dreikurs, 1950/1953, 1960; 제3장과 제4장을 보라). 집단에서 초기 삶의 많은 부분이 다루어지기 때문에 집단상담은 아동과 청소년을 위한 치료이다. 이 장의 나머지 부분들의 주제는 아이들과의 아들러 학파의 목적분석적인 접근이다.

집단치료

집단상담, 집단심리치료(group psychotherapy) 그리고 집단치료(group therapy)는 종종 같은 의미로 사용된다. 아들러 집단 모델에서도 과정, 주안점 그리고 결과는 동일하다.

그러나 우리가 살아가는 세상의 어떤 곳에서는 아주 많은 아이들이 심각하게 학대받거나 끔찍한 빈곤 속에서 성장하고 마약, 총, 생명을 위협하는 폭력과 죽음에 노출되어 있다. 이런 아이 중 몇몇은 '외상 후 스트레스 장애'로 고통받거나(American Psychiatric Association: APA, 2000, p. 463), 역으로 자기 방어와 인위적으로 부정적인 '소속감'을 느끼기 위해 갱단에 속해 있다는 것은 우리를 놀라게 하지 않는다. 후자의 대부분은 결국 '품행장애'라 불리는 것의 규준에 포함될 것이다(APA, 2000, p. 93). 이들은 이미 열 살쯤에 누군가를 죽였고 영혼의 중요한 부분을 잃어버렸으며, 인간성의 어떤 기본적인 길로부터 그들 자신을 추방시켰다. 그들은 성인으로 살기를 기대하지 않는다. 그들의 즉각적인 목표와 삶의 양식 모두는 인생의 허비와 파괴적인 면에 바쳐지고 있다.

이러한 아이들이, 그 벼랑의 끝으로부터 되돌아오려면, 종종 성격의 재구조화, 생활양식의 완전한 변화를 필요로 한다. 집단 과정은 이들에게 효과적인 도움을 제공할 수 있다. 하지만 이러한 상황에서 집단 개입과 과정은 더 복잡해질 것이고 긍정적인 결과가 나오려면 보통 오래 걸린다. 이러한 경우에 집단치료와 집단심리치료라는 용어는 집단상담과 집단 과정에 의해 구별된다. 이러한 구분은 집단지도자의 기술이나 훈련이 아니라 집단원이 경험하고 있는 장애의 역사, 고통의 수준에 의해 이루어진다.

우리는 여기서 현재 DSM-IV-TR(APA, 2000)에 아동기 장애라고 이름 붙이지 않은 심리적인 문제는 성격 재구성을 필요로 하지 않는다는 점을 강조하고 싶다. 사실, 아동기(또는 아동기 초기와 같이) 장애의 대부분은 일상적인 생활로 동화되는 데 어려움이 있다. 어쩌면 이것에 대한 가장 좋은 예는 최근에 명명된 주의력결핍장애(ADD) 또는 주의력결핍 과잉행동장애(ADHD)이다. 집중하는 데 어려움을 갖거나 극단적으로 활동적이거나 끊임없이 움직이는 아이는 항상 있었다. 그리고 부모나 교사도 그런 아이를 다루는 방법을 알고 있었지만, 대부분은 그렇게 다루지를 못했다. 50년 전에는 이러한 아이를 정신장애로 부르지 않았으며, 오늘날처럼 과도하게 약으로 이 아이를 치료하지 않았다. 우리는 이런 아이를 '관심 끌기'가 어렵거나 '안절부절못하는' 아이라고 했다.

우리는 이러한 장애로 명명된 많은 아이들이 뇌기능의 약화나 화학적 불균형 때문이라기보다는 가정이나 학교에서의 결손, 즉 어른과의 어설픈 관계로부터 고통을 받고 있다고 믿는다(Glasser, 2003을 보라). 리타린(Ritalin)과 프로작(Prozac)[1]을 복용하는 비율은 놀랄 만하다. 우리의 경험에 의하면, 이런 정신과적 장애로 이름 붙여진 많은 아이들이 전혀 약물을 사용할 필요가 없고 가족상담, 학교상담 과정 참여 그리고 아이들 교육의 정기적인 프로그램 같은 집단상담으로부터 굉장한 도움을 얻을 수 있다고 본다. 거의 대부분의 경우 폭력과 학대가 인생 초기 경험의 일부가 되었을 때를 제외하고는 그들의 생활양식의 재구조화를 위해 고안된 집단치료 경험을 할 필요가 없다.

기본 원리들

목적분석적(teleoanalytic) 집단상담 접근의 원리는 일반적으로 어린이와 인간에 대한 새로운 개념의 정립이다. 우리는 태어나기를 바라지 않았던 여자아이가 살해당하거나 길가에 내던져져 죽게 내버려졌던 때로부터 아직 2세기도 지나지 않았다. 20세기 초

---

1) 역자 주: 프로작은 1987년 미국 FDA(미국식품의약국)에서 승인을 받은 항우울제이다.

에, 왓슨(John B. Watson)은 동물 실험에서 성공적으로 증명되었던 방법이 아이의 행동 통제에 응용될 수 있다는 생각에 기초하여, 그 당시 가장 인기 있는 육아책을 썼다(Hoffman, 1994). 아들러(Adler, 1930)의 개념화는 아동뿐만 아니라 모든 사람은 욕구, 충동, 감정, 심지어 환경의 통제를 받는다는 생각으로부터 벗어나게 했다. 아들러는 아동을 하나의 성장하는 인간으로만 설명하고, 그 존재가 살아가는 전제적인 장에서만 이해될 수 있다고 했다. 지난 70여 년 동안 아동 발달, 발달심리학 그리고 체계 이론이 이 관점에 의해 정의되어 왔다.

아이들이 활동하는 장소는 사회적(가족과 또래 집단)이며, 가장 우선적인 관심사는 중요한 사람을 찾아 소속되고 함께하는 것이다(Dreikurs, 1948/1958). 아동이 그러한 장소를 찾을 때, 그 아이에게 자신의 잠재력을 최대한 활용할 수 있는 모든 기회가 주어질 수 있다. 그러나 만일 아동이 가치 있는 장소를 찾는 것에 실패하거나 가능성을 생각할 수 없다면, 그것으로부터 오는 부적절한 느낌은 철회를 위한 기초를 만들고 부적응을 초래할 수 있다. 아들러 학파는 인간 유기체의 모든 활동은 목표를 달성하기 위해 노력하며, 원하는 어떤 방향으로 향하게 된다고 믿고 있다(Dreikurs, 1967). 아이의 행동 목표는 항상 사회적인 장내에서 자신이 인식한 위치와 관련이 있다.

유형과 목적

아이들은 행위자일 뿐 아니라 반응자이기도 하다. 그들은 자신이 움직이는 쪽으로 목표를 만들어 낸다. 기본적인 목표를 향한 행동은 두 살 정도의 영아들에게 나타날 수 있다. 어린이가 성장함에 따라 우리는 다음의 두 가지 목표를 갖는다고 말할 수 있다. 즉, 일상생활에서 즉각적이고 관찰될 수 있는 목표와 먼 장래를 고려해 움직임을 통일시켜 삶의 전략에 동기를 부여해 주는 우선적인 목표인 완성과 완벽을 향해 나아가는 목표다.

아이들과 하는 집단상담에서 그들은 자신을 매우 어린 모습으로 드러낸다. 예를 들어, 아이는 초등학교 상담 교사에게 어머니가 자신을 사랑하지 않는다고 이야기한다. 이 아이에게는 매우 병약해서 부모님의 시간과 관심을 매우 많이 요구하는 네 살 어린 동생이 있다. 그는 현재 부모님이 자신을 위한 여유가 없다는 사실을 자신이 사랑받지 못한다는 의미로 알고 있다. 그리고 비록 부모님이 공평하게 두 아이를 사랑하더라도 그는 소외감과 위축감을 느끼기 시작한다. 부모가 그 아이를 위해 애정을 표현하고자 하는 어떤 것도 알아차리지 못한다. 그래서 아이는 오직 부모가 싫어하는 '반응을 불러일으키는' 행동에 초점을 맞춘다. 아이의 사적 논리(private logic)는 "인생은 불공평하다"라고 분명하게 말한다. 아이는 부모님을 계속해서 바쁘게 하고 부당하게 폐위시킨 부모를 좌절하게 하려는 자신의 진정한 의도를 알아차리지 못한다.

아이들과 하는 집단상담은 당면한 목표, 아이의 즉각적인 행동과 그 행동의 근거가 되는 동기의 변화에 관련이 있다. 아이들은 동기가 밝혀지지 않는 한 그들의 목표를 좀처럼 눈치채지 못한다. 아이들은 지나치게 인색한데 자신이 지금 당장 배우고 싶은 것, 듣고 싶은 것, 필요한 것을 제외하고는 모든 것을 차단한다. 목표에 대한 자각의 부족은 실제로 움직임을 촉진하고 행동의 유동성을 증가시킨다. 또한 이것은 아이가 특정 행동의 쓸모없는 부분을 의식적으로 직면하지 못하게 한다.

Dreikurs의 네 가지 목표

드레이커스(Dreikurs, 1940)는 현재 문제 행동의 동기와 같은 아이들의 그릇된 행동에 대한 네 가지 목표를 처음으로 제안했다. 관심 끌기(attention getting), 힘겨루기(power struggle), 보복하기(revenge) 그리고 무능함 보이기(또는 자포자기)(demonstration of inadequacy)의 네 가지 목표는 적어도 어린 유아기부터 사춘기 이전까지의 행동 유형을 기술하고 설명했다. 50년 이상, 이러한 목표의 가치는 부모교육(Dinkmeyer, McKay, & Dinkmeyer, 1997; Dinkmeyer, McKay, Dinkmeyer, Dinkmeyer, & 1997; Dreikurs, 1948/1958; Dreikurs & Soltz, 1964; Popkin, 1993, 1996), 교사 연수 프로그램(Albert, 1996; Dreikurs, 1957; Dreikurs, Grunwald, & Pepper, 1982; Popkin, 1994), 자문(Dinkmeyer & Carlson, 2001), 그리고 가족 상담자와 치료자 연수(Christensen, 1993; Dreikurs, Corsini, Lowe, & Sonstegard, 1959; Grunwald & McAbee, 1985; Lowe, 1982)를 통해 입증되었다.

드레이커스(Dreikurs, 1957, 1948/1958)는 네 가지 목표를 묘사하는 경험적 모델을 개발했다. 그의 도표(〈표 5-1〉)에 대한 설명은 아이들의 그릇된 행동의 목적을 발견하기 위한 길을 보여 준다.

드레이커스의 도표를 이용하면 특히 집단 내에서 아이들의 행동

〈표 5-1〉 아이의 그릇된 행동에 대한 드레이커스의 네 가지 목표

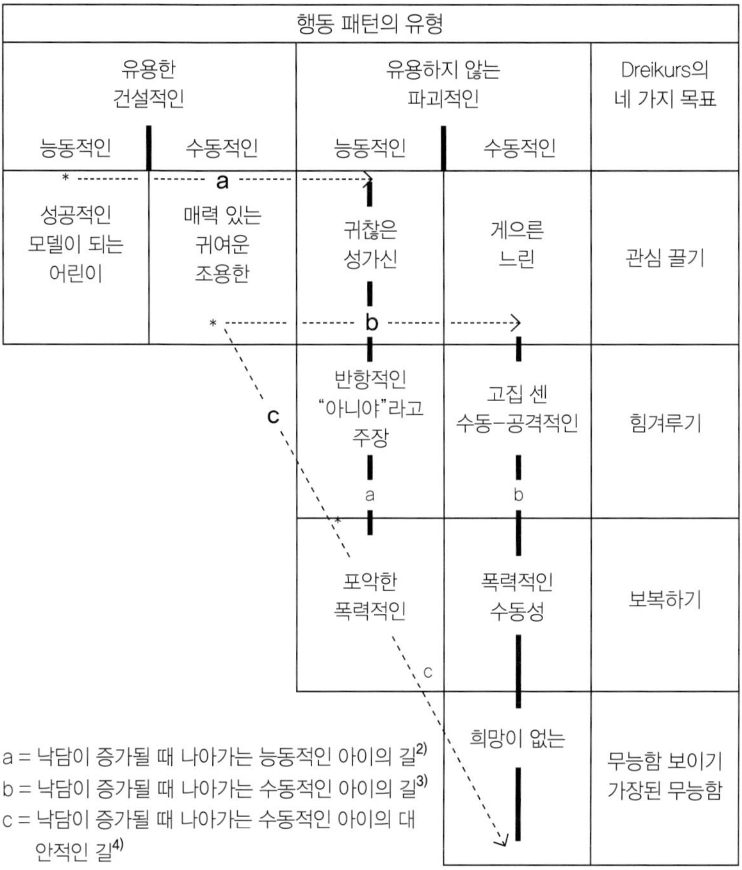

행동 패턴의 유형				
유용한 건설적인		유용하지 않는 파괴적인		Dreikurs의 네 가지 목표
능동적인	수동적인	능동적인	수동적인	
성공적인 모델이 되는 어린이	매력 있는 귀여운 조용한	귀찮은 성가신	게으른 느린	관심 끌기
		반항적인 "아니야"라고 주장	고집 센 수동-공격적인	힘겨루기
		포악한 폭력적인	폭력적인 수동성	보복하기
			희망이 없는	무능함 보이기 가장된 무능함

a = 낙담이 증가될 때 나아가는 능동적인 아이의 길[2)]
b = 낙담이 증가될 때 나아가는 수동적인 아이의 길[3)]
c = 낙담이 증가될 때 나아가는 수동적인 아이의 대안적인 길[4)]

2) 역자 주: a 방향으로 이동하는 경우, 낙담이 많을수록 능동-건설적인 아이가 수동-건설적으로, 그리고 수동-건설적에서 능동-파괴적으로 이동하게 된다.

3) 역자 주: b 방향으로 이동하는 경우, 낙담이 많을수록 수동-건설적인 아이가 능동-파괴적으로, 그다음에 수동-파괴적으로 이동한다. 그 후에 아래 방향인 힘겨루기와 무능함 보이기로 이동하게 된다.

4) 역자 주: c 방향으로 이동하는 경우, 가끔 수동-건설적인 아이가 곧바로 무능함을 공개적으로 드러내 보이기(희망이 없는)로 직접 연결될 수 있다.

을 관찰하고, 그러한 행동과 상호작용에 의한 결과를 맞추는 것이 가능하다. 이와 같은 과정은 집이나 학교에서 또는 또래와의 관계에서 행하는 아이의 상호작용을 이해하는 데 사용될 수 있다. 아들러 학파는 단순하게 "어떤 목표가 이 행동에 동기를 부여하는가?"라는 질문을 통해 가설을 형성한다.

비록 아이가 가끔씩 또래 관계에서 관심 끌기, 힘겨루기 또는 보복하기를 추구하더라도 대체로 이러한 그릇된 목표는 중요한 어른(예를 들면, 부모, 교사, 보육교사 등)과의 관계에서 표현된다. 부분적으로 이것은 중요한 어른이란 큰 시스템에서 아이에게는 '생존'을 위한 존재라는 점을 말해 준다. 나아가, 어른은 아이에 의한 도발에 보다 일관되게 반응하여 친숙함과 신뢰감을 만들어 낸다(심지어 잘못된 상호작용에서조차도).

관심 끌기에 대한 드레이커스의 개념화는 유익한 행동조차도 이러한 목적을 위해 사용될 수 있다고 본다. 어린아이가 어떤 노력이나 성취로 교사로부터 긍정적인 인정을 받으면, 이들은 처음 인정받은 것을 재현하기 위한 상호작용에 몰두하게 된다. 예를 들면, 유치원 여교사인 프레스턴(Preston)은 조용한 외모의 브리트니(Brittany)에 주목하면서 "나의 얼마나 사랑스러운 푸른 숲인가" 하고 말한다. 브리트니는 그 힌트를 놓치지 않는다. 브리트니는 즉시 예쁜 푸른 숲 수십 개를 만들어서 프레스턴에게 전부 가져와서 다른 숲을 좋아하는지를 알려고 한다.

미국, 유럽 그리고 아시아 일부의 학교들은 저학년에서조차 점점 부모와 교사로부터 관심과 인정을 얻기 위해 모범 행동의 결과인 전 과목 A를 받아야 한다는 느낌을 갖는 아이들로 채워지고 있다.

이들은 최고가 되는 것과 최선을 다해 노력하는 것을 혼동한다.

우리는 또한 단순히 귀엽거나 매력적인 것으로 관심을 끄는 많은 아이들을 발견한다. 만약, 그들의 외모가 그렇게 보이지 않는다면, 그다음에는 적절한 때에 귀엽고 영리한 말로 관심을 끌고자 한다. 어떤 아이들은 실제로 '조용한 아이'로 평가되며 특히 가족 내에서 막내일 때, 그들은 심지어 '왕자' 혹은 '공주'라고 불릴 수 있다.

아이들은 또한 관심을 얻기 위해 덜 유익한 행동을 하게 되는데 몇 가지 예를 들면, 방해(때때로 장난꾸러기로서의 익살스러움), 일탈과 돌아다니기, 부모나 교사의 요구에 못 들은 척하기, 잊어버리기, 낮은 성적, 게으름, 언쟁하기, 그리고 형제나 반 친구에게 시비 걸기이다. 아이들의 계획이나 과정을 중단시키기 위해 어른들이 하는 타이르거나 상기시키거나 달래는 행동들은 때때로 아이들이 추구하는 부정적인 관심을 만들어 낸다.

마찬가지로, 힘겨루기는 아이가 아래에 있다는 느낌을 받고 있다는 신호이며, 이때 아이는 자신만의 방식으로 행동하거나 보스가 된다거나 어른의 통제에 저항하는 것으로 설명될 수 있다. 말다툼, 싸움, 고집, 권위에 도전, 협력 거부 그리고 과제하기의 거부는 단지 아이가 힘을 추구하고 주장하는 가장 일반적인 방법들 중 몇 가지일 뿐이다. 가장 큰 어려움은 아이가 힘겨루기의 목적을 위해 이러한 행동을 사용하는 것이 아니라 오히려 어른이 그런 도전을 무시하거나 물러서지 않는 것이다. 결국, 어른이 아이와의 힘겨루기에서 '승리'하기 위한 유일한 방법은 먼저 아이와의 힘겨루기를 하지 않는 것이다.

다른 사람과의 관계에서 상처를 받는 아이들은 가끔 드레이커스의 세 번째 목표인 보복하기를 시도할 것이다. 우리는 느낌이라는 단어를 강조하는데, 왜냐하면 그것은 상처에 대한 아이의 해석이 중요하기 때문이다. 가끔, 실제로 이 느낌을 자극하는 어떤 것도 필요하지 않다. 보복은 직접적으로 할 수 있다. 즉, 어린아이들은 보복을 위해 사람의 이름을 부르거나 발로 차거나 이빨로 무는 데 비해 나이가 많은 아이들은 누군가에 대해 거짓말을 하거나 훔치거나 폭력적이거나 잔인한 행동을 할 수 있다. 보복은 또한 은밀히 기물을 파손하거나 우연히 다른 사람의 일을 망치는 것 같은 간접적으로도 할 수가 있다. 보복의 동기는 아이가 항상 상처받고 버려졌다고 느끼는 신호에 의해서 일어난다.

25년 전에는, 혼자 남겨져 무능함(부적절함)을 보이는 아이들을 찾는 것이 어려웠으나 오늘날에는 그렇지 않다. 아이의 자포자기가 증가함에 따라, 부모, 교사 그리고 상담 교사는 점점 더 많은 아이가 포기하려는 준비를 하고 있음을 볼 수 있다. 그들은 모두 학교를 그만두고 교실에서 사라질 수 있다. 그들은 무기력하고 심지어 우울해질 수 있다. 그들은 시도하여 실패하는 것보다 시도하지 않는 것이 자신을 위해 더 낫다고 믿게 된다. 자포자기를 추구하는 아이는 때때로 저항하거나 집단상담에서 제외된 아이이다. 그렇기 때문에 이들에게 집단상담이 필요하다.

의도된 목적을 위한 행동을 평가하는 것과 더불어 어른과 아이의 상호작용을 포함하는 두 개의 다른 관찰, 즉 ① 아이의 그릇된 행동에 대한 어른의 반응과 ② 교정할 때 아이가 무엇을 하는지를 관찰하는 것은 상담자로 하여금 아이의 목표를 정확하게 추측할 수 있도록 한다. 드레이커스와 솔츠(Dreikurs & Soltz, 1964)는 어른

〈표 5-2〉 아이의 그릇된 행동의 목표 확인하기

잘못된 목표	관찰된 행동	교정되었을 때 아이는 무엇을 하는가?	어른의 반응	변화과정
관심 끌기	매력적인 말썽꾸러기 성가신 게으른	몇 분 내에 짧은 기간 멈춤	처음에는 '좋은' 행동에 만족하였으나 성가시게 느끼고 짜증 나고 좌절됨	기대하지 않는 것을 하라. 지나친 관심은 피하라. 훈련의 시간을 가져라. 상황을 변화하라.
힘겨루기	반항적인 논쟁적인 싸우는 고집 센 수동-공격적인	그릇된 행동을 계속하기 그릇된 행동을 더 많이 할 수 있음	화난 도전받는 패배한	힘에 대한 투쟁을 피하기 말로 하지 말고 행동으로 보여 주기 한계를 설정하고 그것을 지키도록 하기
보복하기	포악한 폭력적인 재물을 파괴하는 치사한 수동적인 폭력성	그릇된 행동을 더 많이 함 그릇된 행동이 비열하게 진행됨	상처받는	훈련을 멈추고 관계에 초점을 두기 강점을 격려하기 상처 입은 감정을 알아 주기
무능함/부적절함 보이기	희망 없이 행동하기 포기하기	상호작용이 없거나 제한적임	절망 무력감	긍정적인 행동이나 움직임을 격려하기 환경을 바꾸어 주고, 아이와 즐겁게 지내기

들이 종종, 예상대로 때를 맞추어, 아이의 잘못된 목표에 부합해서 반응하고 느낀다고 지적했다. 이와 유사하게, 어른의 개입에 대한 아이의 반응 또한 지속적으로 목표를 드러낸다. 〈표 5-2〉의 관찰된 행동과 어른-아이의 반응은 각각의 목표와 관련되어 있다.

드레이커스의 목표 인식과 노출에 대한 놀라운 방식은 상담자에게 아이들의 대부분의 무의식적 동기를 알아내도록 해 주었다(Lowe, 1971). 어른이 짜증이나 화나는 감정을 느낄 때와 아이가 교정 후 나쁜 행동이 중단되었을 때, 비록 짧은 시간 동안 그들이 그만두었을지라도 상담자는 관심 끌기 목표를 의심해야 한다. 어른들이 화나고, 도전받고, 패배했다는 느낌이 들 때와 아이에게 교정이 제시되었을 때도 그릇된 행동이 계속 유지되거나 증가할 때는 거의 십중팔구는 힘겨루기 목표에 어른이 관여되어 있다. 어른이 상처받는 느낌이 들 때와 아이가 교정 지시를 받은 후에도 그릇된 행동이 한층 더 격렬해지거나, 비열해질 때의 목표는 보복하기이다. 그리고 아이와 어른 모두 절망 속에서 포기할 때, 아이는 혼자 있고자 하는 가장된 무능함의 목표를 가지고 있다.

아들러 학파에서는 주의 깊게 특정 상호작용을 조사(예를 들면, 아이가 무엇을 하는지, 어른은 무엇을 하는지, 그리고 아이의 대답 속에 무엇이 있는지)하고 어른과 아이가 상호작용 속에서 무엇을 느끼는지에 주목하면 그 속에 있는 잘못된 목표를 발견할 수 있다고 본다. 아이들의 이런 목표 인식 과정은 아이들이 참여하는 집단 및 가족상담 형식 모두에서 구조화되고 조직화된다. 구체적인 예로, 행동 설명 및 관련된 상호작용은 심리학적 연구의 중심이 되며, 상담교사가 어린 시절 목적론의 명확한 그림을 형성할 수 있도록 한다.

잘못된 목표를 인식하는 경우, 드레이커스(Dreikurs, 1972)는 아이 자신의 언어로 목표를 잠정적으로 제시하여 재인반사(recognition reflex)를 알아내고자 했다. 아들러 학파는 다음의 세 단계 목표 노출 과정을 따른다.

"네가 왜 그런지…… 알고 있니?"
"좋은 생각(또는 다른 생각)이 있는데, 들어 볼래?"
"그것이 ……이지 않을까?"

아들러 학파에서 아이들에게 네 가지 목표 모두를 제시하는 것은 드문 일은 아니다. 목표 노출의 예들은 이 장의 뒷부분에서 제공된다. 드레이커스의 접근이 매우 성공적이었던 이유는 아이들이 자신에게 맞는 목표에 대해 재인 반응을 보였기 때문이다. 그것은 마치 아이가 자신이 알고 있는 것을 상담자도 알고 있다는 사실을 인지하고 있는 것과 같다.

의식적 목표

안스바허(Ansbacher, 1988)에 의해 개발된 이전 개념화를 바탕으로, 나(Jim)는 어린 시절의 그릇된 행동에 대한 드레이커스의 네 가지 목표를 보완할 것으로 믿는 세 가지 추가 목표를 공식화했다. 나는 이것을 갖기(getting), 자기-상승(self-elevation), 그리고 회피(avoidance) 목표라고 부른다. 드레이커스의 무의식적인 목표처럼, 나는 즉각적이나 실질적으로 의식적인 이러한 세 가지 목표를 고려했다. "이것은 마치 아이가 그 목적을 알고 그것을 추구하기 위해 적극적인 선택을 촉진시키는 것이다"(Bitter, 1991, p. 214).

예를 들어, 갖기(getting)는 어린아이의 많은 탐색 동기를 부여한다. 아이들은 무언가를 보면 그것을 갖기를 원한다. 그것은 관심이나 권력에 관한 것이 아니라 현재 자신이 갖고 있지 않은 것에 대한 욕망이다. 어린아이가 적절하지 않은 것을 취하거나 다른 사람의 것을 가지는 것에 대해 비난을 받으면, 나중에 아이는 그것을 '훔칠' 수 있다. 이 아이의 동기는 여전히 그것을 갖는 것이고 지금도 여전히 그릇된 행동을 하고 있다. 그것은 의식적으로 하는 그릇된 행동이기는 하지만, 아이 자신이 알지 못한다면 훔치는 행동을 멈출 수 없다.

우리는 자기-상승(self-elevation)과 회피(avoidance)의 의식적 목표와 관련이 있는 유사한 행동을 지적할 수 있다. 고자질은 다른 사람의 희생으로 스스로를 기분 좋게 하는 한 방법이며, 실제로 아이가 더 괜찮게 보이도록 하는 거짓말은 자기-상승의 목표이기도 하다. 그러나 거짓말의 가장 일반적인 목표는 회피로써, 보통 예상되는 걱정거리나 처벌에 대한 회피이다. 드레이커스의 목표들 중 하나 이상은 아이에게 의식적으로 알려질 때가 있는 것처럼, 아이가 의식적으로 선택한 다음 무의식적으로 그것을 받아들이는 경우도 있다.

[그림 5-1]은, 그러나 나(Jim)의 세 가지 목표와 드레이커스의 기존 네 가지 목표 사이의 가장 일반적인 의식인 관계와 무의식적인 관계를 묘사하고 있다. 여기에서 수평 직경은 어린 시절의 의식에 대한 일반적인 경계를 보여 준다.

몇 개의 발달적 및 체계적인 조건들은 의식적인 동기가 아이의

그릇된 행동에 관여될 확률을 증가시킨다. 즉,

- 그릇된 행동은 매우 어린(유치원) 아이들에 의해 행해진다.
- 관련된 아이들은 많은 처벌을 받는다.
- 관련된 아이들은 과도한 걱정을 하는 한 명 이상의 어른들에 의해 키워진다.
- 그릇된 행동은 어른과 아이의 상호작용보다 아이와 아이(특히, 형제자매)의 상호작용에 더 많이 나타난다.

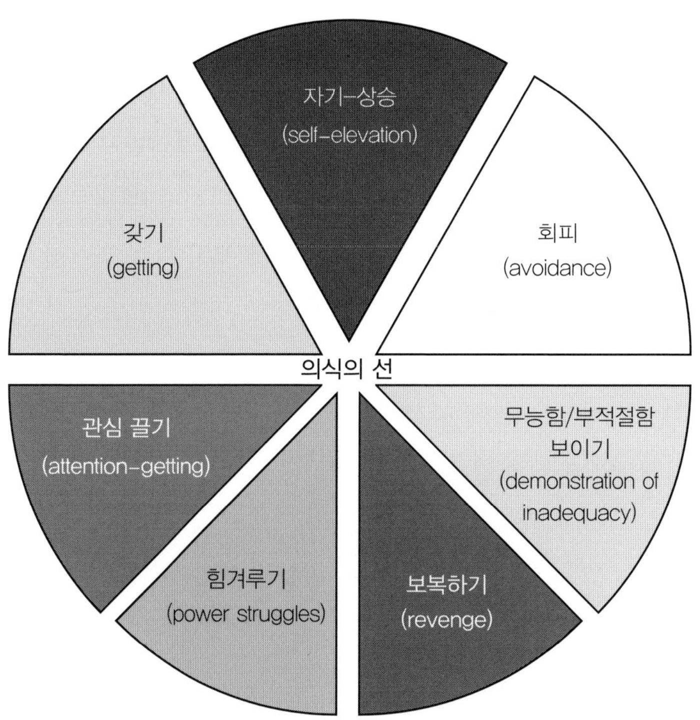

[그림 5-1] 아이의 그릇된 행동의 의식적 및 무의식적인 동기

이러한 조건들은 아이들과 함께하는 대부분의 집단상담을 정의하기 때문에, 상담자가 작업 중에 의식적인 동기를 발견하는 것은 드문 일이 아니다. 초등학생의 집단에서, 앤(Ann)은 지난밤에 부렸던 짜증에 대해 설명했다. 상담자는 집단에서 왜 앤이 그런 방법으로 행동했는지를 물었다. 여러 가능성을 고려한 후, 상담자는 다음과 같이 추측하는 질문을 했다. "아마도 너는 네가 대장이며 네가 좋아하는 것이면 무엇이든지 할 수 있다는 것을 부모님께 보여 주고 싶어 하는 것 같다." 그러나 이 개입은 재인반사를 불러일으키지 못했다.

또 다른 집단원이 다음과 같이 물었다. "너는 부모님이 네가 원하는 것을 주도록 하기 위해 화를 낸 것이었니(갖기 목표)?" 이 질문에서, 앤은 "아니야."라고 말하기 바로 직전에 재인반사로 반응했다. 이후 집단의 상호작용에서, 앤의 목표는 다시 수면 위로 떠올랐다. 즉, 앤은 가끔 다른 아이들이 가진 것을 보고 자신도 가지고 싶었고 그래서 그것을 가지게 되었다. 그녀는 다른 사람들이 가진 모든 것을 자신도 가질 자격이 있다고 느꼈다. 시간이 흐르면서, 그녀는 자신의 행동의 목적을 이해하게 되었고 자신의 선택이 무엇인지 다시 생각하게 되었다.

아이에 대한 어른의 잘못된 개념

아이가 그릇된 행동을 하는 데에는 잘못된 목표가 있기 때문이다. 이러한 잘못된 목표들은 항상 사회적으로 원인이 있고, 다른 사람과 교류하면서 드러난다. 아이들이 잘못된 행위를 계속 유지함에도 불구하고 어른들이 예상 가능한 패턴으로 반응해야 하기 때문에 본인들에게 이런 질문을 하는 것은 합리적이다. "무엇 때문에 계속해서 어른들이 아이들의 잘못된 행동에 관여하지 않는가? 아이들과 교류할 때 무슨 목적을 가지고 해야 하는가? 어른들은 무슨 목적을 추구하는가?"

드레이커스(Dreikurs, 1948/1958)는 아이의 잘못된 목표는 아이들과 계속해서 상호작용을 하는 중요한 성인들의 잘못된 목표를 이끌어 낸다는 것을 처음으로 제안했다. 결국 아이는 가족과 학교에서 관계를 맺는 것 외에는 다른 것이 거의 없으며 어른을 조사하고 읽어 내는 데 매우 숙달되어 있다. 오늘날 우리는 아동에 대한 어른의 잘못된 개념을 '적절성의 증명(관심 끌기), 통제(힘겨루기), 보복하기, 무능함 보이기'로 묘사할 수 있다(Bitter, Roberts, & Sonstegard, 2002, p. 53).

어떤 어른도 아이의 인생에 부정적인 영향을 줄 의도로 부모가 되거나 교육 및 육아에 종사하지 않는다. 모든 어른은 자신이 '좋은' 부모나 좋은 교사라는 것을 입증하고 싶어 한다. 각자는 어린이를 양육하고 교육할 때 자신들이 어떤 사람인지를 정의하는 특정 가치와 신념을 채택한다. 그것은 마치 기성세대들이 "나는 아이들이 ___________ (행복하고, 안전하고, 예의 바르고, 성취적이고, 성공적이고, 튼튼하게 등 각자가 직접 빈칸을 채워라) _________ 한다면 아이들과 잘 지낼 것이다."라고 말하는 것과 같다. 게다가 어른은 자신이 가장 좋아하는 꿈을 강화하거나 그것에 도전하는 행동으로 반응하는 경향이 있다. 따라서 아이의 관심 끌기 행동은 거의 항상 부모나 교사로서의 능력, 효율성 및 적절성을 입증하기 위한 목표와 직접적인 관계가 있다는 것은 우연이 아니다.

어른의 적절성이 위협을 느낄 때는, 설교하기, 과도하게 감독하기, 애지중지하기, 과보호하기, 벌로 엉덩이 때리기, 제한하기, 타임아웃, 일깨우기, 달래기 그리고 잔소리하기의 반응을 한다. 이때 아이들은 부정적인 관심 끌기나 힘겨루기에 관여한다.

어른이 시작하든 아이가 시작하든, 힘겨루기와 어른의 통제하기의 목표는 서로 밀접한 관련이 있다. 일부 어른의 경우, 통제는 자신의 적절성을 입증하는 것이다. 이것은 미국의 공립학교에서 특히 그렇다. 어떤 사람은 아이의 권력지향적 행동이 증가할수록 통제 욕구를 단계적으로 확대해 간다. 아이와 말다툼하거나 싸우는 것, 자신이 '대장'이라고 선언하는 것, 자기 방어, 철회 그리고 화내는 것은 어른이 아이를 통제하기 위한 싸움에서 졌다는 것을 나타내는 확실한 신호이다.

아이가 상처 받고 보복하고자 하는 것처럼 어른도 그렇게 할 수 있다. 어른의 보복은 힘의 차이 때문에 특히 위험한 목표이다. 그것은 너무 자주 아이를 학대하거나 무시하는 행동을 하게 한다. 경멸, 욕설, 비난, 극단적이고 가혹한 처벌, 거절 그리고 폭력 분출은 어른의 보복에 대한 표시들이다.

아이가 스스로 포기하는 것보다 어른이 아이들을 포기하는 것이 더 어렵다. 어른들은 세상에 태어난 아이에 대한 책임을 지는 것에 엄청난 사회적 · 법적 중압감을 느낀다. 가끔 우리는 비록 부모나 교사가 아무것도 하지 않으면서 단지 아이를 양육하는 것만으로도 매우 낙담하는 부모나 매우 드물게는 교사를 만나곤 한다. 어른들은 실제로 아이가 떠나기를 원한다. 어른들은 다른 사람도 아이를 감당할 수 없다는 것을 깨닫도록 자신의 부족함을 충분히 보여 준다. 그들은 혼자 있고 싶어 한다. 그들은 태만하고 자기밖에 모른다.

어른이 이러한 행동을 함으로써 점점 낙담하게 되고, 위험한 상호작용이 이루어진다. 이것은 전문적인 개입의 필요성이 있음을 제시해 준다. 목표가 적절하거나 통제가 가능한 덜 낙담된 상황일지라도 아이의 관심 끌기와 힘겨루기가 맞물리면 어느 쪽도 벗어나기 힘들어진다. 아이와의 잘못된 상호작용의 영향을 받지 않을 어른은 없다. 그러나 문제가 있다고 지목된 아이일지라도 학습과 시행착오, 그리고 결정을 위한 충분한 시간이 주어지면 어른에게 자극을 줄 수 있다. 집단지도와 집단상담을 제공하는 우리들은 잘못된 상호작용으로 우리를 이끄는 다양한 어린이의 수많은 시도를 경험하게 될 것이다. 따라서 아이와 함께 작업하는 우리는 우리 자신이 취약한 곳을 알고 있는 것이 중요하다. 우리가 앞 장에서 설명했던 집단상담의 가치와 기능은 이러한 아이의 행동에 대한 최고의 해결 방법이다. 집단의 지도자로서, 우리는 자기 통제, 격려하기, 이해하기 그리고 공감적 경청과 수용의 태도를 추구한다.

비록 아이와 상호작용하는 어른의 잘못된 개념은 가족치료나 교사와 자문에서 가장 많이 활용된다. 또한 이것은 집단의 아이에게 부모나 교사의 목표와 행동을 이해하도록 도움을 주는 유용한 안내서이다. 다음은 중학교 1학년의 집단상담 장면에서 발췌한 것이다. 집단에서 두 소년(랠프와 토미)이 자신들과 끊임없이 힘겨루기하며 '자신들을 미워하는' 수학 선생님에 대해 불평을 하고 있다.

랠　프: 노처녀 핸슨은 나치야.

토　미: 맞아, 그녀는 실제로 우리 중 몇 명이 잡담을 했다는 이유로 지난밤 숙제로 30개의 추가 문제를 내어 주었어.

에이미: 몇 명이 잡담한 것도 아니야. 너와 랠프만 그랬어. 그리고 나는 너희 둘이서 장난친 것 때문에 그 문제지를 풀어야 하는 게 싫었어.

랠　프: 아~ 그녀는 비열해!

에이미: 나는 잘 모르겠어. 나는 핸슨 선생님을 좋아하는 것 같아.

상담자: 왜 그런 거지, 에이미?

에이미: 핸슨 선생님은 항상 매일, 또는 일주일 치 일정을 가지고 있어요. 나는 내가 그 기간에 무엇을 해야 하는지 알 수 있어서 좋아요. 만약 이 두 친구가 더 이상의 숙제를 만들지 않는다면 말이에요.

상담자: 그렇구나. 핸슨 선생님은 매우 정확하구나.

에이미: 네, 그리고 선생님은 수학 문제를 어떻게 푸는지, 차근차근, 정말로 잘 설명해 줘요. 저는 작년에 했던 것처럼 헤매지 않아요.

상담자: 랠프! 에이미는 핸슨 선생님의 어떤 가치를 발견한 것 같구나. 하지만 랠프 너는 그 선생님에게서 어떤 것도 못 느끼는구나. 선생님은 너와 토미에게 비열하게 대하는구나. 왜 너희 둘이서 그녀가 그처럼 성가시다고 생각하니?

랠　프: 아마도 우리가 싫어한다는 것을 선생님이 알기 때문일 거예요.

상담자: 어쩌면, 그렇지만 나는 다른 생각이 있어. 듣고 싶니?

토　미: 네.

랠 프: 좋아요.

상담자: 핸슨 선생님에게 질서와 통제는 아주 중요할 수 있어. 어쩌면 선생님은 어떤 것이 통제에서 벗어나거나 그리고 너희 둘이 자주 하는 일 때문에 신중하게—꼼꼼하기까지—준비하는 선생님에게 학급이 무질서하게 될 조짐이 보일 때 패배감을 느낄 수 있어.

토 미: 네, 그러고 나서 선생님은 우리를 통제하려고 하지만 그렇게 할 수가 없어요. 선생님은 매번 질 거예요. (웃음)

상담자: 그 외 더 뭔가를 말해 볼 수 있겠니? 즉, 네가 알고 있는, 핸슨 선생님이 평소보다 더 나쁘고 기분이 좋지 않았던 때를 말해 줄 수 있겠니?

랠 프: 물론이에요.

상담자: 그리고 언제 너는 선생님에게 마음이 풀리니?

랠 프: (주저하며) 보통 안 그래요. 진실을 말하자면, 나는 대개 선생님을 무시하려고 해요.

에이미: 그리고 그것은 우리 모두가 추가분의 숙제를 받았을 때예요. (상담자를 쳐다보며) 나는 심지어 그것을 앙갚음하려고 하는 선생님을 비난하지 않아요. 나 역시 되갚아 주고 싶을 거예요.

집단상담의 단계

목적분석적 접근은 집단상담의 확실한 사전 교육뿐만 아니라 관찰되는 현상들의 명확한 이해도 가능하게 한다(Dreikurs, 1960; Sonstegard & Dreikurs, 1973; Sonstegard, Dreikurs, & Bitter, 1982; 제4장을 보라). 아들러 학파의 개입 모델에 따르면, 상담자는 첫째 집단원 사이의 친밀한 유대관계를 만들기 위해 작업한다. 두 번째로 상담자는 아이들과 그들의 문제를 이해하기 위한 동기부여를 강조하는 심리적 조사를 실시한다. 세 번째로 상담자는 드레이커스에 의해 개발된 실험적인 목표 노출 과정을 사용하여 개방을 촉진한다. 네 번째로 상담자는 재교육, 아이의 잘못된 목표의 수정 및 더 유용한 삶의 패턴을 개발하게 한다.

집단 유대관계 형성하기

집단에서 아이들과의 작업 관계 수립은 그저 긍정적이고 적절한 상호작용을 많이 가지는 것보다 더 의미가 있다. 집단지도자는 집단원의 발달 단계를 고려하여 상호 존중 모델의 방식으로 아이들을 참여시키며(Gazda, 1989; Waterman & Walker, 2000), 집단원의 상호작용에 심리적 의미를 불어넣는다. 집단이 개인적 목표에 대한 이해와 함께 모든 것에 대해 합의에 도달하면 집단의 유대관계가 형성된다. 심지어 어린 유치원 아이들도 이 과정에 참여할 수 있는데 그들에게는 다만 더 적극적인 리더십과 지도가 필요하다.

목표에 대한 상호 합의는 너무 자주 외면되고, 상담은 집단의 저항으로 바뀌어 간다. 아이들이 도움을 필요로 하고 상담자가 도움이 되고자 할 경우에도, 각자가 도움을 인지하는 방식과 목표를 성취하기 위한 수단에는 차이가 있을 수 있다. 아이가 변화를 원할 수 있지만 아이의 방식과 수단은 변화의 장애물이 되는 주요 요인이다. 예를 들면, 아이가 심하게 낙담하거나 절망하고(실패와는 대조적으로) 있음을 보여 주기 위해 결심할 수 있다. 상담자는 사회에서 모든 사람과 관계하면서 지도자들에게 대했던 동일한 태도를 상담자에게도 보이는 아이들에 대한 준비도 되어 있어야 한다. 이 아이들은 힘겨루기를 통해 상담자를 굴복시키려고 애쓴다. 또한 일부 아이들은 사회적인 관심이 부족하거나 반사회적일지라도 만족한 장소에서 지내고 있다고 느낄 수 있다.

그렇게 하도록 격려를 할 때, 집단은 일반적인 목표 설정에 필요한 협력을 촉진할 것이다. 매우 낙담한 어린아이들에게는 이 과정에 시간이 더 많이 걸릴 수 있다. 상담자는 인내심을 가져야만 한다. 협력 관계를 수립하고 유지하는 과정 자체가 교정적이다. 아이가 상담자와 즉시적인 공동 목표에 동의한 경우, 아이의 목표와 역할은 이미 변경된다. 이것은 아이가 어른과 함께하는 협력적 작업 관계를 갖는 첫 경험이 될 수 있다. 즉, 처음으로 아이는 중요한 의사결정에 참여하게 된다. 상담자는 아이의 사회 및 성인 세계의 '권위자'로 경험되기보다는 개인적인 경험을 들어주고 이해하도록 도움을 주는 첫 경험의 대상이 된다. 만약 상담자가 수용의 느낌, 이해, 그리고 실패보다 성공의 예측을 전달할 수 있다면, 집단 관계의 기초가 수립된 것이다.

상담자는 '감정 느끼기'에 대한 여러 가지 방법을 집단으로 가져올 필요가 있다. 어린아이들은 종종 초기에 더 많은 구조화를 필요로 한다. 집단지도자가 다른 집단에서 가졌던 계약을 언급하고 이 집단이 그 계약에 대해 어떻게 생각하는지 물어보는 것은 유용하다. 마찬가지로, 어린아이들이 자신의 삶에 대해 이야기할 때, 어떻게 시작해야 하는지 모를 수 있다. 다시 말하면, 우리는 종종 다른 집단에서 과거에 논의했던 주제나 쟁점에 대해 이야기해 준다. 또는 우리는 가족 구도, 자신의 강점과 약점, 혹은 지금(또는 항상) 걱정하는 것에 대해 물어보는 심리적으로 유용한 질문으로 대화를 시작할 수 있다. 아주 어린아이에게는 일반적으로 매우 구체적인 주제에 집중하고 회기가 더 짧아야 도움이 된다. 그 안에서 아이디어가 나오고 논의되면서 잠정적인 결론에 도달할 수 있다. 나이가 좀 더 든 아이들은 집단 과정에서 더 많은 책임을 가질 것이다. 일반적으로, 지도자는 집단원이 가능한 한 집단 방향과 과정을 더 많이 다루도록 해야 한다.

심리적 조사

아들러 학파의 상담자는 아이들의 사회적 상황(참여 분야)뿐만 아니라 대처에 유용한 전략을 적극적으로 탐구한다. 조사의 첫 번째 수준은 일반적으로 아이의 주관적인 조건이다. 즉, 아이의 불만, 문제, 관심사, 개인적인 반응과 느낌, 그리고 걱정거리 또는 아이들을 성가시게 하는 사람과 사건 등이다. 심지어 낙담이 심하지 않은 아이와 청소년조차도 대부분의 어른보다 보호력이 떨어진다. 그들은 생활과 관련하여 자신의 입장을 표현하지 못한다. 주관적인 면담(subjective interview)은 때때로 몇 주간 집단에서 다룰 수 있는 충분한 자료를 보여 준다. 조사의 두 번째 수준은 객관적인 면접(objective interview)으로, 자신의 '생활' 상황(예를 들면, 집, 이웃, 학교)에서 개인적인 기능을 어떻게 하는지 그리고 가족과 동료 사이에서 어떻게 반응하는지를 탐구하는 것이다. 조금 더 나이가 든 청소년과 함께하는 집단에서는, 객관적인 면담의 일부로, 생활양식 평가를 실시할 수도 있다(Eckstein & Baruth, 1996; Powers & Griffith, 1987; Shulman & Mosak, 1988을 다시 보라). 아들러 학파에서는 오랜 기간 동안 가족 구도, 부모 관계 조사, 부모-자녀 상호작용, 가족 분위기 그리고 출생순위/형제관계의 유용성을 강조해 왔다(Bitter et al., 2002). 발달 경험과 초기 회상은 나이 든 아이의 삶의 패턴에 대한 단서들을 밝히는 데 유용하게 사용될 수 있다.

상담자가 심리학적인 입장을 유지하고 있는 한, 탐색을 위한 많은 다른 접근들이 사용될 수 있다. 아들러 학파는 놀이치료, 인형, 그리고 그림(Deornellas, Kottman, & Millican, 1997; Kottman, 2001, 2003; Sonnenshein-Schneider & Baird, 1980), 역할 연기와 역할 바꾸기(Kern & Eckstein, 1997; Sonnenshein-Schneider & Baird, 1980), 그리고 꿈 작업과 독창적 기술(Dushman & Sutherland, 1997) 등을 사용했다. 집단원의 목적, 목표, 그리고 대처 패턴을 심리학적으로 적용하기 위해 위에서 언급한 방법들은 평가와 재정향에 도움이 된다. 놀이치료는 아이와 함께 놀이하는 것과 같지 않듯이, 집단상담도 어떤 토론 집단을 넘어선 그 이상이 되어야 한다.

해석

이번 단계의 과정적 목표는 대처 전략과 자신의 동기를 드러내는 것이다. 즉, 역기능적 행동을 지지하는 사적 논리, 잘못된 개념과 목표를 드러내는 것이다. 비교적 어린아이와 작업할 경우(열 살 정도 된), 대부분의 해석(interpretation)과 노출은 그릇된 행동의 목표와 관련되어 있다[드레이커스(Dreikurs)와 나(Jim) 모두]. 개인상담보다 장점을 가지는 집단상담은 토론에 참여하기, 목표와 동기에 대해 숙고하기, 현재 문제에 대한 이전 조사로부터 나온 패턴 연결 짓기, 그리고 자신의 동료에 대한 생각과 입장 등을 다루게 된다.

아이들은 항상 모든 행동이나 결과는 일반적으로 그 원인이 개인의 외부에 있다고 거짓으로 제시하는 세계에서 자라고 있다. 이러한 관점은 종종 집단원의 생각에 반영된다. 상담자의 목적과 목표에 대한 초점은 아이에게 감정의 반응에 머물러 있도록 내버려 두는 것보다 행동과 상호작용의 목적을 이해하고, 그 경험의 의미를 알 수 있도록 돕는다.

이미 언급한 바와 같이, 아이들과 함께하는 아들러 학파의 목표 노출은 각각의 아이들이 정보를 고려하고 그것의 유용성에 대해 결정하도록 시험적으로 접근한다. 일반적으로, 집단원의 정확한 해석과 목표 노출은 상담자의 개입보다 더 나은 집단 과정을 유지하도록 한다. 우리는 가능한 동기에 대해 추측하기 위해, 예를 들어 "너는 존이 왜 항상 여동생과 싸운다고 생각하니?" 하고 물어본다. 단지 집단원이 가능한 목표를 생각해 내는 데 실패할 경우에만 "너는 좋은 여러 가지 가능성을 많이 갖고 있는 것 같구나. 나에게도 이것에 대해 생각이 하나 있는데 들어 보겠니?" 하고 우리의 생각을 제공한다.

각각의 목표를 드러내기 위해 우리가 하는 일반적인 표현은 다음과 같다.

- "너는 엄마나 아빠가 너 때문에 계속 바쁘게 지내기를 원하는 게 아닐까?"(관심 끌기: 드레이커스의 목표 1)
- "너는 네가 대장(보스)이거나 아무도 너를 멈추게 할 수 없다고 엄마나 아빠에게 보여 주고 싶은 게 아닐까?"(힘겨루기: 드레이커스의 목표 2)
- "네가 고통을 느끼고 그래서 엄마나 아빠에게 복수하고 싶은 게 아닐까?"(보복하기: 드레이커스의 목표 3)
- "너는 혼자 내버려 두기를 원하는 게 아닐까?"(무능함 보이기: 드레이커스의 목표 4)
- "너는 무엇이든 원할 수 있고 그것을 가지기 위해 어떤 것이든 할 수 있을 있다고 생각하는 게 아닐까?" (갖기: 의식적인 목표 5)
- "너는 네가 얼마나 위대하고 중요한지 또는 네가 최고임을 보여 주고 싶은 게 아니니?" (자기 고양: 의식적인 목표 6)
- "너는 처벌받는 것에 대해 걱정되는 것은 아닐까?" 또는 "너는 나쁘게 보이거나 잘못되기를 원하지 않는 게 아닐까?"(회피: 의식적인 목표 7)

만약 상담자의 어떤 추측이 정확하다면, 아이는 일반적으로 두 눈에 미소와 깜빡임을 표현하며 '재인반사'를 보여 줄 것이다. 아이가 뭔가를 훔치다 현장에서 걸렸을 경우 재인반사를 잘 보여 준다. 아이의 언어적 반응에 관계없이, 재인반사는 진단적 가설의 증거이다(Bitter, 1991; Lowe, 1971). 게다가, 아이가 "아니에요, 그게 아니란 말이에요."라고 말하더라도, 재인반사는 목표가 지금 의식이 되고 있고 시간이 지남에 따라 위협적이지 않은 방식으로 드러나게 된다는 것을 시사하고 있다.

재정향

집단은 해석을 하지 않고서도 아이의 재정향(reorientation)을 이룰 수 있다. 우리는 다른 상담 접근에서 나타난 성공을 보았기 때문에 이 부분을 잘 알고 있다(예를 들면, 인간 중심 치료, 게슈탈트 치료, 현실치료, 놀이치료, 인지행동치료 그리고 표현과 해결 중심 같은 구성주의 치료). 이러한 모델의 성공은 재정향이 자신의 역동적 요소에 영향을 미치는 것처럼 보인다.

아들러 학파는 재정향이 변화 과정의 최종적이고 가장 중요한 단계로 생각하며, 이러한 새로운 이해는 아이의 생활에서 행동으로 옮기게 하고 새로운 선택을 하도록 한다. 집단원의 삶의 경험이 많으면 많을수록 변화를 위한 선택을 더 많이 하는 유용한 집단이 된다. 좀 더 나이 든 아이와 청소년은 만약 시간이 주어진다면, 창의적이고 유용한 선택을 하는 경향이 있다. "존, 진이 제안한 것에 대해 어떻게 생각하니?"와 같은 상담자의 개입은 위의 사항을 강조한 사례이다(이 과정의 사례를 제2장에서 보라).

대부분의 재정향 역동은 집단원뿐만 아니라 집단원과 상담자 사이의 유대관계의 강도에 있다. 수용과 이해는 변화에 대한 저항을 제거하는 데 도움이 된다. 행동에 목표가 있다는 것을 알고 있는 아이는 어른-아이의 상호작용에서 빈번하게 발생하는 '좋은/나쁜, 옳은/잘못된'의 내면화된 의식 속에서 길을 잃을 가능성이 적다. 아이가 목표에 도달하는 방법이 많다는 것을 발견하면 선택은 항상 가능하다. 집단상담은 아이가 그 자신의 목적을 선택하는 것과 관련되는 자유와 책임 그리고 생각하는 능력과 다른 사람의 삶에 도움을 주는 의사결정을 하는 데 개인적인 힘을 깨닫게 도와준다.

격려는 아이의 모든 재정향과 교정적인 노력의 성과에 필수적인 요소이다. 그릇된 목표의 재정향은 아이 자신의 믿음의 회복, 강점과 능력, 존엄과 가치의 실현을 요구한다. 격려가 없다면 어떤 상담 접근도 효과를 내지 못한다. 이전의 소개에서 우리는 아이와 함께하는 집단상담 장면에서의 격려의 힘을 보여 주었다(Sonstegard & Dreikurs, 1973).

집단상담에서 켑(Kebb)은 교사가 '비정상적인' 행동이라 부른 것을 언급했다. 그는 화장실과 복도에서 웃음거리가 되었다. 교사와 교장은 그를 감시하느라 매우 바빴다. 그를 지켜보는 것이 더 많아지자, '비정상적인' 행동은 더 자주 일어나게 되었다…… 집단에서, 켑은 반응을 하지 않았지만 토론 중에 자신을 방어했다. 한 집단원이 켑이 결코 자신의 일을 끝내지 않았고 독서를 하지 않았다는 사실을 제기했다.

켑　: 나는 오늘 그것을 다 했어요.

상담자: 그것 모두를 끝냈니? 아니면 일부만 끝냈니?

켑　: 네, 나는…… 음…… 아…… 대부분을 했어요.

상담자: 그것을 우리에게 보여 줄 수 있니? 나는 네가 무었을 했는지 궁금하구나.

켑　: 네.

상담자: 지금 그것을 우리에게 보여 줄 수 있니?

켑 : 네.(그는 교실로 가서 그의 과제와 읽은 책을 가지고 왔다.) 저는 읽을 수 있어요!

상담자: 나도 네가 읽을 수 있다고 생각한단다.

쓰기 과제는 하라는 만큼 하지 않았으나, 상담자는 잘한 부분을 지적하기 시작했다. 글씨는 잘 적혀 있었다. 켑은 문장의 끝부분에는 마침표를 찍고, 시작 문자는 대문자로 써서 다른 사람이 쉽게 읽을 수 있도록 했다. 상담자는 잘한 부분을 큰 소리로 읽었고, 집단원도 켑이 좋은 생각을 가지고 있다는 데에 동의했다. 켑은 대답을 하게 되었고 자신이 하고 싶은 다른 생각들을 말하기 시작했다. …… 그러고 나서 켑은 열정적으로 책을 집어 들고, 책을 읽었다.

집단원: 저것은 우리가 읽고 있는 책이 아니에요. (켑은 자신의 자리에 폭삭 주저앉았다.)

상담자: 정말 다른 것이니? (몇몇의 집단원이 아니라고 동의했다.)

켑 : 나는 이 책에 있는 이야기를 더 좋아해요. (그 책은 확실히 쉬운 책이었다.)

켑은 상당히 잘 읽었으나, 어떤 단어들은 놓쳤다. 다시, 상담자는 강점인 표현과 해석에 초점을 두었다. 켑은 이제 더 좋은 감정을 느꼈고 자신의 의자에 앉았다. 그는 더 많은 자신감을 가지고 읽어 내려갔다(p. 64).

종결

아이들이 고민하는 문제는 집단에서, 주로 가족과 동료 집단의 상호작용으로부터 나온다. 따라서 이런 문제들은 집단에서 풀어야만 한다. 집단상담은 대부분의 아이들이 살고 있는 사회의 벽을 무너뜨리려 한다. 일정 기간 동안, 집단원은 집단 안에서 다른 사람을 돕기 위한 진정한 관심을 개발한다. 이 장에서, 우리는 어린이와 함께 하는 집단지도, 집단상담 그리고 집단지료의 자이를 이야기했다. 우리는 또한 집단에서 드레이커스의 아이의 그릇된 행동에 대한 네 가지 목표와 저자의 그릇된 행동에 대한 세 가지 의식적 목표를 포함하는 아이의 기본적인 심리적 문제에 대해 언급했다. 우리는 또한 아이에게 반응하는 어른의 잘못된 개념과 그러한 목표가 깨지기 힘든 상호작용 패턴의 형성이 아이의 잘못된 목표와 어떻게 서로 작용하는지를 보았다. 마지막으로, 아들러 학파 상담의 네 가지 단계들(예를 들면, 유대관계 형성하기, 심리적 조사, 심리적 노출 그리고 재정향)은 집단에서 아이 및 어린 청소년과의 함께하는 우리의 작업에 적용되었다.

CHAPTER 06 집단전문가의 교육과 훈련

이 장에서 다룰 주요 내용

1. 집단상담사의 교육과 훈련에 대한 이상적 프로그램 제안
2. 초기 시작점의 집단경험
3. 많은 시간의 집단 과정 관찰
4. 개인의 집단경험과 관찰에 대한 집단 이론, 과정, 평가의 적용
5. 공동 리더십(coleadership)과 슈퍼비전
6. 집단경험에 대처하는 과정을 이해하고 개인의 즉각적 반응을 평가하기 위해서, 집단상담사와 치료자들이 주로 사용하는 사티어(Satir, 1976)의 의사소통 유형과 케퍼(Kfir, 1971, 1989; Kfir & Corsini, 1981)의 성격 우선순위를 기초로 한 모델
7. 집단상담사와 치료자의 훈련에 있어서 논문을 작성하는 것의 중요성과 논문을 기술하는 과정을 전자미디어를 통해 쉽게 사용할 수 있는 방법
8. 체계적 이론, 공동 리더십, 슈퍼비전을 혼합하는 과정과 훈련 과정에서의 집단 단계 재논의

과거 의료계는 환자들이 겪는 질병의 고통보다 더 해로운 치료적 개입을 할 때가 종종 있었다. 예를 들면, 현대 의학으로 전환되기 전, 과거 의료계는 심각한 질병이 생겼을 때 피를 뽑아 치료하는 '사혈 치료법'을 사용하였다. 이 치료법은 조지 워싱턴(George Washington)이 호흡기 질환(폐렴)을 치료받으면서 과다 출혈로 죽게 된 바로 그 치료법이다. 당시 미국 워싱턴 의료계의 가장 큰 어려움은 심각한 질병에 대해서 하나의 치료법만 사용하려는 경향이었다.

오늘날의 수술은 수년간의 연구와 의료 기준의 개선 덕분에, 이전에는 상상할 수도 없었던 장기 이식과 정밀 레이저 시술을 제공할 수 있게 되었다. 또한 100년 전 치명적인 질병이었던 '천연두' 도 지구상에서 거의 사라지게 되었다.

우리는 인간 행동과 동기를 이해하는 데 필요한 지식과 기술은 의사가 되는 데 필요한 시간과 노력과 동일하게 들어간다고 믿고 있다. 우리는 점차적으로 심리 · 사회복지 · 상담과 같은 분야에서 훈련의 필요성을 받아들여야 한다고 믿음으로써 학습과제가 많아지고 학위나 자격증의 필요성을 알게 되었다.

상담자, 사회복지사 그리고 심리학자들은 학교, 지역 단체, 의료 보장시설에서 근무하며 자신의 상담 능력을 뛰어넘는 개별 치료 상황을 종종 만나게 된다[미국심리학회(American Psychological Association: APA) 프로그램(http://www.apa.org), 미국상담학회(American Counseling Association: ACA)의 CACREP 기준(http:// www.counseling.org/about/orgs.htm), 그리고 미국사회복지학회(National Association of Social Workers: NASW)의 프로그램을 보라.].

학교와 지역사회 및 치료시설에 근무하는 상담자, 사회복지사, 심리학자들은 개인치료를 제공하는 능력 그 이상을 필요로 하는 사례를 정기적으로 경험한다. 집단상담의 훈련이 이러한 어려움을 해결할 수 있는 보다 편리한 방법 중 하나인 것처럼 보일지라도 조력 전문가를 위한 프로그램은 아직 미개발되어 있는 분야 중 하나이다. 예를 들어, APA와 CACREP 자격증 소지자는 모두 실습 과정에서 40시간의 집단경험과 집단 과정이라는 교과목을 이수하는 교육과정에 참여해야 한다.

우리가 대학 환경에서 갖추어야 할 훈련 프로그램은 의학 분야에서 일하는 임상 훈련의 철저함을 따라야 한다. 이를 위해서는 다음의 내용이 포함되어야 한다.

1. 상담, 사회복지, 심리학에 종사하는 사람을 위한 집단경험
2. 많은 시간의 집단 과정 관찰
3. 집단 이론, 집단 과정, 집단 평가가 직접적으로 개인의 집단경험과 연관이 있고 도움 되는 훈련
4. 슈퍼비전을 받는 집단의 공동 리더십
5. 집단작업을 주로 하는 실습이나 인턴십 그리고 적절한 슈퍼비전

대학원생의 조력 전문성을 위한 집단경험

조력 전문가가 되려는 대학원생은 내담자에게 자신의 인생 중

가장 은밀한 부분을 드러내도록 요구함에도 불구하고, 미래의 많은 상담자와 치료자들은 개인적인 노출에 대해 몹시 꺼린다. 집단 상담자와 치료자를 위한 '최선의 실습'은 집단 리더십에 대한 그들의 능력과 준비 정도를 점검하고 평가받는 것이다(Rapin & Keel, 1998). 아들러 학파의 실습을 지향하는 집단이 아니더라도 첫 집단 참여는 미래의 예비 상담자들에게 긴 침묵, 주요 관심사의 공유, 공감적 이해, 개인적인 직면, 감정적인 관계, 집단 응집력의 발달, 집단 지지와 집단 규범의 힘 등을 처음으로 경험하게 한다(Gladding, 2003). 또한 이런 초기의 집단은 참여자들이 몇 년 동안의 집단작업에서 만날 수 있는 경험들, 예컨대 조용히 앉아 있거나 독점하는 사람, 혹은 인종, 민족, 성별과 같은 보다 많은 윤리적 과정 등을 경험하게 한다.

아들러 학파의 집단상담과 치료는 이러한 초기 경험을 쌓아 가면서 개인에 대한 다음과 같은 체계적인 이해를 하고자 한다. 그러므로 아들러 학파의 집단에서는 집단 내의 목소리와 효과적인 의사소통의 개발(Gilligan, 1982; Satir, 1976), 곤경이나 스트레스 상황에서 우선순위의 영향(Kfir, 1971, 1989; Kfir & Corsini, 1981), 생활양식의 조사와 이해(Powers & Griffith, 1987), 집단 내에서 공동체 느낌과 사회적 관심의 경험(Ansbacher, 1992) 등을 다룬다. 아들러 집단상담의 경험은 미래의 집단지도자와 치료자의 자기 이해를 도울 뿐만 아니라 스트레스 상황에 대처하는 과정을 명확하게 알려 준다.

문제없는 삶, 스트레스와 어려움이 없는 삶은 신화일 뿐이다. 우리가 부분적으로 서로 다른 것은 대처하는 스타일과 과정에서 차이가 있기 때문이다. 모든 대처법은 원하는 해결책이나 결과보다

선행하고 그것을 예측한다. 예컨대, 만약 모든 사람이 행복하기를 원한다면 나는 분노와 대립에 잘 대처하지 못할 가능성이 있다. 또는 사람들이 상처나 상실감, 고통을 호소할 때 나는 그들을 '고치려' 할 것이다. 스트레스 상황에서 우리가 소통하는 방법은 궁극적으로, 우리가 힘든 상황의 요구에 효과적으로 해결하기 위한 노력뿐만 아니라, 자신과 타인 그리고 세상을 인식하는 방법과 관련이 있다(Bitter, 1993).

페기와 짐(Peggy & Jim)은 아들러 가족치료의 후기 창시자인 버지니아 사티어(Virginia Satir)와 함께 연구해 왔다. 사티어는 특히 삶을 변화시키는 과정에서 스트레스와 역기능적 대처에 사용하는 네 가지의 의사소통 방식을 개발하였다(Pelonis, 2002). 사티어(Satir, 1976)는 이런 스트레스 상태를 비난형, 회유형, 초이성형, 산만형으로 구분하였다.

같은 시기에 이스라엘의 니라 케퍼(Nira Kfir)라 불리는 아들러 심리학자는 성격 우선순위의 개념을 소개하였다. 이런 성격 우선순위는 스트레스 수준이 높거나 곤경에 처했다고 느낄 때 사람들이 첫 번째로 방어하는 목표를 설명해 준다. 케퍼(Kfir)는 네 개의 우선순위를 우월, 기쁘게 하기, 통제 그리고 편안함 추구로 밝힌 바 있다.

사티어(Stir)의 의사소통 방식과 케퍼(Kfir)의 성격 우선순위의 상관관계는 여러 곳에서 언급되었다(Bitter, 1987, 1993). 이것은 집단상담자 훈련에서 특별한 가치를 지니고 있다. 사람들은 개인상담보다 집단상담의 초기에 불안과 스트레스를 더 많이 경험한다. 가족 이외의 사람들과 개인적 문제를 공유하기 힘들어하는 문화권에서는 특히 개인상담이 더 사적이고 좀 더 안전할지도 모른다. 그러

〈표 6-1〉 역기능적 의사소통과 스트레스 반응의 목표

사티어의 스트레스	말	감정	자기(S), 다른 사람(O), 사회적 맥락(C)	가장 피하고 싶은 것	치르는 대가	Kfir의 성격 우선순위
회유형	동의하는	불안	~~S~~ C O	거절	많은 사람을 기쁘게 하기 위해 정체감 상실	기쁘게 하기
비난형	반대하는 동의하지 않는	분노 짜증	S C ~~O~~	의미 없음	과도하게 일하기 많은 짐 떠안기	우월 의미 추구
초이성형	이성적 합리적	조급함 두려움	~~S~~ C ~~O~~	모욕감/당황	사회적 거리	통제
산만형	산만한 혼란스러운	혼란 혼돈	~~S~~ ~~C~~ ~~O~~	고통과 스트레스	낮은 생산성	편안함 추구

나 종종 이런 문화권의 사람들이 일단 집단경험을 하게 되면 다채로운 집단경험을 더 원하고, 더 오래 경험하고 싶어 한다. 집단에서는 항상 더 관심을 받고 싶어 하고, 동맹을 하거나 남다른 욕구를 가진 사람들이 많이 있다. 상호작용은 집단의 과정이고, 그 목적과 흐름은 단순히 개인에게만 관심을 가질 때보다 훨씬 따라가기가 어렵다. 게다가 개인치료는 내담자들이 주요 문제를 숨기거나 무시하거나 부정할 수 있지만, 집단 과정에서는 좀 더 개인적이고 중요한 감정이 무시되지 않고 표면으로 떠오르게 된다. 집단 과정을 다루면서 스트레스가 높을 때 우리가 자동적으로 반응하는 방식인 우리의 방아쇠를 아는 것은 꼭 필요한 일이다.

의사소통 과정은 종종 개인의 대처와 '촉발된' 반응을 가장 잘 관찰할 수 있도록 한다. 다음은 스트레스 상황에서 사티어의 의사소통 방식과 케퍼의 성격 우선순위의 상호작용 과정을 통합하여 설명하고 있다(〈표 6-1〉).

회유[1]–기쁘게 하기

다른 사람들을 기쁘게 하고자 하는 사람들은 상대방이 무슨 말을 하든지 간에 동의한다. 스트레스가 심할 때, 기쁘게 하려는 사람은

1) 역자 주: Satir(1976)는 네 가지 의사소통 방식을 회유형, 비난형, 초이성형, 산만형으로 명명하였으나 아들러 학파에서는 특정 개인을 유형으로 구분하기보다는 스타일(style)로 바라보는 관점이 있고, 이것을 우선순위 생활양식과 결합할 때는 ~형이라는 단어를 빼고 '회유–기쁘게 하기, 비난–우월, 초이성–통제, 산만–편안함 추구'로 번역하였다.

지나치게 공손하게 행동하는 경향이 있다. 이들은 다른 사람을 만족시키기 위해 스스로를 희생할 의지를 갖고 있다. 회유형-기쁘게 하기는 자존감이 낮고 다른 사람이 자신을 사랑하기를 바라는 것으로 시작된다. 극단적으로 그들은 자신을 무가치하게 느끼고 자신이 정말 생각하고 느끼는 것과 상관없이 어떤 요구에도 '예'라고 말할 수 있다. 회유-기쁘게 하기의 사람은 자기 자신의 행동을 평가하는데, 효과적이라고 느끼지 못하기 때문에 항상 약간 긴장하는 편이다. 그들은 자신을 비난하거나 스스로 중심이 되려고 하는 사람들과도 쉽게 관계를 형성한다.

다른 사람의 행복의 무게가 항상 자신의 어깨에 있기 때문에, 그들은 꾸준히 노력하고 인내하는 강점이 있다. 불행히도, 회유-기쁘게 하기의 사람은 다른 사람들이 자신을 악용하는 관계에 많이 놓이게 된다.

비난-우월(유의미)

스트레스가 쌓일 때, 회유하고 기쁘게 하는 것의 보완책은 유의미성을 유지하거나 적어도 우월을 유지하기 위해서 비난하고 싸우는 것이다. 이런 입장을 취하는 사람들은 다른 사람과의 관계에서 자기 가치를 보존하고 유지하기 위해 다른 사람뿐만 아니라 그 사람의 기본 욕구도 희생시킨다. 유의미-우월성의 우선순위는 한 발 앞서나가는 것, 권력을 갖는 것에 달려 있다. 문제 상황에 놓이면 어디서든 결점은 나타난다. 의사소통은 타인에 대한 논쟁이나 비난의 형태로 표현되고, 자기 비난도 비슷한 강도로 이루어진다. 이런 사람들은 대부분의 시간에 압박감을 많이 느낀다. 그리고 도전을 받으면 쉽게 화를 내는 과민함이 나타난다.

비난-우월(유의미 추구)의 사람들은 의미 없고 가치 없는 것을 피하고자 한다. 이들의 자존감은 가장 위에 있다는 섬세한 느낌이 들거나 어려움에 직면해서도 자신의 책임이 없다고 느낄 때 높아진다. 꾸물거리는 것과 과도하게 행동하는 양극단적인 움직임이 있다. 그들은 스트레스가 낮고 삶이 잘 진행되고 있을지라도 과로하거나 과중한 부담을 호소한다. 이때에도 삶에서 주는 도전을 다루고 있다고 생각한다. 그러나 스트레스가 증가하면 비난-유의미 추구의 사람들은 문제를 압도하려고 노력할 것이다. 그것이 실패하면 다른 사람들의 잘못을 찾아내어 비난한다. "당신이 아니었다면 모든 것이 괜찮았을 텐데"(Satir, 1988, p. 27).

초이성-통제

초이성형의 사람들은 자신의 삶을 통제하고자 한다. 머리는 명확하게 합리적이라고 간주되는 정보만 가져와서 분류하고 보고하도록 프로그램되어 있다. 감정은 비합리적인 혼란의 주요 원인으로 간주한다. 그러므로 초이성-통제의 사람들은 어떤 감정이든 목까지 올라오지 못하게 한다(Satir, 1988). 이런 사람들은 관리되는 맥락이나 상황에서 원칙에 의해 인도되는 삶을 추구한다. 감정을 통제하려는 이러한 노력은 필연적으로 자신과 타인의 희생으로 이어진다. 의사소통은 이성적이고 추상적이며 부적절하더라도 때때로 장황한 편이다. 그리고 목소리를 내지 않는 것이 통제하는 데 있어서 중요하다.

스트레스 상황일 때, 초이성적인 사람들은 당황스럽거나 굴욕스러운 상황을 피하고자 다른 사람이나 상황을 통제하고자 한다. 감정을 나누는 것보다 서로 간에 거리 두는 것을 선호하고, 종종 그 대가(代價)로 고립되기도 한다. 이런 사람들은 종종 혼자 정확히 할 수 있는 활동을 추구한다.

산만-편안함 추구

편안함 추구는 케퍼의 유형론에서 특별한 의미를 가진다. 이 사람들은 만족감과 즐거움을 찾는 것보다 스트레스와 고통을 피하고자 한다. 이런 의미에서 본다면 이것은 아주 협소하게 만들어진 안락함의 경험이다. 이런 유형의 사람은 스트레스가 높아지면, 관심으로부터 벗어나고자 하는 행동을 한다. 또 의사소통을 할 때 부적절한 경향이 있다. 이들은 질문에 대해 질문으로 답하거나 주제를 바꾼다. 그러므로 이들의 이야기는 부분을 놓치거나 연결성이 떨어지는 것처럼 보인다. 부적절한 의사소통은 상황이나 맥락요구에 잘 맞지 않는다.

'산만-편안함 추구'의 사람들은 의견의 불일치가 고통을 불러 온다는 것을 안다. 갈등의 불편함을 피하는 가장 단순하고 좋은 방법은 맞서지 않는 것이다. 아무도 부적절한 문제를 가진 사람에게 관심을 기울이지 않으며, 그 사람은 인생의 의미 있는 문제에 집중하는데 어려움을 갖는다. 많은 사람들은 인생 과업을 충족시키려는 노력을 통해 자기 가치감을 느끼고 있지만, 산만-편안함 추구의 사람들은 낮은 생산성과 함께 낮은 자기 가치로 인해서 고통받게 된다.

앞의 네 가지 의사소통 유형은 '4×4'로 구성되어 있다. 일반적으로 이것이 사람들에 대해 모든 것을 알 수 있도록 이야기해 주지는 않는다. 그러나 이것은 사람들이 실제 혹은 인식된 어려움에 대처할 때, 인간의 행동과 상호작용을 이해할 수 있는 매트릭스 역할을 한다. 비록 누구나 한 가지의 의사소통 방식을 가지고 있는 것은 아니지만, 성격의 우선순위의 개념은 한 개인의 행동을 설명하는 데 매우 적합하다. 즉, 우리 모두는 스스로를 방어하는 데 우선 선호하는 첫 번째의 방어 방식을 가지고 있다. 사람들은 여전히 상황의 욕구에 따라 역기능적인 과정에 이것을 사용하는지도 모른다.

집단상담에서 이 유형은 매우 중요한 세 가지 기능을 가진다.

1. 집단에 처음 들어온 사람들은 자기 반영을 통해서 개인적인 방아쇠를 탐색하고, 그것이 스트레스 상황에 어떻게 반응하는 경향이 있는지 점검할 수 있다.
2. 집단상담자로 하여금 집단원이 취하는 다양한 입장을 이해할 수 있도록 돕는다. 사람들이 대처하는 과정을 이해함으로써 집단원에 대한 비판적인 판단을 대체할 수 있다.
3. 이것은 집단상담자나 치료자가 집단원으로 하여금 자신의 상호작용 과정을 인식할 수 있도록 돕고, 다른 반응 선택을 할 수 있도록 또 다른 중재 방법을 제공할 수 있게 한다.

이 책의 제2장에서 어브(Erv)와 손스테가드의 상호작용으로 되돌아 가보면 아주 직접적이고 치료적인 개입의 효과를 알아볼 수 있다. 이 회기에 손스테가드는 다른 집단원이 '반란군'으로 기능할 수 있음을 언급하였다(제2장의 168번 대화부터).

어　　브: 나는 대부분의 사람들이 저항할 수 있다고 생각합니다.

손스테가드: 어브도 반항하고 있다는 느낌이 드나요?

어　　브: 네, 저는 부모님이 저에게 이래라 저래라 하는 것을 몹시 싫어해요. 저는 너무 많은 곤란에 빠지지 않기 위해 대부분 시키는 것을 하지만 내 방식대로 하죠. 내 방법이 옳았고, 부모님의 방법은 틀렸어요.

손스테가드: 어브가 더 우월하기 때문인가요?

어　　브: 물론이죠.

다소 화가 난 (비난하는) 어브의 말은 우월의 목표를 드러낸다. 손스테가드 박사는 어브에게 직접적인 방법으로 말을 꺼냈고, 어브도 직접적으로 손스테가드에 대해 답했다. 이 방법은 그에게 잘 맞았고 어떤 저항도 없었다. 어브는 이해받는 느낌을 받았고 "물론이죠."라고 답했다.

또 비난형 외에 다른 세 가지 의사소통 유형이 상담 전공 대학원생들이 참여한 다른 집단 회기에서 제시되었다. 이 집단에 집단원 중 한 사람인 타미(Tami)는 자신의 약혼자와 약혼자의 가족에 대해 이야기하였다. 타미의 불안은 꿈에서 약혼자의 형수가 남편(약혼자의 형)을 죽이려고 한다는 것이다. 타미의 약혼자는 꿈에서 자신의 형에게 "이 여자를 죽여라"고 계속 이야기했다. 타미는 그럴 것 같지 않다고 생각하지만, 그것은 여전히 그녀를 두렵게 한다. 타미는 계속 "나는 그들이 모두 잘 지내기를 바라요. 난 내 약혼자에게 지지를 보내고 싶어요. 그가 감옥에 가기를 바라지 않아요. 이 모든 것을 멈추었으면 해요. 내가 이 문제를 해결해야 할 것 같아요. 나는 모두가 사이좋게 지냈으면 좋겠어."라고 계속 이야기했다. 이후에 우리는 이전에 소개한 집단을 다시 소개하고자 한다(제3장 참고). 그 집단의 구성원은 타미(막내딸)와 앤절라(Angela)(첫째 딸), 리베카(Rebecca)(첫째 딸), 팻(Pat)(외동아들)과 차드(Chad)(외동아들)였다.

앤절라: 난 이해가 안 돼요. 왜 그의 형이 이혼을 하지 않는지, 왜 자기를 죽이려는 사람과 계속 사는지 모르겠어요. 그 여자는 미친 것 같아요.

타　미: 그 여자는 정말 미쳤어요. 하지만 만약에 제임스(타미의 약혼자)가 그 여자를 공격하면 어떻게 하죠? 그러면 그도 미치게 되거나 감옥에도 갈 수 있어요. 난 그가 상처받는 것을 원하지 않아요. (팔을 아래위로 흔들면서) 난 모두가 잘 지냈으면 해요.

리베카: 당신은 이 문제에 대해 매우 두려워하고 있어요. (타미는 고개를 끄덕인다.)

팻　　: 나는 약혼자에게 두려워하고 있는 당신의 상황을 이야기해야 한다고 생각해요.

타　미: 난 그렇게 못할 것 같아요. 그가 형의 집에 갈 때마다 난 함께 가야만 해요.

상담자: 타미, 지금 어떤 기분이 들어요?

타 미: 무서워요.

상담자: 잠시 눈을 감고 이 공포가 타미 몸 어디에서 느껴지는지 말해 줘요. (타미는 자신의 배를 가리킨다.) 거기에서 어떤 느낌이 드나요?

타 미: 바위. 딱딱한 바위덩이.

상담자: 열이 느껴지나요? (타미는 머리를 흔들며 '아니요'라 한다.) 모양이 있나요?

타 미: 딱딱하고 매끄럽고.

상담자: 알았어요. "딱딱하고 매끄럽고" 이제, 타미가 두려워하는 이 딱딱하고 매끄러운 돌에 대해 느끼기 시작한 가장 처음의 시간으로 돌아가 보세요. 뭐가 기억나나요?

오랜 시간 동안의 침묵이 있었고 타미의 얼굴에 눈물이 흘러내렸다. 상담자는 그녀가 기억나는 것을 말하도록 요청하였다. 타미가 다섯 살 때 오빠가 "너는 입양되었으며, 우리 가족이 아니야."라고 말했던 것을 기억하였다. 오빠의 이 같은 말 때문에 타미는 무서움을 느꼈다. 그녀가 입양되지 않았다는 것을 알았는데도 여전히 상처로 남아 있었고, 혼자 남겨진 듯한 느낌은 그녀를 두렵게 했다.

상담자: 지금 흘리는 눈물은 타미의 상처받은 마음 때문인가요?

타 미: 조금은요. 단지 오빠가 그립기도 해요.

상담자: 오빠가 멀리 사나요? (타미가 고개를 끄덕인다.) 오빠에 대한 상실감이 약혼자에 대한 두려움과 얼마나 연관이 되는지 알 수 있겠어요?

리베카: 타미는 또다시 혼자 남겨지거나 거부당하고 싶지 않은 자신의 감정과 이것들이 자신과 어떤 밀접한 관계가 있는지 알아야 하지 않을까요?

팻이 타미에게 다가가서 어깨에 손을 얹고 지지해 주었다. 팻도 타미와 같이 눈물을 흘리고 있었다. 상담자가 앤절라와 리베카에게 그들이 어떻게 하고 싶은지를 묻자, 타미에 대한 공감을 표현했다. 앤절라는 타미가 눈물을 흘리고 있더라도 "타미가 이전보다는 좀 더 빨리 진정된 것처럼 보인다."고 이야기하였다. 그러나 상담자가 차드에게 어떻게 하고 있는지를 물었을 때, 차드는 "난 여기에 정말 아무런 반응도 할 수 없어요. 그녀에게 이 일이 중요하다는 것은 알지만 내게는 영향을 미치지 않아요, 뭐라고 말해야 할지 모르겠어요."라고 하였다.

타미에 대한 집단원의 반응에서 어려운 주제가 나타났을 때, 각 집단원이 어떤 말을 해야 할지 고군분투하고 있다는 것은 분명하다. 앤절라가 처음 한 반응은 초이성적인 입장에서 한 것이다. 타미의 상황은 그녀에게 통제 불가능한 것처럼 보였고, 이 문제를 끝내 버리길 바라는 논리적인 원칙(그녀와 그냥 이혼해라)으로 주장하고 싶었을 것이다.

리베카의 반응은 타미의 감정에 이야깃거리가 있다는 걸 보여준다. 팻 또한 이런 감정을 인식하고 있지만, 팻은 타미의 두려움에 누구의 잘못이 있는지를 찾으려 하고 있다. 팻의 생각에 타미의 약혼자가 문제를 가지고 있고, 타미는 그가 잘못된 행동을 하지 못하게 말해야 한다고 생각한다. 팻은 자신의 제안이 받아들여졌다면,

〈표 6–2〉 기능적 의사소통과 스트레스 반응의 목표

사티어의 스트레스	말	감정	자기(S), 다른 사람(O), 사회적 맥락(C)	스트레스 대처 방법	자원	아들러의 첫 번째 우선순위
일치성	감정과 경험을 조화롭게 말하기 '나' 진술문을 사용하기	평온한 균형감이 있는 중심이 잡힌	S C O	용기 확신	개인적인 감각, 재능 다른 사람과의 연결성, 선택과 대안	사회적 관심

자신이 옳다고 생각하고, 의미 있는 해결책을 제안했을 것이다(비난-우월의 사례).

상담자는 어려운 감정을 완화하기 위해 아들러 접근인 초기 회상(Janoe & Janoe, 1973, 1977)을 사용하여 타미와 다른 집단원들이 타미의 현재 걱정거리와 과거의 거절 및 상실감에 대한 두려움과의 관계를 발견할 수 있도록 도와준다.

이와 같은 집단 모임을 통해서 진정시키고 안심하려는 (회유형) 타미의 노력은 그녀의 초기 기억에 있는 사람을 해석할 때 의미가 있었다. 타미의 초기 회상은 자신이 사람들로부터 어느 순간 버림받고 혼자 남겨질 수 있음을 지속적으로 상기시키고 있다.

차드의 반응은 실제로 타미의 걱정거리를 더하게 할지도 모른다. 이것은 타미에게 또 다른 '버림받음'으로 읽혀질 수 있다. 차드는 적극적으로 관여하지도 않았고 오히려 가만히 있었다. 심지어 집단에 참여하라고 요구할 때조차, 차드는 반응하지 않았다. 차드는 타미를 공감할 능력이 자신에게 있다고 생각하지 않았을 것이다. 그러나 우리 유형론에서 이러한 해석은 부적절하다. 차드는 누군가가 상처받거나 고통받는 감정을 아는 것조차 원하지 않기 때문에 가만히 있는 것으로 '편안함'을 추구하였다.

네 가지 의사소통 우선순위 유형이 집단상담에서 모두 나타나더라도, 사람들이 이 네 가지로만 분류되지 않는다. 어떤 사람들은 조화롭게 구성된 좀 더 균형 잡히고, 일치형(Satir, Stachowiak, & Taschman, 1975)과 사회적 관심(Adler, 1938)으로 삶의 문제에 직면한다(〈표 6-2〉 참조). 그들은 걱정거리도 스트레스로 보기보다는 (Selye, 1974), 다른 사람들과 정직하게 나누고, 다른 사람, 상황, 그리고 그 사람이 기능하고 있는 맥락의 요구를 고려하면서 자기-가치감을 유지한다. 이들은 윈윈(win-win) 해결책을 찾고 이웃의 사랑을 받을 수 있는 방식으로 행동한다. 앞의 집단에서, 리베카가 이와 같은 위치에 있다.

일치-사회적 관심

일치형 사람들은 스트레스 상황에서 자신의 욕구와 타인의 욕구를 주어진 상황의 필요성을 염두에 두고 좀 더 전체적으로 접근하는 경향이 있다. 인생의 방해물과 어려움을 고난으로 생각하는 대신에 사람의 정상적인 한 부분, 혹은 대처해야 할 도전이라고 받아들인다. 이런 사람들은 좀 더 유연성 있게 대안을 고려하고 협상한다. 그들은 어떻게든 자신의 느낌과 경험을 조화롭게 말하고자 한다. 이런 정서적 솔직함은 통합의 특성을 나타낸다(〈표 6-2〉).

정서적 솔직함은 "무엇이든 말할 수 있고, 어떤 것에도 의견을 낼 수 있고, 어떤 질문도 할 수 있으며, 제지당하는 것이 없다(Satir et al., 1975, p. 49). 그 결과는 개인의 책임, 의사소통의 명확성, 대안과 실제 선택을 고려한다.

아들러 학파는 소속감과 공동체 의식에서 나오는 사회적 관심이, 사람들에게 삶에 잘 적응하기 위해서 필요한 용기와 자신감을 제공한다고 믿는다(Sweeney, 1998). 이런 사람은 세상에서 혼자라고 느끼지 않는다. 그들은 타인의 안녕에 기여하고 타인의 삶을 인정하고 다른 사람의 삶에 기여한다. 이런 의미에서 인생의 많은 문제들은 집단의 과업이 되고, 그 사람이 가진 다양한 자원을 사용할 수 있다. 집단상담과 집단치료는 공동체 의식을 제공할 수 있는 완벽한 상황이다. 이런 집단 과정은 우리가 조력자로서 도움을 줄 수 있다. 또한 소속감과 공동체 의식은 우리가 필요할 때 도움을 요청할 수 있도록 한다. 이런 교류는 어떤 집단원의 감정도 무시되지 않은 채 이루어질 수 있다.

시간 연장을 통한 집단 과정에 대한 연구

이 책의 초반에 청소년 집단의 단일 회기를 설명하면서 초기 집단 과정의 예시를 보여 주고자 했다. 하지만 이 집단의 단일 회기는 더 많은 시간 동안 진행된 집단상담에서 경험하고 관찰하는 것을 대체할 수 없다. 게다가 실제로 경험하고 관찰하는 것조차도 별도의 행동이 필요하다. 경험하고 관찰하는 것을 동시에 하는 것은 둘 다 어렵다. 우리는 가능하면 상담자나 치료자가 적어도 한 학기(15~16주) 동안의 집단경험을 하는 것을 좋아한다. 또한 우리는 집단지도자가 다른 연령대와 다른 상황에서 적어도 두 집단을 관찰한 경험을 동시에 가지고 있는 것을 선호한다.

경험 보고서 작성(저널 쓰기)과 전자통신

우리는 관찰자가 보고 듣는 것뿐만 아니라 관찰된 경험이 의미하는 바를 기록할 수 있는 저널 쓰기(경험 보고서 쓰기) 과정보다 더 좋은 것은 없다고 느낀다. 수년 동안 우리는 학생들이 이 책의 제2장에 제시되었던 방법처럼 집단 회기를 기술할 때 반반 나누어 기술하도록 하였다. 우리는 훈련 중인 집단지도자들에게 경험 보고서를 쓰는 과정에서 왼쪽 면에는 집단 회기에서 일어난 일들을 가능한 한 정확하게 언급하도록 요구하였다. 오른쪽 면에는 그들이 알아차린 것을 논평하도록 하였다. 그리고 그들에게 의미 있는 것과 그들이 배운 것, 집단원 혹은 집단지도자로서 느낀 것, 그들이 다르게 행동한 것과 그 이유에 대해서 분석해 보도록 하였다.

학생들의 학습과 발달의 성과가 있을 때마다 작은 노트에 자신의 경험을 기록하게 하였다. 관찰자(집단원)가 반영적 실습에 더 편안해짐에 따라 경험 보고의 내용으로 더 개인적인 것을 쓰게 되고, 집단에서 제기된 이슈가 관찰자의 삶에서 나타나는 실제 개인적인 문제가 되기도 했다. 이런 경험 보고 쓰기는 훈련 중인 집단지도자와 슈퍼바이저 모두에게 상담자 혹은 치료자로서 전문적인 발달에 초점을 맞추는 방법이다. 우리는 보고서 쓰기를 할 때 관찰자로서 그것을 쓰는 과정을 해석하기 힘들거나, 읽어야 할 많은 양의 보고서에 압도되거나, 재검토하는 어려움 느껴, 피드백을 하거나 격려하는 것을 종종 몇 주씩 미루게 된다. 관찰자들이 여러 집단을 관찰할 때일수록 더욱더 미루게 된다.

전자학습시스템의 출현으로 웹 프로그램의 사용은 이런 관찰 과정을 좀 더 쉽게 처리하도록 만들어 주었다. 비록 선택할 수 있는 많은 전자학습시스템이 있지만, 우리는 그중에서 블랙보드(Blackboard)[2)]와 유사한 것을 사용한다(Blackboard Inc., 2003). 이

2) 역자 주: 참여자 간의 의견을 상호 교환할 수 있도록 인터넷 공간에 게시판을 구

시스템은 우리가 많은 양의 관찰을 할 수 있게 하고 몇 주에 걸쳐서 학생 관찰자들이 집단 회기를 볼 수 있도록 하는 특별한 장점을 가지고 있으며, 전자 보고서 내용을 읽고 심사숙고하고 즉각적인 피드백을 받을 수 있도록 해 준다.

예를 들어, 우리는 그들이 살고 있는 가까운 곳에서 비슷한 회기의 작은 집단 관찰자로 블랙보드의 집단설계 과정을 사용하였다. 이 블랙보드 집단의 각 구성원들은 컴퓨터 기반 논의, 가상교실(채팅룸), 이메일, 디지털 편지함을 통해 접근한다. 이 토론 보드는 관찰하는 집단원들이 서로에게 질문할 수 있도록 해 주고, 집단 과정을 분류하고, 그들이 관찰한 것을 찾고, 그 경험에 대해 개인적 관점을 공유하도록 해 준다. 이런 가정은 연장된 시간 동안에도 일어날 수 있고 그래서 사람들은 편안하게 시스템 안과 밖에서 체크할 수 있게 된다. 가상교실은 좀 더 즉각적이다. 그리고 모든 사람들이 채팅룸에 동시에 입장할 수 있다. 관찰자들이 마치 모두 같은 방에 있는 것처럼 주제와 내용 과정을 논의할 수 있도록 한다. 토론 게시판과 가상교실의 상호작용은 추후에 배울 것과 논의될 것을 블랙보드 집단원들과 슈퍼바이저가 재검토할 수 있도록 보관된다.

이메일의 역할은 좀 더 직접적인 의사소통을 제공하고 모든 참여자들이 블랙보드 이메일 주소록을 사용할 수 있게 한다. 이런 기능은 사람들이 시간을 약속할 때나 혹은 슈퍼바이저와 직접 이야기하기를 원할 때 사용할 수 있다.

디지털 드롭박스(dropbox)는 제출된 작업을 보관하는 역할을 한

축해 놓은 것을 말한다. 최근에는 폐쇄형 SNS(단톡방)으로 발전하였다.

다. 관찰자들은 그들이 관찰한 것에 대해 보고서를 쓰고, 그것을 반영하기 위해서 어떤 문서 작성 프로그램도 사용할 수 있다. 블랙보드, 디지털 드롭박스를 사용해서, 그들은 자신의 보고서를 슈퍼바이저에게 보낼 수 있다. 다음 차례로 슈퍼바이저도 제시한 저널에 답하기 위해서 문서 작성 프로그램에서 제공된 '주석(슈퍼바이저의 코멘트)' 기능을 사용할 수 있다. 혹은 슈퍼바이저는 저널 자체에 대해 다른 항목으로 답을 할 수 있다. 그 답변은 관찰자의 디지털 드롭박스에 전자우편으로 회신할 수 있다. 종이는 사용되지 않으며, 인쇄된 원고도 교환되지 않는다.

관찰자들은 자신의 디지털 저널을 여러 날에 걸쳐(같은 시간이기보다는) 제출하는 경향이 있기 때문에, 그 자료를 다루는 슈퍼바이저의 능력은 점차 증진된다. 다른 집단 관찰자와 저널 반영을 공유할 수 있는 대안도 있다. 가장 중요한 것은 우리가 집단지도자에게 집단 과정에서 경험한 것에 대해 저술할 것을 요구할 수 있고, 모든 관찰자들의 반영을 포스팅할 수 있다.

집단에 대해 배우고 슈퍼바이저의 반응에 접근하기

집단의 특성과 과정은 시간이 지나면서 변화하게 된다. 많은 집단연구에서 집단은 식별 가능한 단계로 진행되는데 각 단계에서는 다른 과업과 기능으로 이루어진다고 주장한다(Corey, 2000; Corey & Corey, 2002; Gladding, 2003; Yalm, 1995). 코틀러(Kottler, 2001)는 가장 많이 언급되는 3~4단계와 함께 다른 모델과 연관이 있는 2~5단계를 기술하고 있다. 그러나 집단 단계는 주로 지도자에게 과정구조화를 제공하고, 집단상담자나 치료자가 집단 구성원의 행동과 상호작용을 추적할 수 있도록 해 준다.

일반적으로 우리는 집단상담 및 치료 초기 회기에는 어떤 독특한 주제보다 안전과 신뢰 주제가 나타나기를 기대한다. 회기 초기 동안 우리는 집단지도자가 집단에서, 자신과 타인을 이해하기 위해서 구조를 제공하고 경청하는 모습을 보이며, 좀 더 적극적인 역할을 하기를 기대한다. 우리는 벌써 앞 장에서 집단 참여자들을 격려하고 집단 내에서 개개인의 목소리를 내도록 하는 데 민주적인 분위기, 상호 존중, 반영적인 의사소통의 중요성에 대해서 언급하였다.

> 치료 자체가 협력의 연습이자 협력의 시도이다. 우리가 진심으로 다른 사람에게 관심을 가질 때에만 치료는 성공한다. 우리는 내담자의 눈으로 보고 내담자의 귀로 들을 수 있어야 한다. 내담자도 우리의 공통된 이해를 위해 기여해야만 한다. 우리는 내담자의 태도와 어려움을 함께 해결해야 한다. 만약 우리가 내담자를 이해했다고 느낄지라도, 내담자가 이해받지 못했다고 생각하면 우리가 옳았다는 증거는 없다. 불완전한 진실은 진실이 될 수 없다. 즉, 불완전한 진실은 우리가 내담자를 충분히 이해하지 못했다는 것을 보여 준다(Adler, 1931, p. 72).

이것은 심리적 조사를 통해 자신과 타인에 대해 좀 더 나은 이해를 이끄는 집단 과정의 중반부에 해당한다. 비록 이 과정에 기여하는 많은 개입이 있었다 할지라도 우리의 연구방법은 기존의 이론을 넘어서는 것에 초점을 둔다. 특히, 아들러 학파는 가족 집단에서 초기 기억과 초기 회상의 의미를 이해하고, 가족 구성원과 형제 순위를 조사하고, 가족 구성원이 삶의 과정에 접근하는 방법을 고려하였다. 이 세 가지 방법은 순환적이다. 다시 말해 출생순위와 관련된 삶의 대처방안, 삶의 과업, 초기 기억은 서로 연관 지을 수 있고, 이 모든 것은 서로 영향을 미쳐 변화 과정에서 생활양식의 통일성을 만들어 낸다. 이 모든 방법은 집단지도자에게 각 집단원이 집단경험에 가져올 과정과 활동을 이해하고 예견하도록 도와준다. 이것은 또한 참여자와 학생들에게 내담자에 대한 의미 있는 슈퍼비전을 탐색하는 과정과 비슷한 것을 제공한다. 생활양식 평가를 경험한 전문가들은 항상 그들의 생각과 생활양식에 대한 자료를 좀 더 객관적인 관점에서 공유하려고 하고, 이메일을 통한 이런 협력은 내담자와 함께 작업하는 새로운 가능성을 열어 준다.

자신과 타인에 대한 심리학적 이해는 최근에 논의되는 주제에 대한 기초와 집단 구성원이 집단 과정에 가져오는 목적을 제공해 준다. 때때로 자기에 대한 새로운 이해는 통찰로 경험되지만, 이 통찰은 자각(알아차림)의 한 부분에 불과하다. 집단의 목적은 타인을 통해 자신에 대해 진정으로 알 수 있도록 하고, 집단 내에서 자신의 위치와 가치를 제대로 이해함으로써, 자각과 의미를 공개적으로 통합하는 것이다. 이런 이해는 타인에 대한 비판적인 판단과 대치할 수 있으며 다른 사람에게 공감과 배려를 제공한다.

우리는 비록 의도된 집단 결과물로 '응집성'에 중점을 두진 않았지만, 이와 같은 유대감이 집단원 서로에게 개인적인 작업에 참여하도록 한다. 또한 우리는 집단의 실제 과업이 집단지도자와의 관계보다는 구성원과의 관계에서 발생한다고 믿는다. 집단이 공감적인 반응, 지지, 문제해결, 재방향, 재정향에 더 효율적이 된다면 집단지도자는 집단에 덜 개입할 수 있다. 많은 사례에서 상담자나 치료자가 자기노출이 증가할수록 지도자의 역할과 참여자의 역할은 혼용될 수 있다.

자기노출에 대한 우리의 가이드라인은 항상 '목적'에 대한 질문으로 시작된다. 집단 과정에서 자기노출이 집단의 어떤 목적에 도움이 될 것인가? 가장 가치 있는 자기노출은 ① 집단원의 경험을 정상화(비정상이 아닌)하는 것, ② 개인적 반응을 공유하면서 지지와 연결성을 모델링하기, ③ 치료자의 삶과 경험에서 유용했던 대안들을 간접적 학습으로 제공하는 것 등이다. 이런 각각의 자기노출의 목적은 모든 개입의 최전선에 있는 개인과 집단의 요구를 유지하기 위한 임무를 반영한다. 집단지도자의 그러한 개입은 집단이 자율적으로 기능할 때 증가하는 경향이 있다. 특히, 집단이 종결단계로 가면 집단원의 개인적 노출이 중심 과제가 된다.

우리는 집단이 좀 더 구조화될 필요가 있을 때가 두 번 정도 있다고 믿는다. 이 시기는 집단 회기의 가장 초반부와 마지막으로, '시간이 제한적일 때'와 '폐쇄된 집단일 경우'이다. 집단상담의 초기 구조화는 안정감을 제공한다. 집단상담의 말기가 가까워지면서 집단경험은 끝이 날 것이고, 집단원들의 삶을 나누었던 이 공간은 더 이상 가능하지 않을 수 있다는 것이 점점 더 명확해진다. 비록 우리가 때때로 6개월 혹은 1년 뒤의 추후 모임 동의를 통해 일시적인 치료를 계획함으로써 손실의 경험을 완화시킬 수 있다 할지라도 (Bitter & Nicoll, 2000), 이것이 항상 가능한 것은 아니다.

우리는 인생을 살면서 사람들을 만나고 대부분의 경우는 또 그들 곁을 떠나게 된다. 헤어짐은 종종 상실감과 슬픔이 동반되고, 이

별의 결말 부분에서 느껴지는 감정이다. 집단에서 참여자들은 종종 긍정적인 집단경험의 종결 시점에서 대부분 슬픔을 느낀다. 이런 경우 집단 구성원들은 완결되지 않은 문제를 더 꺼내 놓으려고 하지 않고, 그들에게 가장 문제가 되는 것을 어떻게 말해야 할지 몰라서 대부분 조용히 있게 된다.

우리는 집단상담을 종료하는 데 필요한 시간이 많이 없다는 것을 알았을 때, 우리가 집단 초기에 사용한 상담 과정을 검토해 보라고 요청한다. 우리는 다시 그들에게 다음의 주제에 관해 짝을 지어 이야기하도록 한다.

① 집단에서 그들에게 가장 의미 있는 경험
② 집단에서 제시된 개인적 목적과 개개인이 성취한 발전
③ 참여자들이 자신과 타인에 대해서 배운 것, 이런 새로운 이해가 그들의 이후 삶에 사용되는 방법
④ 누군가가 여전히 말할 필요를 느끼지만 말하지 않은 것

우리는 또한 집단 구성원들에게 그들이 어떻게 상실감을 다루고 어떤 '이별' 방법을 선택하는지 물어볼 것이다. 개인적인 많은 변화는 자연스럽거나 발달적인 전환으로 일어나기도 하지만, 어떤 변화는 상실감을 가져 온다. 젊은 여성들은 월경주기를 시작하면서 '청소년기 발달을 성취'하지만 또한 '아동기를 잃게' 된다. 중 · 고등학교를 졸업한 젊은이들은 안정된 가정을 뒤로 하고 대학을 가거나 일자리를 얻게 된다. 부부는 아이를 갖고 나서 지금까지 가져왔던 그들만의 친밀감을 잃게 된다. 모든 변화는 '상실감'과 함께 새

로운 가능성에 대한 '기대 혹은 축하'를 받는 과정에서도 약간의 슬픔을 느낀다. 심지어 사람들이 변화하는 것을 선택하지 않았을 때도, 그동안 지내온 것들을 잃게 된다. 다시 말하면 출생순위와 초기 기억은 종종 사람들이 적응하는 방법을 예견할 수 있게 한다. 어떤 사람에게 상실감과 죽음의 초기 기억이 생생하게 나타날 때, 이 초기 기억에 대한 경험은 끝나지 않은 과거의 경험을 상담집단과 함께 완성할 수 있도록 돕는다.

집단 이론, 공동 리더십과 슈퍼비전

집단경험과 집단관찰은 집단 이론을 이해하고 접목하는 기초를 제공한다. 흔히 전문적인 훈련 프로그램은 집단 이론에 대한 충분한 근거가 주어지기 전에 너무 자주 집단 이론과 집단 과정에 맞춘 코스로 시작된다. 우리는 실제 경험과 연관이 있는 이론과 실습을 원하고, 사람들이 참여한 것에서 관찰한 실제 사건을 반영할 수 있는 기회를 제공하기 원한다.

이런 이유에서 집단 과정의 코스는 경험, 지도, 공동 리더십 그리고 이론적 근거가 모두 통합된 방법으로 구성될 수 있다. 3시간 과정에서, 10~16명의 집단원을 몇 개의 공동 리더 팀으로 나눌 수 있다. 이 5~8명의 공동 리더십은 블랙보드 도구(Blackboard, Inc, 2003)를 사용하거나 교실 밖에서 면대면 만남을 통해 집단 리더십 과정을 논의하고 계획한다. 이 리더십 과정의 계획에는, ① 그들이 경험하고 관찰한 것, ② 코스 전문가와 슈퍼바이저의 자문, ③ 집단 과정과 실습과 관련된 읽기 자료를 기초로 한다.

집단 시작부터 우리는 집단경험에 전념하는 데 2시간 정도를 배정한다. 이 과정에서 사람들은 16주에 걸쳐서 집단 과정의 구성원이 되고 각 팀은 최소한 2시간의 집단 회기를 실시하게 된다. 집단경험에 이어 마지막 1시간의 디브리핑(debriefing) 또는 과정 강사가 공동 지도자에게 하는 피드백과 집단 이론, 리더의 역할, 효과적인 중재기술 그리고 실제 집단 과정을 생각해 보는 시간이 주어진다. 만약 공동 지도자가 지도 과정에서 즉각적인 안내와 도움이 필요하다고 느낀다면, 과정 강사를 이용할 수 있지만, 공동 지도자가 가능한 집단 과정을 함께 할 수 있도록 도와야 한다.

우리는 집단 구성원과 집단지도자 모두가 학생이 되는 대안으로써, 교실 밖에서 온 사람들과 2시간 정도 작업을 할 수 있다고 생각한다. 이것은 특히 아동기 혹은 청소년기 학생들과 짧은 기간에 작업하는 수련 중인 상담자에게 유용하다. 우리는 교실에서 참여집단과 관찰집단으로 나누고 돌아가면서 지도하는 공동 리더십으로 운영한다. 이런 회기에서 공동 지도자는 내부 원에서 집단을 진행하고 바깥 원에 있는 나머지 사람들은 집단을 관찰한다. 우리는 모든 구성원들이 이런 과정에 참여하기를 원하기 때문에, 톰 앤더슨(Tom Andersen)의 집단 훈련에 '팀을 반영하는 모델'(1991)을 적용하였다.

우리는 집단 과정이 30~40분 남았을 때, 2개의 원을 만들어 외부 원과 내부 원의 집단원의 위치를 바꾸고, 외부 원에는 집단원과 리더가, 내부 원에는 관찰자(반영팀)가 앉도록 했다. 우리는 관찰자들이 그들이 보고 들은 것들을 솔직하고 설득력 있게 이야기하도록 요구한다. 이런 반영은 종종 집단 구성원과 전체 집단 과정에 유용한 은유와 재구성을 이끌어 낸다. 그리고 집단의 한 사람 혹은 더 많은 집단원의 성장을 촉진하고, 집단 과정을 발달시키기 위해서 집단에 추가되어야 하는 것이 무엇인지, 그리고 의미 있고 유용한 것처럼 보이는 것이 있는가를 묻는다. 집단원들은 관찰자들에게 어떤 인상을 남겼는가? 항상 격려에 초점을 맞춘다. 이 반영팀은 비판을 하거나 리더십의 불일치를 비판하는 곳으로 적절하지 않다. 우리는 이 과정을 반영하는 팀의 각 구성원들이 집단에서 그들 내부에서 실제적인 것을 가져와, 정보를 공유할 사람들을 염두에 두고 재치와 타이밍으로 의사소통하기를 원한다.

집단 과정이 10~15분 정도 남았을 때, 우리는 집단 구성원과 집단의 과정을 반영하는 팀에게 다시 위치를 바꾸도록 요구한다. 집단 리더는 원래 집단 구성원이 집단상담의 과정을 반영한 팀으로부터 들을 수 있도록 돕는다. 일반적으로 회기의 마지막에 다음 집단모임에서 무엇을 할지 소개하고 요약해 준다. 그리고 이런 생생한 경험과 피드백 과정은 가족치료보다 집단치료에서 더 번거롭지 않다는 것을 증명했다. 집단지도자와 집단 구성원들의 역할을 바꾸어 보는 것의 장점은 다양한 자원을 제공받을 수 있다는 것이다.

실습과목과 인턴십에서 가장 힘든 것은, 공동 리더십 과정과 집단지도자에 대한 슈퍼비전에서 나오는 슈퍼바이저의 비평을 받는 것이다. 우리 모두는 수년에 걸쳐 우리가 배운 기술보다 부족한 상태로 일을 시작했다. 젊은 실습생들은 실수도 하고 창의적인 호기심을 경험하는 공간을 필요로 한다. 좋은 슈퍼비전의 기초는 '잘되고 있는 것'과 효과적인 '리더십의 자질'에 초점을 두는 것이다. 아들러 학파는 사람들이 성공이 가져다주는 용기, 인간능력에 대한 이해, 경험으로 얻은 자신감으로 성장한다고 믿고 있다.

우리는 상담자나 치료자가 훈련 과정에서 가질 수 있는 '두려움'이나 '우려'에 대해 논의하는 것으로 집단 슈퍼비전 과정을 시작한다. 서로 고민거리를 공유한다는 것은 훈련의 부담감을 덜어 준다. 또한 우리 모두가 이 과정에 함께하고 있다는 것을 통해 훈련생들을 안심시킨다. 우리가 슈퍼비전을 하기 위해 학교나 지역 단체를 방문할 때, 우리는 슈퍼바이저로 집단에 참여한다. 우리는 듣고 배우고 자문한다. 가장 중요한 것은 리더십에 대해서 사전 집단논의를 하고 격려하는 것에 초점을 두고 진행한다는 것이다. 훈련생으로 하여금 반영을 하게 하는 질문은 슈퍼바이저의 의견을 훈련생에게 직접 조언하는 것보다 훨씬 유용하다.

우리가 슈퍼바이저로서 도와줄 것을 요청받을 때 치료자의 리더십을 그대로 유지하면서 집단이 자발적 움직임을 만들 수 있는 방법을 원한다. 1990년대 초반, 손스테가드는 여전히 영국에서 집단 슈퍼비전을 제공하였다. 그 집단 중 하나는 여자 두 명, 남자 세 명으로 구성된 다섯 명의 10대 청소년 집단이었다. 이들은 학교에 다니지는 않았지만, 매일 자발적으로 집단 활동에 참여하였다. 이들은 오전 8시에서 오후 5시까지 사회복지사의 보살핌을 받았다. 이들은 추가적인 교육 활동으로 요리를 하고 집안 청소를 했다.

밀리(Millie)는 이 집단을 2~3회기 이끌었던 사회복지학과의 학생이다. 각 회기 동안 3명의 남학생들은 다루기 어려운 집단원이었다. 두 여학생 질(Jill)과 로이스(Lois)는 서로 호감을 가지고 있었고 성격도 맞았다. 질은 열네 살이지만 열여덟 살처럼 보여 나이에 비해 여자아이로서 발육 상태가 조숙했다. 반면, 로이스는 더 작고, 말랐고 발육이 덜 된 상태였다. 질과 로이스는 둥글게 앉는 자리에서 대부분 사회복지사의 왼쪽에 앉았고, 소년들은 오른쪽에 앉았다.

손스테가드가 이 집단에 합류하자 로이스는 사회복지사인 밀리와 손스테가드 사이에 앉았다. 항상 그랬던 것처럼 질은 로이스에게 계속 손짓을 하며 자기 옆에 앉으려고 유혹했다. 그러나 로이스는 움직이지 않았다. 로이스는 마치 남자아이들의 괴롭힘으로부터 보호받으려 하는 것처럼 보였다. 그러나 로이스는 더 이상 질 옆에 앉아서는 보호받을 수 없다고 느끼고 있었다.

밀리는 손스테가드를 자신의 슈퍼바이저로 소개하고 그와 함께 집단에 참여해도 괜찮은지 묻고, 집단 활동을 시작하였다. 밀리가 집단에게 참여 동의를 구하고 무엇을 논의할 것인지를 물어보았지만 아무도 대답하지 않았다. 남자아이들은 질에게 힐끔거리며 서로 쳐다보고 속삭이거나 낄낄거렸다. 밀리는 집단원들이 느끼는 것을 다시 물었지만 이야기하는 사람은 없었다.

손스테가드는 밀리에게 “도움이 필요한가요?”라고 물었다.

밀리는 “정말 문제가 있는 것 같아요. 무엇이라도 해 주실 수 있다면 정말 감사해요.”라고 대답했다.

손스테가드는 집단원들에게 몸을 돌리며 말했다. “밀리는 지금 일어나는 일에 대해 궁금해서 아주 좋은 질문을 했어요. 나는 알 것 같아요. 내가 생각하는 것을 알고 싶나요?”

그 누구도 대답하지 않았는데 집단원들 모두 손스테가드를 쳐다보았다. 손스테가드는 질을 한번 바라보고 남자아이들에게 “질은 꽤 예쁘게 자랐어요. 그렇지 않나요?”라고 말했다. 모두 속삭이는 것과 낄낄거리는 것을 멈췄고, 남자아이들은 눈에 띄고 싶지 않아 뒤에 있는 의자에 앉았다. 손스테가드는 "내 생각에 해리(Harry)가 너를 좋아하는 것 같아."라고 말했다. 질은 웃으면서 옷을 매만졌다. "그리고 다른 남자애들도 질 너를 좋아한다는 것을 해리에게 보여 주고 싶어 하는 것 같아."라고 하면서 말을 이어 갔다.

이제 손스테가드는 밀리를 돌아보았다. "내가 집단원에게 말한 것에 대해 어떻게 생각하나요?" 남자아이들은 의자에 털석 주저앉아 자신들을 보이지 않게 하려고 애쓰고 있었다. 밀리는 질을 향해 돌아앉아서 그녀에게 향해 있는 이런 관심에 대해 어떻게 생각하냐고 물었다. 질은 좋긴 하지만 친구로서 로이스를 잃고 싶지 않다고 했다. 또한 질은 남자아이들이 좀 더 사려 깊었으면 좋겠다고 했다. 손스테가드는 경청을 했고 밀리는 집단지도자로서 자신의 역할을 멋지게 해 냈다.

손스테가드의 이 같은 개입은 슈퍼바이저가 나이가 들고 어느 정도 지혜를 갖게 되었을 때 더 쉽게 할 수 있는 방법이다. 이것은 집단 안에서보다, 집단 뒤에서 일어나는 일을 공개함으로써 이루어질 수 있다. 이것은 또한 유능한 사회복지사의 초점을 재정향하도록 했다.

몇 주 후, 손스테가드가 차를 마시기 위해 그 '집'에 초대받았을 때, 사회복지 담당자가 지난번 집단 회기에 대해서 흥미로워하며 질문했다. 손스테가드는 남자아이들이 여자아이들을 괴롭히거나 시비 거는 것으로 인한 혼람함이 매우 흥미로웠다고 했다.

 요약

이번 장에서는 집단상담이나 치료에서 효과적인 모델이 될 수 있는 집단 훈련 프로그램을 제시하였다. 이 프로그램이 집단상담자와 치료자들의 교육에, 개인상담과 치료에서 받은 훈련만큼 강조되기를 바란다. 모든 상황에서 최고는 집단지도자가, 의대생들이 전문성을 기르기 위해서 하는 것과 같은 종류의 경험을 하고, 지시를 받는 것을 보는 것이다. 우리는 상담 전문가, 사회복지, 심리학을 전공하는 모든 사람들이 경험할 수 있는 집단, 연장된 시간 동안 집단 과정을 관찰하는 것, 집단 이론과 집단 과정에서 교훈적인 훈련, 개인적 집단경험과 관찰된 과정과 직접적으로 관련된 집단 평가, 슈퍼비전을 받는 공동 리더 집단, 마지막으로 집단작업과 적당한 슈퍼비전을 사용하는 실습과목이나 인턴십이 포함되어야 한다고 생각한다.

우리는 이 모델을 실현하기 위한 노력으로, 훈련 중인 집단상담자를 돕는 방법과 집단 과정의 초기 집단 활동의 과제로, 집단 활동을 구조화하고 관찰, 평가를 하는 기제로 사티어(Satir)의 의사소통모델(1976)과 케퍼(Kfir)의 성격 우선순위(1971, 1989; Kfir & Corsini, 1976)를 혼합하여 사용하였다. 우리는 또한 학술 보고서를 기술하는 것과 전자미디어를 사용해 학생들 간의 의사소통과 학생과 슈퍼바이저 사이의 의사소통 방법을 언급하였다. 마지막으로, 훈련, 교육, 슈퍼비전의 과정에 속하는 집단상담과 치료의 큰 흐름을 보았다.

참고문헌

맨퍼드 손스테가드: 인물과 치료

Adler, A. (1958). *What life should mean to you.* New York: Capricorn. (Original work published 1931)

Bitter, J. (1996). Manford A. Sonstegard: A career in group counseling. *Journal for Specialists in Group Work, 21*(3), 194–213.

Dreikurs, R. (1960). *Group psychotherapy and group approaches: Collected papers of Rudolf Dreikurs.* Chicago: Alfred Adler Institute.

Dreikurs, R., & Sonstegard, M. A. (1966). A specific approach to practicum supervision. *Counselor Education and Supervision, 6,* 18–25.

Dreikurs, R., & Sonstegard, M. A. (1967). *The teleoanalytic approach to group counseling.* Chicago: Alfred Adler Institute.

Dreikurs, R., & Sonstegard, M. A. (1968a). The Adlerian or teleoanalytic group counseling approach. In G. Gazda (Ed.), *Basic approaches to group psychotherapy and group counseling* (pp. 197–232). Springfield, IL: Charles C Thomas.

Dreikurs, R., & Sonstegard, M. A. (1968b). Rationale of group counseling. In D. Dinkmeyer (Ed.), *Guidance and counseling in the elementary school: Readings in theory and practice* (pp. 278–287). New York: Holt, Rinehart & Winston.

Mosak, H. H. (2000). Adlerian psychotherapy. In R. J. Corsini & D.

Wedding (Eds.), *Current psychotherapies* (6th ed.) (pp. 54-98). Itasca, IL: F. E. Peacock.

Sonstegard, M. A., Bitter, J. R., & Pelonis-Peneros, P. P. (2001). From Cain to Columbine: A psychosocial analysis of violence. In Adlerian Society of the United Kingdom and the Institute for Individual Psychology (Eds.), *Yearbook 2001* (pp. 104-121). London: Editor.

Sonstegard, M. A., & Dreikurs, R. (1973). The Adlerian approach to group counseling of children. In M. M. Ohlsen (Ed.), *Counseling children in groups: A forum* (pp. 47-77). New York: Holt, Rinehart & Winston.

Sonstegard, M. A., & Dreikurs, R. (1975). The teleoanalytic group counseling approach. In G. Gazda (Ed.), *Basic approaches to group psychotherapy and group counseling* (2nd ed., pp. 468-510). Springfield, IL: Charles C Thomas.

Sonstegard, M. A., Dreikurs, R., & Bitter, J. R. (1982). The teleoanalytic group counseling approach. In G. Gazda (Ed.), *Basic approaches to group psy-chotherapy and group counseling* (3rd ed., pp. 507-551). Springfield, IL: Charles C Thomas.

Chapter 01

Adler, A. (1957). *Understanding human nature* (W. B. Wolfe, Trans.). New York: Premier Books. (Original work published 1927)

Adler, A. (1996a). The structure of neurosis. *Individual Psychology, 52*(4), 351-362. (Original work published 1935)

Adler, A. (1996b). What is neurosis? *Individual Psychology, 52*(4), 318-333. (Original work published 1935)

Albert, L. (1996). *Cooperative discipline.* Circle Pines, MN: American Guidance Service.

Carlson, J., Sperry, L., & Lewis, J. A. (1997). *Family therapy: Ensuring treatment efficacy.* Pacific Grove, CA: Brooks/Cole.

Christensen, O. C. (Ed.). (1993). *Adlerian family counseling* (rev. ed.). Minneapolis, MN: Educational Media Corp.

Copleston, F. (1959). *A history of philosophy: Volume I: Greece and Rome* (rev. ed.). Westminister, MD: Newman Press.

Corey, G. (2001). *Theory and practice of counseling and psychotherapy* (6th ed.). Pacific Grove, CA: Brooks/Cole.

Corey, M. S., & Corey, G. (2002). *Groups: Process and practice* (6th ed.). Pacific Grove, CA: Brooks/Cole.

Darwin, C. G. (1976). *On the origin of the species: By means of natural selection or the preservation of favored races in the struggle for life.* Norwalk, CT: Easton Press. (Original work published 1859)

Dinkmeyer, D. C., Jr., & Carlson, J. (2001). *Consultation: Creating school-based interventions.* Philadelphia: Brunner-Routledge.

Dinkmeyer, Sr., D. C., Dinkmeyer, D. C., Jr., & Sperry, L. (1987). *Adlerian counseling and psychotherapy* (2nd ed.). Columbus, OH: Merrill.

Dinkmeyer, D. C., & McKay, G. D. (1997). *Systematic training for effective parenting [STEP]* (rev. ed.). Circle Pines, MN: American Guidance Service.

Dreikurs, R. (1957). Psychotherapy as correction of faulty social values. *Journal of Individual Psychology, 13,* 150-158.

Dreikurs, R. (1971). *Social equality: The challenge of today.* Chicago: Henry Regnery. (Original work published 1961)

Foucault, M. (1994). *The order of things: An archaeology of the human sciences.* New York: Vintage Books. (Original work published 1966)

Freud, S. (1964). *Complete works.* London: Hogarth Press.

Gergen, K. (1991). *The saturated self.* New York: Basic Books.

Gilligan, C. (1982). *In a different voice: Psychological theory and women's development.* Cambridge, MA: Harvard University Press.

Gilligan, C., Ward, J. V., Taylor, J. M., with Bardige, B. (1988). *Mapping the moral domain.* Cambridge, MA: Harvard University Press.

Hoffman, E. (1994). *The drive for self: Alfred Adler and the founding of individual psychology.* Reading, MA: Addison Wesley.

McNamee, S., & Gergen, K. J. (Eds.). (1992). *Therapy as social construction.* Newbury Park, CA: Sage.

Polster, E., & Polster, M. (1973). *Gestalt therapy integrated: Contours of theory and practice.* New York: Random House.

Popkin, M. H. (1993). *Active parenting today.* Atlanta, GA: Active Parenting.

Sonstegard, M. A. (1968). Mechanisms and practical techniques in group counseling in the elementary school. In J. J. Muro & S. L. Freeman (Eds.), *Readings in group counseling* (pp. 127–136). Scranton, PA: International Textbook.

Sonstegard, M. A. (1998). A rationale for group counseling. *Journal of Individual Psychology, 54*(2), 164–175.

Sonstegard, M. A., Dreikurs, R., & Bitter, J. R. (1982). The teleoanalytic group counseling approach. In G. Gazda (Ed.), *Basic approaches to group psychotherapy and group counseling* (3rd ed., pp. 507–551). Springfield, IL: Charles C Thomas.

Thoreau, H. D. (1968). *The writings of Henry David Thoreau: Volume 2: Walden.* New York: AMS Press.

White, M., & Epston, D. (1990). *Narrative means to therapeutic ends.* New York: Norton. (Original work published 1989)

Yalom, I. D. (1995). *The theory and practice of group psychotherapy* (4th ed.). New York: Basic Books.

Chapter 02

Adler, A. (1957). *Understanding human nature* (W. B. Wolfe, Trans.). New York: Premier Books. (Original work published 1927)

American Counseling Association. (1995). *ACA codes of ethics and standards of practice*. Alexandria, VA: author.

Association for Specialists in Group Work. (1989). ASGW ethical guidelines for group counselors. *Journal for Specialists in Group Work, 15*(2), 119–126.

Clark, A. J. (2002). *Early recollections: Theory and practice in counseling and psychotherapy*. New York: Brunner-Routledge.

Dreikurs, R. (1967). *Psychodynamics, psychotherapy, and counseling: Collected papers*. Chicago: Alfred Adler Institute.

Dreikurs, R. (1971). *Social equality: The challenge of today*. Chicago: Henry Regnery. (Original work published 1961)

Dreikurs, R., & Sonstegard, M. A. (1968). Rationale of group counseling. In D. Dinkmeyer (Ed.), *Guidance and counseling in the elementary school: Readings in theory and practice* (pp. 278–287). New York: Holt, Rinehart, & Winston.

Kfir, N. (1981). Impasse/priority therapy. In R. J. Corsini (Ed.), *Handbook of innovative psychotherapies* (pp. 401–415). New York: Wiley.

Olson, H. A. (1979). *Early recollections: Their use in diagnosis and psychotherapy*. Springfield, IL: Charles C Thomas.

Sonstegard, M. A., Dreikurs, R., & Bitter, J. R. (1982). The teleoanalytic group counseling approach. In G. Gazda (Ed.), *Basic approaches to group psychotherapy and group counseling* (3rd ed., pp. 507–551). Springfield, IL: Charles C Thomas.

Chapter 03

Adler, A. (1923). Die tragfahigkeit der menschlichen seele [Degree of tolerance of the human soul]. *International Journal of Individual Psychology, 2*(2), 42.

Adler, A. (1927). *The practice and theory of individual psychology*. New York: Harcourt, Brace.

Adler, A. (1930). *The science of living*. London: George Allen & Unwin.

Adler, A. (1938). *Social interest: The challenge to mankind*. London: Faber & Faber.

Adler, A. (1957). *Understanding human nature* (W. B. Wolfe, Trans.). New York: Premier Books. (Original work published 1927)

Adler, A. (1959). *What life should mean to you*. New York: Capricorn. (Original work published 1931)

Adler, A. (1970). The case of Mrs. A. In H. L. Ansbacher & R. R. Ansbacher (Eds.), *Superiority and social interest* (rev. ed., pp. 160–170). Evanston, IL: Northwestern University Press.

Adler, A. (1996). What is neurosis? *Individual Psychology, 54*(4), 318–333. (Orig-inal work published 1935)

American Counseling Association. (1995). *Code of ethics and standards of practice*. Alexandria, VA: Author.

Ansbacher, H. L. (1992). Alfred Adler's concepts of community feeling and social interest and the relevance of community feeling for old age. *Individual Psychology, 48*(4), 402–412.

Ansbacher, H. L., & Ansbacher, R. R. (Eds.). (1956). *The individual psychology of Alfred Adler*. New York: Basic Books.

Association for Specialists in Group Work. (1989). *Ethical guidelines for group counselors*. Alexandria, VA: Author.

Bitter, J. R., Christensen, O. C., Hawes, C., & Nicoll, W. G. (1998).

Adlerian brief therapy with individuals, couples, and families. *Directions in Clinical and Counseling Psychology, 8*(8), 95–112.

Bitter, J. R., & Nicoll, W. G. (2000). Adlerian brief therapy with individuals: Process and Practice. *Journal of Individual Psychology, 56*(1), 31–44.

Bitter, J. R., Roberts, A., & Sonstegard, M. A. (2002). Adlerian family therapy. In J. Carlson, & D. Kjos (Eds.), *Theories and strategies of family therapy* (pp. 41–70). Boston: Allyn & Bacon.

Bitter, J. R., & West, J. D. (1979). An interview with Heinz Ansbacher. *Journal of Individual Psychology, 35*(1), 95–110.

Clark, A. J. (2002). *Early recollections: Theory and practice in counseling and psychotherapy*. New York: Brunner-Routledge.

Corsini, R. J. (1955). Historic background of group psychotherapy. *Group Psychotherapy, 8*, 219–255.

Corsini, R. J. (1966). *Role playing in psychotherapy*. Chicago: Aldine.

Dinkmeyer, D. C., Jr., & Carlson, J. (2001). *Consultation: Creating school-based interventions*. Philadelphia: Brunner-Routledge.

Dreikurs, R. (1946). *The challenge of marriage*. New York: Hawthorn.

Dreikurs, R. (1959). Early experiments with group psychotherapy: A historical review. *American Journal of Group Psychotherapy, 13*(4), 882–891.

Dreikurs, R. (1960). *Group psychotherapy and group approaches: Collected papers*. Chicago: Alfred Adler Institute.

Dreikurs, R. (1961). The Adlerian approach to therapy. In M. I. Stein (Ed.), *Contemporary psychotherapies* (pp. 80–94). Glencoe, IL: Free Press.

Dreikurs, R. (1971). *Social equality: The challenge of today*. Chicago: Henry Regnery.

Dreikurs, R. (1997). Holistic medicine. *Individual Psychology, 53*(2),

127–205.

Dreikurs, R., & Mosak, H. H. (1967). The tasks of life II: The fourth life task. *Individual Psychologist, 4*, 18–22.

Eckstein, D., & Baruth, L. (1996). *The theory and practice of lifestyle assessment*. Dubuque, IA: Kendall/Hunt.

Grunwald, B., & McAbee, H. (1985). *Guiding the family: Practical counseling techniques*. Muncie, IN: Accelerated Development.

Hoffman, E. (1994). *The drive for self: Alfred Adler and the founding of Individual Psychology*. Reading, MA: Addison Wesley.

McGoldrick, M., Watson, M., & Benton, W. (1999). Siblings through the life cycle. In B. Carter & M. McGoldrick (Eds.), *The expanded family life cycle: Individual, family, and social perspectives* (3rd ed., pp. 153–168). Boston: Allyn & Bacon.

Mosak, H. (1958). Early recollections as a projective technique. *Journal of Projective Techniques, 22*, 302–311.

Mosak, H. H., & Dreikurs, R. (1967). The life tasks III: The fifth life task. *Individual Psychologist, 5*, 16–22.

Pelonis, P. (2002). *Facing change in the journey of life*. Athens, Greece: Fytraki Publications.

Phillips, A. S., & Phillips, C. R. (2000). Birth order differences in self-attributions for achievement. *Journal of Individual Psychology, 56*(4), 474–480.

Polster, M. (1999). Gestalt therapy: Evolution and application. In E. Polster & M. Polster (Eds.), *From the radical center: The heart of Gestalt therapy: Selected writings of Erving and Miriam Polster* (pp. 96–115). Cleveland, OH: Gestalt Institute of Cleveland Press.

Powers, R. L., & Griffith, J. (1987). *Understanding lifestyle: The psycho-clarity process*. Chicago: AIAS.

Powers, R. L., & Griffith, J. (1995). *IPCW: The individual psychology client work-book* (with supplements). Chicago: AIAS. (Original work published 1986)

Satir, V. (1983). *Conjoint family therapy* (3rd ed.). Palo Alto, CA: Science and Behavior Books.

Selye, H. (1974). *Stress without distress*. New York: Signet.

Shifron, R. (2003, July). *Managing life changes*. Presentation at the Adlerian Summer School, Clonmel, Ireland.

Shulman, B. H., & Mosak, H. H. (1988). *A manual for lifestyle assessment*. Muncie, IN: Accelerated Development.

Sonstegard, M. A., Bitter, J. R., Pelonis-Peneros, P. P., & Nicoll, W. G. (2001). Adlerian group psychotherapy: A brief therapy approach. *Directions in Clinical and Counseling Psychology, 11*(2), 11-24.

Sweeney, T. J. (1998). *Adlerian counseling: A practitioner's approach* (4th ed.). Philadelphia: Accelerated Development.

Terner, J., & Pew, W. L. (1978). *The courage to be imperfect: The life and work of Rudolf Dreikurs*. New York: Hawthorn.

White, M. (Speaker). (2000). *Schizophrenia/severely disturbed patients* (Cassette Recording No. EP00-TP17). Phoenix, AZ: Milton H. Erickson Foundation.

Yalom, I. D. (1995). *The theory and practice of group psychotherapy* (4th ed.). New York: Basic Books.

Chapter 04

Adler, A. (1931). *What life should mean to you* (A. Porter, Trans.). Boston: Little, Brown.

Adler, A. (1938). *Social interest: A challenge to mankind* (J. Linton & R. Vaughan, Trans.). London: Faber & Faber.

Adler, A. (1957). *Understanding human nature* (W. B. Wolfe, Trans.).

New York: Premier. (Original work published 1927)

Adler, A. (1959). *The practice and theory of individual psychology: Introductory lectures in psychotherapy for physicians, psychologists, and educators* (P. Radin, Trans.). Paterson, NJ: Littlefield, Adams. (Original work published 1920)

Adler, A. (1972). *The neurotic constitution: Outlines of a comparative individualistic psychology and psychotherapy* (B. Glueck & J. E. Lind, Trans.). Freeport, MA: Books for Libraries Press. (Original work published 1926)

Adler, A. (1996a). The structure of neurosis. *Individual Psychology, 52*(4), 351–362. (Original work published 1935)

Adler, A. (1996b). What is neurosis. *Individual Psychology, 52*(4), 318–333. (Original work published 1935)

American Counseling Association. (1995). *Code of ethics and standards of practice.* Alexandria, VA: Author.

Andersen, T. (Ed.). (1991). *The reflecting team: Dialogues and dialogues about the dialogues.* New York: Norton.

Ansbacher, H. L. (1992). Alfred Adler's concepts of community feeling and social interest and the relevance of community feeling for old age. *Individual Psychology, 48*(4), 402–412.

Ansbacher. H. L., & Ansbacher, R. R. (Eds.). (1956). *The individual psychology of Alfred Adler.* New York: Basic Books.

Ansbacher, H. L., & Ansbacher, R. R. (Eds.). (1978). *Cooperation between the sexes: Writings on women, love and marriage, sexuality and its disorders.* New York: Doubleday.

Ansbacher, H. L., & Ansbacher, R. R. (Eds.). (1979). *Alfred Adler: Superiority and social interest: A collection of later writings* (3rd ed.). New York: Norton. (Original work published 1964)

Aristotle. (1985). *Nicomachean ethics* (T. Irwin, Trans.). Indianapolis,

IN: Hackett.

Association for Specialists in Group Work. (1989). *Ethical guidelines for group counselors.* Alexandria, VA: Author.

Austin, K. M., Moline, M. E., & Williams, G. T. (1990). *Confronting malpractice: Legal and ethical dilemmas in psychotherapy*. Newbury Park, CA: Sage.

Bellah, R. N., Madsen, R., Sullivan, W. M., Swindler, A., & Tipton, S. M. (1985). *Habits of the heart: Individualism and commitment in American life*. New York: Harper & Row.

Bellah, R. N., Madsen, R., Sullivan, W. M., Swindler, A., & Tipton, S. M. (1991). *The good society.* New York: Alfred A. Knopf.

Bitter, J. R. (1991). Conscious motivations: An enhancement to Dreikurs' goals of children's misbehavior. *Individual Psychology, 47*(2), 210–221.

Bitter, J. R., & West, J. (1979). An interview with Heinz Ansbacher. *Journal of Individual Psychology, 35*(1), 95–110.

Bronowski, J. (1973). *The ascent of man.* Boston: Little, Brown.

Christensen, O. C. (Ed.). (1993). *Adlerian family counseling* (rev. ed.). Minneapolis, MN: Educational Media.

Cicero, M. T. (1991). *On duties* (M. T. Griffin & E. M. Atkins, Trans.). Cambridge, England: Cambridge University Press.

Copleston, F. (1959). *A history of philosophy: Volume I: Greece and Rome* (rev. ed.). Westminister, MD: Newman Press.

Corey, G. (2000). *Theory and practice of group counseling* (5th ed.). Pacific Grove, CA: Brooks/Cole.

Corey, G. (2001). *Theory and practice of counseling and psychotherapy* (6th ed.). Pacific Grove, CA: Brooks/Cole.

Corey, M. S., & Corey, G. (2002). *Groups: Process and practice* (6th ed.). Pacific Grove, CA: Brooks/Cole.

Corey, M. S., & Corey, G. (2003). *Becoming a helper* (4th ed.). Pacific Grove, CA: Brooks/Cole.

Corey, G., Corey, M. S., & Callanan, P. (2003). *Issues and ethics in the helping professions* (6th ed.). Pacific Grove, CA: Brooks/Cole.

Corsini, R. J. (1957). *Methods of group psychotherapy.* New York: McGraw-Hill.

Dinkmeyer, Jr., D., & Carlson, J. (2001). *Consultation: Creating school-based interventions.* Philadelphia: Brunner-Routledge.

Dinkmeyer, Sr., D., & Dreikurs, R. (1963). *Encouraging children to learn: The encouragement process.* Englewood Cliffs, NJ: Prentice Hall.

Dinkmeyer, D. C., & McKay, G. D. (1997). *Systematic training for effective parenting [STEP]* (rev. ed.). Circle Pines, MN: American Guidance Service.

Dreikurs, R. (1940, December). The importance of group life. *Camping Magazine, 12,* 8-9.

Dreikurs, R. (1941, January). The importance of group life. *Camping Magazine, 13,* 1.

Dreikurs, R. (1953). *Fundamentals of Adlerian psychology.* Chicago: Alfred Adler Institute. (Original work published 1950)

Dreikurs, R. (1958). *The challenge of parenthood* (rev. ed.). New York: Hawthorn. (Original work published 1948)

Dreikurs, R. (1960). *Group psychotherapy and group approaches: Collected papers.* Chicago: Alfred Adler Institute.

Dreikurs, R. (1966). The holistic approach: Two points on a line. In *Education, guidance and psychodynamics: Proceedings of the conference of the Individual Psychology Association of Chicago, St. Joseph's Hospital, November 13, 1965* (pp. 19-24). Chicago: Alfred Adler Institute.

Dreikurs, R. (1967). *Psychodynamics, psychotherapy, and counseling:*

Collected papers. Chicago: Alfred Adler Institute.

Dreikurs, R. (1970). The courage to be imperfect. In Alfred Adler Institute (Ed.), *Articles of supplementary reading for parents* (pp. 17–25). Chicago: Author.

Dreikurs, R. (1971). *Social equality: The challenge of today*. Chicago: Henry Regnery. (Original work published 1961)

Dreikurs, R. (1997). Holistic Medicine. *Individual Psychology, 53*(2), 127–205.

Dreikurs, R., Corsini, R., Lowe, R., & Sonstegard, M. A. (1959). *Adlerian family counseling: A manual for counselors*. Eugene, OR: University of Oregon Press.

Dreikurs, R., & Soltz, V. (1964). *Children: The challenge*. New York: Hawthorn.

Furtmuller, C. (1979). Alfred Adler: A biographical essay. In H. L. Ansbacher & R. R. Ansbacher (Eds.), *Alfred Adler: Superiority and social interest: A collection of later writings* (3rd ed., pp. 330–394). New York: Norton. (Original work published 1964)

Gay, P. (Ed.). (1989). *The Freud reader*. New York: Norton.

Gazda, G. (1971). *Group counseling: A developmental approach*. Boston: Allyn & Bacon.

Gazda, G. (1989). *Group counseling: A developmental approach* (4th ed.). Needham Heights, MA: Allyn and Bacon.

Gilligan, C. (1982). *In a different voice: Psychological theory and women's development*. Cambridge, MA: Harvard.

Goldberger, N. R., Tarule, J. M., Clinchy, B. M., & Belenky, M. F. (Eds.). (1996). *Knowledge, difference, and power: Essays inspired by Women's ways of knowing*. New York: Basic Books.

Gottman, J. (1997). *The heart of parenting*. New York: Simon & Schuster.

Hart, B., & Risley, T. R. (1995). *Meaningful differences in the everyday experiences of young American children*. Baltimore, MD: Paul H. Brookes.

Hoffman, E. (1994). *The drive for self: Alfred Adler and the founding of individual psychology*. Reading, MA: Addison Wesley.

Kfir, N. (1981). Impasse/priority therapy. In R. J. Corsini (Ed.), *Handbook of innovative psychotherapies* (pp. 401–415). New York: Wiley.

Kirschenbaum, H., & Henderson, V. L. (Eds.). (1989). *The Carl Rogers reader*. Boston: Houghton-Mifflin.

Lieberman, M. A., Yalom, I. D., & Miles, M. B. (1973). *Encounter groups: First facts*. New York: Basic Books.

Manaster, G., & Corsini, R. J. (1982). *Individual psychology: Theory and practice*. Itasca, IL: F. E. Peacock.

Maslow, A. H. (1987). *Motivation and personality* (3rd ed.) (R. Frager, J. Fadiman, C. McReynolds, & R. Cox, Eds.). New York: Harper & Row. (Original work published 1954)

Mozdzierz, G. J., Lisiecki, J., Bitter, J. R., & Williams, A. L. (1986). Role functions for Adlerian therapists. *Individual Psychology, 42*(2), 154–177.

Ohlsen, M. (1977). *Group counseling* (2nd ed.). New York: Holt, Rinehart, & Winston.

Polster, E. (1995). *A population of selves: A therapeutic exploration of persona diversity*. San Francisco: Jossey-Bass.

Polster, E., & Polster, M. (1973). *Gestalt therapy integrated: Contours of theory and practice*. New York: Vintage.

Popkin, M. H. (1993). *Active parenting today*. Atlanta, GA: Active Parenting.

Ratay, J. J. (2001). *A user's guide to the brain: Perception, attention, and the four theaters of the brain*. New York: Pantheon.

Satir, V. M. (1983). *Conjoint family therapy* (3rd ed.). Palo Alto, CA: Science and Behavior Books.

Satir, V. M., Bitter, J. R., & Krestensen, K. K. (1988). Family reconstruction: The family within–A group experience. *Journal for Specialists in Group Work, 13*(4), 200–208.

Schoenaker, T., & Schoenaker, T. (1975). *Adlerian social therapy* (W. L. Pew, Ed.). Minneapolis, MN: Green Bough.

Sonstegard, M. A. (1998a). A rationale for group counseling. *Journal of Individual Psychology, 54*(2), 164–175.

Sonstegard, M. A. (1998b). The theory and practice of Adlerian group counseling and psychotherapy. *Journal of Individual Psychology, 54*(2), 217–250.

Sonstegard, M. A., Dreikurs, R., & Bitter, J. (1982). The teleoanalytic group counseling approach. In G. Gazda (Ed.), *Basic approaches to group psychotherapy and group counseling* (3rd ed., pp. 507–551). Springfield, IL: Charles C. Thomas.

Sweeney, T. J. (1998). *Adlerian counseling: A practitioner's approach* (4th ed.). Philadephia, PA: Accelerated Development.

Terner, J., & Pew, W. L. (1978). *The courage to be imperfect: The life and work of Rudolf Dreikurs.* New York: Hawthorn.

Vaihinger, H. (1968). *The philosophy of "as if": A system of theoretical, practical, and religious fictions of mankind.* New York: Barnes & Noble. (Original work published 1924)

Wattenburg, W. (1953). Who needs counseling? *Personnel and Guidance Journal, 32,* 202–205.

Yalom, I. D. (1995). *The theory and practice of group psychotherapy* (4th ed.). New York: Basic Books.

Chapter 05

Adler, A. (1930). *The education of children* (E. Jensen & F. Jensen, Trans.). New York: Greenberg.

Albert, A. (1996). *Cooperative discipline*. Circle Pines, MN: American Guidance Service.

American Psychiatric Association. (2000). *Diagnostic and statistical manual of mental disorders* (4th ed., text rev.) [*DSM-IV-TR*]. Washington, DC: Author.

Ansbacher, H. L. (1988). Dreikurs'four goals of children's disturbing behavior and Adler 's social interest-activity typology. *Individual Psychology, 44*(3), 282-289.

Bitter, J. R. (1991). Conscious motivations: An enhancement to Dreikurs' goals of children's misbehavior. *Individual Psychology, 47*(2), 210-221.

Bitter, J. R., Roberts, A., & Sonstegard, M. (2002). Adlerian family therapy. In J. Carson & D. Kjos (Eds.), *Theories and strategies of family therapy* (pp. 41-79). Boston: Allyn & Bacon.

Christensen, O. C. (Ed.). (1993). *Adlerian family counseling* (rev. ed.). Minneapolis, MN: Educational Media Corp.

Corey, G. (2000). *Theory and practice of group counseling* (5th ed.). Pacific Grove, CA: Brooks/Cole.

Corey, M. S., & Corey, G. (2002). *Groups: Process and practice* (6th ed.). Pacific Grove, CA: Brooks/Cole.

DeOrnellas, K., Kottman, T., & Millican, V. (1997). Drawing a family: Art assessment in Adlerian therapy. *Individual Psychology, 53*(4), 451-460.

Dinkmeyer, D., Jr., & Carlson, J. (2001). *Consultation: Creating school-based interventions*. Philadelphia: Brunner-Routledge.

Dinkmeyer, D., Sr., McKay, G., & Dinkmeyer, D., Jr. (1997). *Systematic training for effective parenting [STEP]* (rev. ed.). Circle Pines, MN: American Guidance Service.

Dinkmeyer, D., Sr., McKay, G., Dinkmeyer, J. S., Dinkmeyer, D., Jr., & McKay, J. (1997). *Parenting young children: Systematic training for effective parenting of children under six*. Circle Pines, MN: American Guidance Service.

Dreikurs, R. (1940, December). The child in the group. *Camping Magazine*, pp. 7–9.

Dreikurs, R. (1953). *Fundamentals of Adlerian psychology*. Chicago: Alfred Adler Institute. (Original work published 1950)

Dreikurs, R. (1957). *Psychology in the classroom*. New York: Harper & Row.

Dreikurs, R. (1958). *The challenge of parenthood* (rev. ed.). New York: Hawthorn. (Original work published 1948)

Dreikurs, R. (1960). *Group psychotherapy and group approaches: Collected papers*. Chicago: Alfred Adler Institute.

Dreikurs, R. (1967). *Psychodynamics, psychotherapy, and counseling: Collected papers*. Chicago: Alfred Adler Institute.

Dreikurs, R. (1971). *Social equality: The challenge of today*. Chicago: Henry Regnery. (Original work published 1961)

Dreikurs, R. (1972). The individual psychological approach. In B. B. Wolman (Ed.), *Handbook of child psychoanalysis* (pp. 415–459). New York: Van Nostrand Reinhold.

Dreikurs, R., Corsini, R., Lowe, R., & Sonstegard, M. A. (1959). *Adlerian family counseling: A manual for counselors*. Eugene, OR: University of Oregon Press.

Dreikurs, R., Grunwald, B. B., & Pepper, F. C. (1982). *Maintaining sanity in the classroom: Classroom management techniques* (2nd ed.).

New York: Harper & Row.

Dreikurs, R., & Soltz, V. (1964). *Children: The challenge*. New York: Hawthorn.

Dushman, R. D., & Sutherland, J. (1997). An Adlerian perspective on dream-work and creative arts therapies. *Individual Psychology, 53*(4), 461-475.

Eckstein, D., & Baruth, L. (1996). *The theory and practice of lifestyle assessment*. Dubuque, IA: Kendall/Hunt.

Gazda, G. (1989). *Group counseling: A developmental approach* (4th ed.). Needham Heights, MA: Allyn & Bacon.

Glasser, W. (2003). *Warning: Psychiatry can be hazardous to your mental health*. New York: Harper/Collins.

Gottman, J. (1997). *The heart of parenting*. New York: Simon & Schuster.

Gottman, J. M., Katz, L. F., & Hooven, C. (1997). *Meta-emotion: How families communicate emotionally*. Mahwah, NJ: Lawrence Erlbaum Associates.

Grunwald, B. B., & McAbee, H. V. (1985). *Guiding the family: Practical counseling techniques*. Muncie, IN: Accelerated Development.

Hart, B., & Risley, T. R. (1995). *Meaningful differences in the everyday experiences of young American children*. Baltimore, MD: Paul H. Brookes.

Hoffman, E. (1994). *The drive for self: Alfred Adler and the founding of individual psychology*. Reading, MA: Addison Wesley.

Kern, R. M., & Eckstein, D. (1997). The early recollection role reversal technique. *Individual Psychology, 53*(4), 407-417.

Kottman, T. (2001). *Play therapy: Basics and beyond*. Alexandria, VA: American Counseling Association.

Kottman, T. (2003). *Partners in play* (2nd ed.). Alexandria, VA: American Counseling Association.

Lowe, R. N. (1971). Goal recognition. In A. G. Nikelly (Ed.), *Techniques for behavior change* (pp. 65-75). Springfield, IL: Charles C. Thomas.

Lowe, R. N. (1982). Adlerian/Dreikursian family counseling. In A. M. Horne & M. M. Ohlsen (Eds.), *Family counseling and therapy* (pp. 329-359). Itasca, IL: F. E. Peacock.

Popkin, M. H. (1993). *Active parenting today*. Atlanta, GA: Active Parenting.

Popkin, M. H. (1994). *Active teaching: Enhancing discipline, self-esteem, and student performance*. Atlanta, GA: Active Parenting.

Popkin, M. H. (1996). *Parenting your 1-to 4-year-old*. Atlanta, GA: Active Parenting.

Powers, R. L., & Griffith, J. (1987). *Understanding life-style: The psycho-clarity process*. Chicago: Americas Institute of Adlerian Studies.

Shulman, B., & Mosak, H. H. (1988). *Manual for lifestyle assessment*. Muncie, IN: Accelerated Development.

Sonnenshein-Schneider, M., & Baird, K. L. (1980). Group counseling children of divorce in the elementary schools: Understanding process and technique. *Personnel and Guidance Journal, 59*(2), 88-91.

Sonstegard, M. A., & Bitter, J. R. (1998). Counseling children in groups. *Journal of Individual Psychology, 54*(2), 251-267.

Sonstegard, M. A., & Dreikurs, R. (1973). The Adlerian approach to group counseling of children. In M. M. Ohlsen (Ed.), *Counseling children in groups: A forum* (pp. 47-77). New York: Holt, Rinehart, & Winston.

Sonstegard, M. A., Dreikurs, R., & Bitter, J. R. (1982). The teleoanalytic group counseling approach. In G. M. Gazda (Ed.), *Basic approaches to group psychotherapy and group counseling* (3rd ed., pp. 507–551). Springfield, IL: Charles C. Thomas.

Waterman, J., & Walker, E. (2000). *Helping at-risk students: A group counseling approach for grades 6–9*. New York: Guilford.

Yalom, I. D. (1995). *The theory and practice of group psychotherapy* (4th ed.). New York: Basic Books.

Chapter 06

Adler, A. (1931). *What life should mean to you*. New York: Grosset & Dunlap.

Adler, A. (1938). *Social interest: The challenge to mankind*. London: Faber & Faber. Andersen, T. (1991). *The reflecting team: Dialogues and dialogues about the dialogues*. New York: Norton.

Ansbacher, H. L. (1992). Alfred Adler's concept of community feeling and of social interest and the relevance of community feeling for old age. *Individual Psychology, 48*(4), 402–412.

Bitter, J. R. (1987). Communication and meaning: Satir in Adlerian context. In R. Sherman & D. Dinkmeyer (Eds.), *Systems of family therapy: An Adlerian integration* (pp. 109–142). New York: Brunner/Mazel.

Bitter, J. R. (1993). Communication styles, personality priorities, and social interest: Strategies for helping couples build a life together. *Individual Psychology, 49*(3/4), 330–350.

Bitter, J. R., & Nicoll, W. G. (2000). Adlerian brief therapy with individuals: Process and practice. *Journal of Individual Psychology, 56*(1), 31–44.

Blackboard, Inc. (2003). About Blackboard. Retrieved 24 April, 2003, from http://www.blackboard.com/about/index.htm.

Corey, G. (2000). *Theory and practice of group counseling* (5th ed.).

Pacific Grove, CA: Brooks-Cole/Wadsworth.

Corey, M. S., & Corey, G. (2002). *Groups: Process and practice* (6th ed.). Pacific Grove, CA: Brooks-Cole/Wadsworth.

Gilligan, C. (1982). *In a different voice.* Cambridge, MA: Harvard University Press.

Gladding, S. T. (2003). *Group work: A counseling specialty* (4th ed.). Upper Saddle River, NJ: Merrill/Prentice Hall.

Janoe, E., & Janoe, B. (1973). *Dealing with feelings.* Vancouver, WA: Family Life Enrichment Center.

Janoe, E., & Janoe, B. (1979). Dealing with feelings via early recollections. In H. A. Olson (Ed.), *Early recollections: Their use in diagnosis and psychotherapy* (pp. 206-222). Springfield, IL: Charles C Thomas.

Kfir, N. (1971, July). *Priorities: A different approach to life style and neurosis.* Paper presented at ICASSI, Tel Aviv, Israel.

Kfir, N. (1989). *Crisis intervention verbatim.* New York: Hemisphere.

Kfir, N., & Corsini, R. J. (1981). Impasse/priority therapy. In R. J. Corsini (Ed.), *Handbook of innovative psychotherapies* (pp. 401-415). New York: Wiley.

Kottler, J. A. (2001). *Learning group leadership: An experiential approach.* Boston: Allyn & Bacon.

Pelonis, P. (2002). *Facing change in the journey of life.* Athens, Greece: Fytraki Publications.

Powers, R. L., & Griffith, J. (1987). *Understanding lifestyle: The psycho-clarity process.* Chicago: AIAS.

Rapin, L., & Keel, L. (1998). Association for specialists in group work best practice guidelines. *Journal for Specialists in Group Work, 23*(3), 237-244.

Satir, V. (1976). Making contact. Millbrae, CA: Celestial Arts.

Satir, V. (1988). *The new peoplemaking.* Palo Alto, CA: Science and Behavior Books.

Satir, V., Stachowiak, J., & Taschman, H. A. (1975). *Helping families to change.* New York: Jason Aronson.

Selye, H. (1974). *Stress without distress.* New York: Signet.

Sweeney, T. J. (1998). *Adlerian counseling: A practitioner's approach* (4th ed.). Philadelphia, PA: Accelerated Development.

Yalom, I. D. (1995). *The theory and practice of group psychotherapy* (4th ed.). New York: Basic Books.

찾아보기

인명

내용

저자 소개

맨퍼드 손스테가드 박사(Manford A. Sonstegard, PhD)는 웨스트버지니아 찰스턴(Charleston)에 있는 마셜 대학교 대학원(Marshall University Graduate College)의 명예교수다. 그는 아내인 리타(Rita)와 영국에서 살고 있다. 그는 영국아들러심리협회(the Adlerian Society of the United Kingdom) 회장이며, 알프레트 아들러 연구소(the Institute for Individual Psychology)의 소장이다. 그는 북미아들러심리협회의 회장을 역임했으며, 많은 논문과 책을 저술했을 뿐만 아니라 네 개 대륙의 아들러 훈련을 실제로 하고 있고, 많은 나라에서 아들러 가족 교육센터를 설립하였다.

짐 로버트 비터 박사(James Robert Bitter, EdD)는 테네시주 존슨시(Johnson City)에 있는 서부 테네시 주립대학교(The East Tennessee State University)의 상담교수다. 그는 아내 린 윌리엄스(Lynn Williams), 두 딸인 앨리슨 윌리엄스(Allison Williams)와 노라 윌리엄스(Nora Williams)와 함께 살고 있다. 그는 북미아들러심리협회(NASAP)의 아들러 학파 심리학자 자격을 취득했으며, NASAP의 임원으로 봉사하고 있다. 또한 그는 *Journal of Individual Psychology*의 편집자다. 그는 플로리다의 Boca Raton에 있는 아들러 학파의 훈련 연구소(the Adlerian Training Institute)의 창립 멤버이며, 아들러 학파의 단기치료(Adlerian Brief Therapy)의 개발자로 알려져 있다.

페기 펠로니스(Peggy Pelonis, MA)는 그리스 아테네에 있는 라벤 대학교(University of LaVerne)의 상담학과 교수로 재직하고 있다. 그녀는 남편 빌 페네로스(Bill Peneros)와 딸 리디아(Lydia)와 함께 살고 있다. 그녀는 그리스 아들러심리협회의 회장이며, 아테네에서 개인치료실을 운영하고 있다. 그녀는 버지니아 사티어(Virginia Satir)의 인간 타당화 과정 모델(Human Validation Process Model)에서 수년간 경험과 훈련에 기초하여 『삶의 여행에서의 변화에 직면하기(Facing Change in the Journey of Life)』(2002)란 책을 출간하였다.

역자 소개

전종국(Chun Chong Gouk)

소속: 대구사이버대학교 상담심리학과 교수

학력: 계명대학교 대학원 박사(상담심리 전공)

경력: 한국아들러심리협회(Korean Society of Adlerian Psychology: KSAP) 회장

한국집단상담학회 부회장

집단상담 수련감독자(한국집단상담학회)

중독심리전문가 1급(한국중독심리학회)

코칭심리전문가 1급(한국코칭심리학회)

명상치유 수련감독자(한국명상학회)

정대겸(Jeong Dae Kyum)

소속: 계명대학교 심리학과 교수

학력: 경북대학교 대학원 박사(가족상담 전공)

경력: 부산디지털대학교 상담치료학부 교수(전)

대구대학교 연구교수(전)

청소년상담사 1급: 여성가족부

상담심리 수련감독: 한국청소년상담학회

최선남(Choi Sun Nam)

소속: 영남대학교 환경보건대학원 미술치료학과 교수

학력: 영남대학교 대학원 박사(가족상담 전공)

경력: 플로리다 주립대학교 미술치료학과 연구교수(전)

한국미술치료학회 회장

수련감독미술치료전문가(한국미술치료학회)

집단상담전문가 1급(한국집단상담학회)

아들러 학파의 집단상담 및 치료
-단계별 접근-
Adlerian Group Counseling and Therapy: Step-by-Step

2020년 3월 20일 1판 1쇄 인쇄
2020년 3월 30일 1판 1쇄 발행

지은이 • Manford A. Sonstegard · James Robert Bitter Peggy Pelonis
옮긴이 • 전종국 · 정대겸 · 최선남
펴낸이 • 김진환
펴낸곳 • ㈜학지사
04031 서울특별시 마포구 양화로 15길 20 마인드월드빌딩
대표전화 • 02-330-5114 팩스 • 02-324-2345
등록번호 • 제313-2006-000265호

홈페이지 • http://www.hakjisa.co.kr
페이스북 • https://www.facebook.com/hakjisa

ISBN 978-89-997-1300-2 93180

정가 17,000원

역자와의 협약으로 인지는 생략합니다.
파본은 구입처에서 교환해 드립니다.

이 도서의 국립중앙도서관 출판시도서목록(CIP)은 서지정보유통지원시스템 홈페이지(http://seoji.nl.go.kr)와 국가자료공동목록시스템(http://www.nl.go.kr/kolisnet)에서 이용하실 수 있습니다.
(CIP 제어번호: CIP2020010820)